篇章對比與調和結構論

黃淑貞◎著

陳　序

　　章法屬於邏輯思維之範疇，所講求者當然乃篇章之條理或結構，而此條理或結構，又對應於宇宙規律，是人生來即具存於心的，換句話說，章法乃「客觀的存在」，是與「文章同時出現的」。所以人類自有辭章開始，即毫無例外地被應用來安排篇章。雖然作者對此，大都是日用而不知、習焉而不察的，但無損於它的存在與重要性。經過多年的努力，在前人的有限基礎上，用「發現現象以求得通則、規律」的方式，爬羅剔抉，確定了多種的章法類型，從而找出各自之心理基礎與美感效果，並尋得四大規律加以統合，形成完整之體系，建立了一個新的學門。

　　人對章法的注意，相當地早。劉勰《文心雕龍‧章句》篇即有篇法、章法、句法、字法之說，而後來呂東萊的《古文關鍵》、謝枋得的《文章軌範》、託名歸有光的《文章指南》和劉熙載的《藝概》……等，也都或多或少地涉及章法，只可惜，都「但見其樹而不見其林」。於是在偶然的機緣下，從三十多年前開始，兼顧理論與應用，經由廣搜旁推的功

夫，終於找出約四十種章法（含篇法），而完成「集樹成林」
的工作。這些章法是：今昔、久暫、遠近、內外、左右、高
低、大小、視角轉換、知覺轉換、時空交錯、狀態變化、本
末、淺深（輕重）、因果、眾寡、並列、情景、論敘、泛
具、虛實（時間、空間、假設與事實、虛構與真實）、凡
目、詳略、賓主、正反、立破、抑揚、問答、平側（平提側
注、平提側收）、縱收、張弛、插補、偏全、點染、天（自
然）人（人事）、圖底、敲擊等。它們用在「篇」或「章」
（節、段），都可以擔負組織材料情意之作用。

　　由於這些章法，全由「二元對待」所形成，因此涉及章
法本身之陰陽、剛柔。而所有章法，無論是調和性或對比性
的，都以「一陰一陽」對待而形成，所以每一章法本身即自
成陰陽、剛柔。大抵而論，屬於本、先、靜、低、內、小、
近……的，為「陰」為「柔」，屬於末、後、動、高、外、
大、遠……的，為「陽」為「剛」。所以各種章法都可形成
「調和」與「對比」的兩種類型。如果由此切入，則近四十
種章法，則顯然又可以用「調和」（毗柔）與「對比」（毗剛）
加以統合。基於此，章法可依此大致分作兩類，即對比類、
調和類。運用這兩類章法時，在材料的選取上，就必然會選
用對比或調和的材料，因此毫無疑問地會造成對比美或調和
美；而且在此二類之下，針對材料的來源，還可再分成三
類，即同一事物造成對待者、不同事物造成對待者，以及皆
有可能者。不過值得注意的是，有些章法，其二元所造成的
對待關係在尚未落到一篇作品之前，是難於確定的，有可能
是對比、也有可能是調和，必須落到一篇作品，進一步檢視
所選用的材料，才可以確定造成的是對比或是調和的關係，

因此必須另立一類，稱作「中性」類，以資區別。

　　臺灣師大國研所博士生黃淑貞，從碩士班開始就跟我學習辭章章法學，以論文〈辭章主旨（綱領）安置於篇腹的結構類型析論〉獲得碩士學位。這本著作即以此為基礎，將重心落到「調和」、「對比」與「中性」三者上，以研討其各種結構類型，並探索其心理基礎與美感效果。不但兼顧理論與實際，論述有據，而且舉證詳略合宜，說明清楚；其可讀性與實用性可以說是相當高的。

　　值此出版前夕，特地指陳這本書的性質、特色與價值，藉以表示鼓勵與慶賀的意思。

陳滿銘 序於臺灣師大國文系835研究室

2005年4月30日

序　言

　　為了實際教學的需求，我常喜歡為國中生設計一些「有益」又「有趣」的教學活動。其中，以國中國文課文做為延伸與拓展的定點，然後結合「類文教學」、「寫作教學」的「篇章結構」教學設計，最常被我採用。

　　如梁實秋〈鳥〉一文，以有情的眼光，分從鳥的「聲音」與「形體」這兩條線索，描述鳥的俊俏可愛，它形成了「先凡（總括）後目（條分）」的結構類型。此外，我又選了紀弦〈雕刻家〉、王鼎鈞〈大志〉等同樣採用「先凡後目」結構的詩文做為「類文教學」的實例，配合簡單的結構表、文章賞析與閱讀測驗，讓學生因進一步的熟悉了解而提升學習的效果。至於「寫作教學」的部分，則是請學生挑選一種自己最喜愛的「鳥類」做為觀察的主題，紀錄牠的「外形」、「習性」與「心得」，然後仿照「先凡後目」結構，自訂一個適宜的題目，寫一篇五百字左右的文章。

　　以「篇章結構」的教學設計來引導學生，不僅容易為學生所仿效，足以引發學生學習的興味，對於「閱讀」與「寫

作」能力的提升，也發揮了相當大的助益。而我為〈鳥〉這一課所做的教學設計，後來還獲得了臺北市創新教學活動設計類的特優獎。於是我又與仇小屏學姐合作，將自己所設計的篇章結構教學，一一付諸實現，然後加以整理，以「國中國文章法教學」為名，交由萬卷樓圖書公司出版。

「篇章結構」教學之所以能獲得學生的好評，這是因為人多具有邏輯思維的能力，所以在「寫作」時，自然而然地就會啟動這種天生本具的能力，來組織安排「景（物）」、「事」等材料，以傳「情」達「意」。如果是從「閱讀」方面切入，則讀者經由梳理創作者用來組織材料的邏輯思維，就可以知道這一篇辭章的結構、脈絡，精準掌握到一篇辭章的中心主旨，進而深入文章的底蘊，釋放出文學風貌的多樣之美，達到「鑑賞」與「再創造」的境界。由此可以見出「閱讀」與「寫作」實是一體之兩面。

因此，就一般讀者而言，若也能經由「篇章結構」的角度切入，一定能賦予詩、詞、散文、新詩等另一種全新的詮釋角度；若也能經由各種「篇章結構」的角度切入，對作品進行「直覺」──→「再創造」──→「再評價」等三個階段的審美心理活動，必能真正領略文章經營布局之妙，確實掌握各種美感效果。

於是我挑選了較常見的二十四種「篇章結構」類型，或以詩、或以詞、或以散文為例，配合簡單的結構表，一一加以賞析；然後再就組成一篇辭章的各種材料本身，所形成的或「對比」、或「調和」的關係，深入探討其背後所蘊涵的心理基礎與美感效果，令文學作品閃射出光彩奪目的美的本質，帶給讀者一個全新的視野。

　　如今，這部作品算是初步完成了。回頭探看這一段日子，耳邊響起的是家人朋友的加油聲，陳滿銘老師的鼓勵聲，還有自己為了論文而奮筆疾書的鍵盤敲打聲。啊！現今聞來，聲聲皆悅耳呀！

黃淑貞

2005年5月8日於士林

目 錄

一　總　論

　　篇章的形式結構，如就它源頭的方法而言，就是「章法」；若就其形成的組織來說，那就是「篇章結構」了。所謂「章法」，指的就是謀篇布局的方法，也就是聯句成節、聯節成段、聯段成篇的一種組織形式。它源自於人類共通的理則，[1]以反映作者之邏輯思維。思路縝密的人在寫作時，往往都會運用它來疏通、安排文章，以形成不同的「篇章結構」。[2]如果我們能掌握這個人心之「理」來閱讀一篇文章，就能使文學作品經由辭章分析而條理化，精準地掌握了中心主旨；並可依此尋繹創作主體的意度心營，深入文章的底蘊，釋放出文學風貌的多樣之美，達到「鑑賞」與「再創造」的境界。

　　章法講求篇章之條理或結構，屬於邏輯思維的範疇，它是人生來即具存於心的，故常被用以安排篇章。古代評論家對它的注意也相當早，如劉勰《文心雕龍‧章句》有篇法、章法、句法、字法之說，乃至於呂東萊《古文關鍵》、謝枋得《文章軌範》、歸有光《文章指南》、劉熙載《藝概》等，

也多所論及。只是集樹而成林，確定它的範圍、內容及原則，形成體系，而成為一個學門，是晚近之事。[3]

由於某些篇章結構所組織起來的內容材料，彼此之間會呈現「對比」的關係，產生「對比美」。某些篇章結構所組織起來的內容材料，彼此之間會呈現出「調和」的關係，產生「調和美」。又有一些篇章結構所組織起來的內容材料，彼此之間會呈現「中性」的關係，必須視個別篇章的情況來判定；因此，它可能產生「對比美」，也可能產生「調和美」。[4]也就是說，以「陰陽二元」[5]為根源的篇章結構，不是以「對比」的方式，就是以「調和」的方式來造成對待；而且，也都可以經由局部「調和」或「對比」的銜接、呼應，形成聯貫，最後達成整體的統一。

就目前所整理的近四十種篇章結構來看，「立」與「破」、「抑」與「揚」、「縱」與「收」、「正」與「反」、「張」與「弛」等，比較容易形成「對比」的關係；「本」與「末」、「淺」與「深」、「因」與「果」、「泛」與「具」、「凡」與「目」、「平」與「側」、「點」與「染」、「偏」與「全」、「賓」與「主」、「情」與「景」、「論」與「敘」、「敲」與「擊」等，比較容易形成「調和」的關係。至於「今」與「昔」、「久」與「暫」、「遠」與「近」、「內」與「外」、「左」與「右」、「大」與「小」、「高」與「低」、「虛」與「實」、「詳」與「略」、「天」與「人」、「眾」與「寡」、「圖」與「底」、「問」與「答」等，則屬於「中性」的關係，只有進一步檢視它們所選用的材料，並落實到篇章結構中，才能判定它們是「對比」或「調和」的關係。

（一）

　　當一個作者在運材構思、從事創作時，多會依據文章的內容、性質、體裁，尋求一個最能表達情感思想、最能凸顯美感效果的篇章結構，來做為謀篇布局的依據。也就是說，每一種篇章結構的運用，背後都有其心理基礎以及與此種心理基礎相映而生的美感效果。

　　因此，讀者唯有通過對作品進行「直覺」→「再創造」→「再評價」等三個階段的審美心理活動，確實掌握審美心理活動所產生的美感效果，才能真正領略文章經營布局之妙，才能真正釋放文章之美。

　　以「對比」與「調和」而言，它們多源於心理學上的「聯想」作用。「聯想」，是由這一事物想到另一事物的心理過程，是在某一特定的事物或情景之前，重新回憶起有關的生活經驗與思想情感的心理活動。因為聯想，審美主體能從狹窄、閉鎖、陳舊的思維模式中解放出來，作創造性的輻合與輻射，得到一個最佳的意象結構，引發讀者的共鳴。

　　近代審美心理學中的「審美聯想」理論，多是從亞里斯多德「聯想三定律」——相似律、對比律、與接近律，也就是從「相似聯想」、「對比聯想」與「接近聯想」的基礎上發展而來。

　　所謂「類似聯想」，它是從「激情物身上」盪開，從神似、形似、對映等方面進行聯想。當人們在描述客觀事物時，會自然而然地會運用形象的語言，使感覺轉移，把某個

感官上的感覺，移植到另一個感官上。它一方面與以往的審美經驗進行比較、辨別，一方面又把審美情緒的波圈迅速擴大，以獲得更多的美感，相互映照，相互感通，以達到啟發讀者、深化詩文意境的積極效果。

所謂「對比聯想」，是把差異面的對立與矛盾，以尖銳的形態表現出來，喚起讀者的審美情感，創造鮮明凸出的藝術形象，令審美效果分外鮮明。這種直觀性的感受，強烈刺激著審美主體，使「心理結構和心理張力的圖式」產生新的調整，使人物形象、人物性格形成鮮明的映照，從而獲得一種未曾體驗過的新領域，充分展示情致的多樣性與豐富性。

所謂「接近聯想」，是當審美主體對審美對象進行審美活動時，結合外在世界的力（物理）與內在世界的力（心理），形成「異質同構」，由此物聯想到彼物，從這個對象的審美特徵聯想到其他對象的審美特徵，打破審美感知的局限性，引起特定的情感反映，從而在相映對的對稱、均衡、節奏、韻律、和諧中，產生美感愉快。

「接近聯想」與「類似聯想」，因為性質、形象的相近，容易產生「調和之美」。調和，是以審美對象為基礎的主觀情感自由抒發的想像活動，是主、客觀交融而偏於主觀想像的產物，可使意境曲深，引發讀者的豐富聯想，並加強美的層次性與豐富性，產生簡純沉靜、齊一反復的美感效果。

「對比聯想」則是因為兩者之間的差異甚大，容易產生「對比之美」。對比越強烈，變化越豐富，所產生的美感情緒也越鮮明。故文章也常以開合、抑揚、正反、厚輕、勁婉、直曲、實虛、哀樂等對比技巧，追求結構的曲折變化，以收變化鮮明、豐富多樣的美感效果。

　　「對比」因為形成極大的反差，給人華美、鮮活、健強、闊達之感，所以趨向於「陽剛」。「調和」是性質的相類，則給人優美、輕柔、風致、深沉之感，所以趨向於「陰柔」。換句話說，整體風格是偏近於陽剛形態或陰柔形態，取決於中心主旨的「情」、「理」，是偏近於「剛」、或偏近於「柔」。

　　因此，當審美主體的內心受到觸動，產生了種種強烈的美感情緒波動，並把這種美感情緒輸入作品中，那就是寫作的陽剛形態，其語言必然是急促、鏗鏘、磅礡、氣壯，發而為文，也必然具有文勢磅礡、鏗鏘有力等特色。當審美主體被素淡、輕柔等種種現象觸動激發、產生思索，並且把這種美感情緒輸入作品中，文勢較為緩慢，這時的美感必然是陰柔形態，從字裡行間所透顯出來的也必然是愉悅、歡暢的氣氛，必然是清明、澄透的美感訊息。

　　「用剛筆，則見魄力」，得氣之剛者，其聲宏大，雋快而雄直，如長風出谷、如崇山峻嶺，如雷亦如電。「用柔筆，則出神韻」，得氣之柔者，其聲平和，溫潤而縝密，如雲如煙、如霞如嘆，如思復如悲。「陽剛者氣勢浩瀚，陰柔者韻味深美」，因此，當審美主體所抒發的情感浩瀚、所描繪的題材壯闊，則為「陽剛美」；審美主體所抒發的情感深美、所描繪的圖景纖細，則屬「陰柔美」。

（二）

　　「篇章結構」是合「內容」與「形式」交織而成，若單

就「內容」而言，它包含了屬於具體材料的「景（物）」、「事」，與屬於抽象義旨的「情」、「理」。也就是說，想要精準掌握一篇辭章結構的情感思想，需要從構成辭章主要內容成分的「景（物）」、「事」、「情」、「理」入手。

「情理設位，文采行乎其中」（《文心雕龍・鎔裁》）。文學的功用，原是為了表現作者的情感，傳達作者的思想，也唯有能寫真景物、真感情，才有真境界，故人世間「一切景語，皆情語」（王國維《人間詞話》）。因此，「情」、「理」，才是「主」；「景」（物）、「事」，則是「從」。

「情」與「理」，緊密結合，是藝術創作的中心、焦點、與主意。唯有「情理設位」，乾坤以之定位，日月以之運行，文采才能運行其中，才能表天地萬物之情狀。因此，唯有這個「情」或「理」，或是「情理交揉」的中心主旨確立，然後破題起講，都依循這一主旨，發揮議論，一線到底，百變不離其宗，才能達成篇章的統一，才能使文章產生最大的說服力與感染力。

故凡作一篇文章，若不先立定「主意」，只是漫為填布，東添西湊，自然物色各不相顧。若能意在筆先，先「立柱」，次分間架、疏密與濃淡，審高下左右、內外去來，自然呼東應西，自然水到渠成。由此可見，「主旨」在一篇文章中所佔有的殊勝地位。

「主意拏得定，則開闔變化，惟我所為」（劉熙載《藝概》）。「主旨」作為全文的中心，全文由它放射出去，又回歸集中到這一點上來，也就是由句旨、章旨，又回歸到篇旨，這就是「統一」。所謂振本而末從，知一而萬畢，這個「本」和「一」，就是文章的核心主旨，而「末」和「萬」就

是外在的字詞、句子和章節；只要核心主旨得到了振舉，其他的字、句、章節自會歸順服從。因為，偉大的藝術總是把不同的、眾多的、外在的藝術形式，匯歸為高度的一致性。因此，藝術作品的完成乃是各種力量的均衡、秩序與統一。而統一的概念，引導審美主體達到最和諧的境界，達成藝術外在因素（形式美）的平衡和諧，與主客、心物、情理（內容美）的和諧。

（三）

　　以上所說的種種理論，若落實在篇章結構上，則有以「對比性」結構呈現者，如立破法，就是先「立案」，然後加以「掀翻」，加以「辨」、「駁」。在「立」的方面，它可從「直接觀察」、「歸納推理」、「演繹推理」等法則，求得各種證據，直接證明問題。在「破」的方面，則以「分層駁詰」、「查勘謬誤」、「左右逼攻」等種種方式，一層一層推理詰難，求得神完氣足的結意。故它能打破思維的慣性與惰性，促使觀賞者理解上的飛躍，產生淋漓快感。主旨則安置在「破」的部分，以統一全文。

　　也有以調和性結構呈現者，如賓主法：「主」是重心，是主要的；「賓」，是陪襯、間接的。「賓」從「主中生出」，其心理基礎在於美感的鏈式反映，兩兩相形、互為幫襯。主旨安置於「主」的部分，以統一全文。又如敘論法：「敘」是「實」，「論」是「虛」。「敘」，可以是事件發生的時間、地點與發展過程，或是人物的經歷事跡與活動背景。

「論」，則是經由推理、證明、反駁，對客觀事物進行分析與綜合，以探索真理。敘事見理、論隨事生，既可點明和深化思想、凸出文章主題，又可收到議論精闢、擴延文章內涵的審美深度。因為議論才是文章的結穴之處，故主旨多安置於「論」的部分，以統一全文。

又有以中性結構呈現者，如遠近法：順著空間，依次遞寫，會形成「由近而遠」形式；若是倒轉過來，依次逆寫，則會形成「由遠而近」形式。利用「由遠而近」再「由近而遠」的「遠、近、遠」視覺變化，則可以產生清爽、明晰、力量的審美特性，形成漸層之美，達成心理、情意上的凸出和延伸效果，營造空間的虛實變化，湧現出奇之趣與空靈之美。主旨即安置於「近」的部分，以統一全文。

唯特別值得一提的是，章法所探討的主要是內容的深層邏輯，[6]也就是篇章的「條理」；而這一「條理」乃是源自於人之心理，從內在應接萬事萬物所呈顯的共通理則。而這共通的理則，落到章法之上，便成為「秩序」、「變化」、「聯貫」、「統一」等四大規律，以反映作者之邏輯思維。陳滿銘〈論辭章章法的四大律〉指出「秩序」、「變化」與「聯貫」三者，主要是就「材料之運用」來說，著重於個別材料（景與事）之布置，以疏理各種章法結構，重在分析思維；「統一」主要是就「情意之表出」來說，著眼於核心「情」、「理」之主旨，或統合材料形成綱領，以貫穿全篇，重在綜合思維。因此，從根源上探討，章法四大律乃經由人心之邏輯思維而得以呈顯，可說貫通了人我、物我，完全合於天理人情。它透過人之「心」，投射到哲學上，即是「哲學」之理；投射到藝術（音樂、繪畫、電影等）上，便為

「藝術」之理；而投射到文學上，即成「文學」之理。如進一步將「文學」之理落實在「章法」上，則是「章法」之理，也就是「秩序」、「變化」、「聯貫」、「統一」等四大律。因此，在心理上，以它們為基礎，呈現其「真」；在章法上，也以它們為原則，呈現其「善」；而在美感上，更以它們為效果，呈現其「美」。[7]

（四）

大體而言，篇章結構適用於切入分析每一種文體，但因為體裁的不同、文章性質的不同，會有某一些篇章結構特別適用於某一類文體的情形產生。也就是說，某一些特定的文章體裁，較常以某一特定的篇章結構呈現。例如「立破」法，就很少在詩、詞中窺見它們的蹤影。又如「遠近法」、「情景法」、「圖底法」等，雖然在詩詞散文的每一個章節段落裡，都可以窺見它們被廣泛運用的踪影，但卻很少能見到終篇全然以此法來謀篇布局的散文。這可能是因為散文想要表達的情理較為汪洋磅礴，故所需情節的鋪陳安排、所需題材的駕馭涉獵，都遠比形式簡潔、字數較少的詩詞多而繁複的緣故。因此，「凡目」、「賓主」、「因果」等最常見的結構類型，多會舉詩、詞、散文以做說明。至於「遠近」、「情景」、「圖底」等，則僅以詩、詞為例；而「立破法」，則僅以散文為例。

此外，分析一篇文章的篇章結構，沒有絕對的是非可言，唯有從不同的角度切入，才能找出最能掌握「內容」與

「形式」特色的結構類型。關於此點，陳滿銘《章法學綜論》以蘇軾〈念奴嬌〉為例說明[8]：

> 大江東去，浪淘盡，千古英雄人物。故壘西邊，人道是，三國周郎赤壁。亂石崩雲，驚濤裂岸，捲起千堆雪。江山如畫，一時多少豪傑。　　遙想公瑾當年，小喬初嫁了，雄姿英發。羽扇綸巾，談笑間，強虜灰飛煙滅。故國神遊，多情應笑我，早生華髮。人生如夢，一尊還酹江月。

首先從「今昔」法的角度切入來看，則「大江東去」十句，主要是用來描寫眼前如畫的江山美景；「遙想」六句，是寫過去的歷史人物；「故國神遊」五句，分從物內、物外，將時間從過去再次拉回到現在。全詞形成了「今、昔、今」結構，可惜不能看出一篇主旨究竟在那裡。其結構表為：

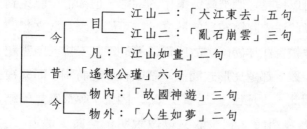

次從「虛實」（情景）的角度切入來看，則全詞可以形成「實、虛、實」結構。先以「大江東去」十句寫景、敘事，再以「故國神遊」三句抒情；最後以「人生如夢」二句，以景結情，收束全詞。從情、事（景）來分析，雖然可

以引人注意「多情」這個主旨，但是以「周郎自況」的這一層卻完全看不到。其結構表為：

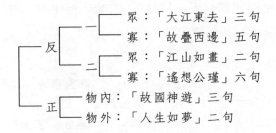

再從「正反」的角度切入，則「大江東去」十六句，以出現在赤壁的人物為反面材料，以「周瑜」年紀輕卻成就不朽的功業，來反襯主人翁（蘇軾）時不我與、英雄無用武之地的悲哀。它可以形成「先反後正」結構，雖然可強調做為重心的「人」，卻忽略了「情景」的關係。其結構表為：

　　　　　　　┌一┌眾：「大江東去」三句
　　　　　┌反┤　└寡：「故壘西邊」五句
　　　　　│　└二┌眾：「江山如畫」二句
　　　　　┤　　　└寡：「遙想公瑾」六句
　　　　　└正┌物內：「故國神遊」三句
　　　　　　　└物外：「人生如夢」二句

　　最後就「天人」的角度切入來看，則「大江東去」三句，是「天（物外）」的部分，以江中所見的「浪」、「淘」為媒介，由「空間」向「時間」無限的推擴，回溯到「千古」，營造出一種浩瀚的氣勢，並扣到被大浪淘去的無數「風流人物」身上，既預為後一個「天」（物外）作前導，又為轉入下一個「人（物內）」的部分作鋪墊，抒發了無限的興亡感慨，有強化情意的作用。

　　「故壘西邊」十五句，是「人（物內）」的部分。作者以眼前赤壁周遭的江山勝景為「底（背景）」，成功地凸顯出

「周郎」來，一方面傾注了作者對「周郎」的無比追慕、嚮往之情，一方面也藉「周郎」的年輕有為，反襯了作者自己的年華老大與功業無成，兩者形成強烈的對比；然後「故國神遊」三句，再順勢帶出全詞的核心「圖（作者）」來。其中，「亂石」三句，特別突出了山崖的險峻與浪濤的洶湧，呈現出一股驚心動魄的氣勢，緊緊地與當年的赤壁大戰場相輝映，為周郎的英雄形象與不朽事業，作出了最有力的襯托。

結尾「人生如夢」二句，是第二個「天（物外）」的部分，承上一句的「笑」字，由實推向虛，由有限推向無限，令作者一下子從「多情」（無限悲憤）中超脫而出，趨於高曠，自然而然地與開篇「天（物外）」的部分相呼應，自然地與天地合而為一。其結構表為：

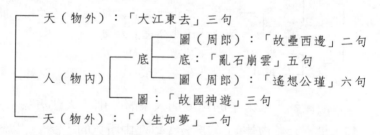

由此看來，作者在這首詞裡，表達的雖是自己時不我與、英雄無用武之地的悲慨，但在悲慨之中，又蘊含著超曠的意味。所以從「天（物外）、人（物內）、天（物外）」結構的角度切入，再配合「底圖」、「圖、底、圖」等順序加以疏理，透過「夢」使作者由「物內」的「悲情」（悲慨）超脫於「物外」（超曠），達到物我合一的境界，如此較能更為周延地顧到各個角度而照應全篇，可以說是最適宜的切入

角度。

註　釋

1　此即「人同此心，心同此理」之「理」，參見陳滿銘：〈談辭
　　章章法的主要內容〉、〈談篇章結構〉，收錄於《章法學新裁》
　　（臺北：萬卷樓圖書公司，2001年1月初版），頁319-360、
　　364-419。

2　參見陳滿銘：《章法學論粹》，頁3。

3　參見鄭頤壽：〈中華文化沃土，辭章學圃奇葩──讀陳滿銘
　　《章法學新裁》及其相關著作〉（蘇州：《海峽兩岸中華傳統文
　　化與現代化研討會文集》，2002年5月），頁131-139。王希
　　杰：〈章法學門外閑談〉，見於《國文天地》18卷5期（2002
　　年10月），頁92-101。

4　參見仇小屏：〈論辭章章法的對比與調和之美〉（收於《辭章
　　學論文集》，福建：海潮攝影藝術出版社，2002年12月第1
　　刷），頁78。

5　王希杰〈章法學門外閑談〉（頁96）即指出「陳滿銘教授及其
　　弟子的章法學研究中，始終貫串著二元對立的觀念，或者說，
　　二元對立是他們的章法研究中的方法論原則」。所謂「對待」，
　　係指陰陽性質上的對立相待，如東陰西陽或南陽北陰，其分別
　　是從同一件事象所區別出來的正反兩面相對立之現象。此類一
　　事含具二面的情況是萬物的普遍相。參見曾春海：《易經的哲
　　學原理》（臺北：文津出版社，2003年3月1刷），頁68。

6　王希杰〈章法學門外閑談〉：「文章是由內容和形式兩個方面
　　所構成的，其內容是信息和思想，其形式是語言文字和表達方
　　式。兩個方面也都有內容和形式的區別。我閱讀了陳滿銘教授
　　及其弟子的精彩著作之後所得到的印象是，章法學的對象主要
　　是文章的內容，陳滿銘教授說的『材料』就是內容，但是不研
　　究『材料』本身，只研究材料的形式，就是材料同材料之間的
　　關係，所以是（文章的）『內容的形式』──文章內容的『組
　　織形式』。當然文章內容的『組織形式』需要相應的形式來表
　　現它。」見《國文天地》18卷5期（2002年10月），頁93。

7 所謂「秩序」，是指將材料依序加以整齊安排。所謂「變化」，
   是把材料的次序加以參差安排，任何章法依循此律，造成順、
   逆交錯的效果。所謂「聯貫」，是指文章以各種不同的思想材
   料，組合成統一有秩序的整體，全靠聯絡照應的意匠本領，始
   能穩密而靈活。辭章要達成「統一」，則非訴諸主旨（情意）
   與綱領（材料）不可；而做為一篇核心成分的主旨，又可依據
   安置部位的不同，分為安置於篇首、篇腹、篇末與篇外等四種
   形式。一篇綱領也可析為單軌者、雙軌者、三軌者、四軌者、
   五軌及五軌以上者。參見陳滿銘：〈論辭章章法的四大律〉，
   收錄於《章法學論粹》（臺北：萬卷樓圖書公司，2002年7月
   初版），頁3-18。又參見仇小屏：《文章章法論》（臺北：萬卷
   樓圖書公司，1998年11月初版），頁1-510，及《篇章結構類
   型論》（臺北：萬卷樓圖書公司，2000年2月初版），頁1-
   620。

8 參見陳滿銘：《章法學綜論》，頁419-426。

二 章法類型概說

篇章的形式結構，若就其形成的組織來說，是「篇章結構」；如就它源頭的方法而言，那就是「章法」。因此，想要分析一篇文章的結構，首先就要對「章法」做全盤的了解，如此才能循「理」入「文」，理清它的脈絡。

（一）對比類

把反差極大的事物或概念並列在一起，都會形成「對比」。對比類的章法，在材料的選取上，它必然會選用相對、相反的人事物，來做為組織篇章的內容材料，以凸顯主旨。而材料的來源，可分成三類：有的是針對同一事物，從兩種完全相反的角度來論述而造成對比關係，如「抑揚法」、「立破法」、「縱收法」；有的則是提出兩種或兩種以上的相反事物來論述而造成對比的關係，如「正反法」；有的則是以上兩種情況皆有可能，如「張弛法」。[1]

　　然而，不論是貶抑與褒揚的對應、立與破的針鋒相對、縱放與收回的相映，或是一正一反的比較、緊張與鬆弛的反差，都可以達成鮮明凸出、比較對立的效果，極大地增強主要事物的藝術力量，從而獲得分外深刻鮮明的印象，讓文章洋溢著華美、鮮活、醒目、勁健的美感效果。以下就簡介幾種常見的對比類章法。**2**

1、同一事物者

(1)抑揚法

　　定義：「抑」就是貶抑，「揚」就是褒揚。抑揚法就是運用貶抑與頌揚的筆法來論人議事的謀篇方法。

　　特色：無論是那一種結構類型，都可以在短時間內引起讀者兩種截然相反的情緒，在文勢上產生一起一伏的波瀾，具有韻律美和輕快美。

(2)立破法

　　定義：就是先「立案」，然後加以「掀翻」，加以「辨」、「駁」，使正面主張得以成立、得以申張的謀篇方法。

　　特色：立破法中的「立」，多是積非成是的觀念或習以為常的成見，在「破」中舉例以駁之，並揭明誤處；再透過「異常材料」的組接，打破思惟的慣性與心理的惰性，有力地促使讀者作全新的思考，產生真理愈辯愈明的淋漓快感。

(3)縱收法

定義：「縱」是放開，「收」是拉回；表現在詞章上，就是在時、空、情、理各方面縱離主軸，再將遠放之文勢完全兜攬包抄、拍回主軸的謀篇方法。

特色：先拍回再跳離、或先跳離再拍回，這種馳騁縱橫的放開、收束的動作，可增強美感情緒波動的密度與濃度，從而增添作品的感染力。

2、不同事物者

(1)正反法

定義：將極度不同的兩種（或兩種以上）的材料並列起來，形成強烈的對比，藉反面的材料襯托出正面的意思，以增強說服力、感染力的謀篇方法。

特色：正反法是在「對比」的原理上產生的，具有極大的差異性，因而洋溢著華美、鮮活、醒目、勁健的美感效果，使得主體（正）的特點更凸出、姿態更優美。

3、皆有可能者

(1)張弛法

定義：「張」是緊張，「弛」是鬆弛；張弛法就是使文章呈現張弛疾徐等不同節奏的謀篇方法。

特色：由於審美情緒會因力的強弱變化而產生不同的波

動，形成文章有張有弛的結構特色，產生起伏呼應的韻律節
奏，營造一種特殊的審美效果，使讀者產生情感的共鳴。

（二）調和類

　　將兩種極相近的事物並列在一起，由於其差異性極微，
因此容易形成「調和」關係。調和類的章法，在材料的選取
上，它必然會選用相類或相近性質的人、事、物，做為組織
篇章的內容材料，以凸顯主旨。而材料的來源，也可分成三
類：有的是針對同一事物，以性質相近的兩種角度來論述而
形成調和關係，如「本末法」、「淺深法」、「泛具法」、
「凡目法」、「因果法」、「平側法」、「點染法」、「偏全
法」；有的是從兩種不同的事物來論述，而形成調和關係，
如「賓主法」、「並列法」、「情景法」、「論敘法」、「敲擊
法」；有的則是兩種情況皆有可能，如「知覺轉換法」。
　　偏近於調和關係的各類章法，不論是建立在接近聯想、
或是類似聯想上，多會因性質形象的類同，容易產生知覺上
單純一體之感，使人覺得融洽、鎮靜、深沉與優美，整體也
因而形成豐富協調、和諧統一的效果。以下簡介幾種常見的
調和類章法。

1、同一事物者

(1)平側法

定義：「平」，指平提；「側」，指側注。平提側注法就是以同等的地位將所要論説或敍述的幾個重點加以提明，然後特別側重於其中一點或兩點來收結的章法。

特色：任何藝術作品在反映主觀世界時無不有所側重，為了凸出某一特徵，就予以擴大、加強，使之佔有明確主導的地位，構成「側重」的藝術美。而「側」是文章重心所在，又有回繳整體、收束凸出的功效，使作品更顯精鍊、含蓄，以臻達「言有盡而意無窮」的境界。

(2)偏全法

定義：運用局部與整體、特例與通則的相應條理來組合材料的章法。

特色：由於偏全法比較著眼於事、理、時、空的部分與全部、特殊與一般，因此極易產生集中收束與擴大的美感。

(3)本末法

定義：本末法就是將事理的原始本末，依照「由本推到末」或「由末推到本」的條理，依序層層推進的謀篇方式。

特色：逆溯、順推的思維方式，不僅具有規律美，神經活動也因省力而產生快感，達成全體的和諧統一與變化美感。

⑷淺深法

定義：淺深法是因文意（境）有淺有深，而形成層次的章法。

特色：淺深法能將文意（境）淺深的變化情形凸顯出來，相當合乎事物發展的規律，與美感情緒的波動變化，所以自能產生一種規律美。

⑸因果法

定義：因果法是以題意為中心，推論其因果關係為開頭，或推尋事理之本原，然後言其得失的謀篇技巧。

特色：「先因後果」形式，可使讀者自然而然地掌握行文脈理；先提出論點的「先果後因」形式，則極易形成一種懸疑性，產生一股期待欲。至於「因」與「果」的多次呈現，能刺激欣賞心理產生反應，在兩端間來回擺動，產生強烈的節奏感，產生齊一、反復的節奏美。

⑹泛具法

定義：專事描述具體的情事、景物或特殊狀況的，是「具寫」；泛泛敘寫抽象情意或一般狀況的，是「泛寫」。因此，泛具法是結合泛寫與具寫的一種章法。

特色：泛寫與具寫合用，可以使具體和抽象之間相得益彰，形成調和關係的「具象美」與「抽象美」，並能增強作品的藝術魅力，產生強大的感染力與美感效果。

(7)點染法

定義：「點染」，本指繪畫手法，後移用為辭章作法。「點」，指時空的一個落足點，僅用作敘事、寫景、抒情、或說理的引子、橋樑或收尾；而「染」，則指真正用來敘事、寫景、抒情或說理的主體。

特色：點染法深具律動的層次美、循環往復的節奏美、與統一美。在多層次的點染烘襯下，更可彰顯變化美。

(8)凡目法

定義：「凡」，是總括；「目」，則是條分。在敘述同一類事、景、理、情時，運用了「總括」與「條分」來組織篇章的一種方式。

特色：凡目法的形成，運用了「歸納」或「演繹」的邏輯思維。其中，「先凡後目」，是先總說再分說，屬於演繹式思考；「先目後凡」，是由分說到總說，屬於歸納式思考；而「凡、目、凡」、或「目、凡、目」等變化結構，則是綜合運用了演繹與歸納兩種邏輯思維。「凡」具有統括的力量，有集中的美感；「目」具有並列的條分項目，因而有整齊美；「凡、目、凡」和「目、凡、目」，則具有對稱美。另外，運用了演繹、歸納的推理方式，神經活動會因省力而產生快感，神氣清而力量勝，由快感而生發整體的美感效果。

2、不同事物者

(1)賓主法

定義：運用輔助材料（賓），來凸顯主要材料（主），從而有力地傳達出主旨的一種章法。

特色：從「相似」或「相反」的聯想，去尋找輔助的「賓」，以烘托出「主」。若採反面的「賓」來襯托「主」，易形成對比美；「陪襯之材料」，若是「在主之正面」，則易形成調和美。也因為「賓」、「主」又同時為主旨服務，故可產生整體的統一美。

(2)並列法

定義：並列結構成分都是圍繞著主題，從各個方面、角度來闡發主旨；而且彼此之間的關係不分「賓」、「主」，也未形成層次。

特色：它多形成整齊的美感，可破除單調增加變動的情趣；而反復回環的節奏，又可增強文章的韻律感。並列結構的各成分之間，形散而神不散，在主旨的統攝下指向和諧的統一，相當合乎美的規律。

(3)情景法

定義：藉外在、具體的景物，來襯托內在、抽象的情思的寫作手法；其中，寫景僅是手段，抒情才是目的。

特色：由於情、景交相點染，隨各人情感的偏近於陽剛

或偏近於陰柔，而有判然不同的揀擇，於是在情景轉位之
際，更添增了辭章的變化美與靈動美。另外，由於自然常與
天道「感通」，人與自然極易染上了一種形而上的超越性。
而「情景交融」，更可給人一個完整的、和諧統一的印象，
與耐人尋味的深度。

(4)論敘法

定義：在敘事的過程中，對所敘事件有所觸動、有所感
發，因而產生出相應的感想，發為議論。

特色：敘事見理、論隨事生的論敘法，對客觀規律的闡
發、對客觀真理的揭示，描寫得愈深刻，就愈具有審美深
度，既可深化思想，又可使文章收到議論精闢的效果。

(5)敲擊法

定義：「擊」通指一般的「打」，「敲」則專指從旁而
來的「打」；移用於章法，則「敲」專指側寫，「擊」專指
正寫。

特色：因為「擊」著眼於人、事、物的正面，具有全體
觀照的效果；而著眼於側寫的「敲」，容易凸出某一定點，
可揭示「側重」的藝術美。而敲、擊的逐次展開論述，既可
凸顯局部又可照應全體，因此論述自是周延而圓融。

3、皆有可能者

(1)知覺轉換法

定義：綜合運用視覺、聽覺、嗅覺、觸覺、味覺、心覺等各種知覺，來組織篇章的方法。

特色：人的任何一種知覺活動，都離不開感覺。因此，人的感覺器官接收客觀世界的訊息，經過審美心理的運作後，就產生了種種的知覺美。其中，以視覺和聽覺出現的次數最為頻繁，與美的關係也最為密切，故這兩種知覺特稱為「美的知覺」。而且，各種感覺之間，也都能在審美感受中相互挪移、轉化和滲透，建立了聯繫的結果，最後匯歸為心覺，以獲得內在的統一。

（三）中性類

這一類章法由於所造成的對待關係尚未確立，可能是對比，也可能是調和，必須進一步檢視所選用的材料，才可以確定造成的是對比或調和的關係；而且此類所涵蓋的章法甚多，其中又以「底」來襯托「圖」者最多，因此可以區分出「圖底類」，以及無法歸入此類的「其他類」。

1、圖底類

(1)時空類

時間類章法，包含有今昔法、久暫法、問答法等；它們也都具有某種程度的主從關係，大體而言，時間類的焦點多會凸顯在「今」、「暫」、「答」的內容中，而起著烘托作用的背景，常出現在較外圍的「昔」、「久」、「問」等部分。至於空間類章法，主要包括遠近法、內外法、左右法、高低法、大小法、視角變換法、知覺轉換法、狀態變化法等；一般而言，空間類的焦點多會凸顯在「近」、「小」、「內」、「低」的空間中，而起著烘托作用的背景，常出現在較外圍的「遠」、「大」、「外」、「高」等部分。不過，仍須落實到作品中，才能確定何者為「圖」、何者為「底」。

時空類章法，它們都可歸屬於章法的圖底家族。所謂「圖」，就是產生聚焦功能的焦點；所謂「底」，是背景，對「焦點」起著烘托的作用，為主旨（綱領）作有力的烘托、與凸顯。辭章家在創作時，多會運用背景材料來凸出焦點材料，使「圖」與「底」形成一個整體，也因而都具有某種程度的主從關係。以下簡介幾種常見的時空類章法。

①今昔法

定義：將時間中的「今」（現在）與「昔」（過去），依篇章需求作適當安排的章法。另外，在時間上構成短暫的今昔關係的「先後」法，亦屬今昔法的範疇。

特色：「由昔而今」又稱「順敘」法，它最符合事物本

身發展的自然規律。「由今而昔」又稱「逆敘」，它常是把美感情緒波動中，居於最激烈、最急促、最密集的結果和結局先呈現出來，所以印象最清楚。至於「今昔錯間」又稱作「追敘」，多形成「今、昔、今」結構，由於它是「由今而昔」再次迴筆寫到現在，同樣是把美感情緒波動最密集的部分提前來寫，甚至在結尾將激烈的美感情緒再次重現，與前文形成呼應，故能產生餘韻不絕的美感效果。

②久暫法

定義：「久」指的是長時間，「暫」指的是短時間，將文學作品的長、短時間作適當安排的章法。

特色：「由暫而久」就是由短暫的一剎那，將時間不斷地拉長，它往往在起首很急促，繼而稍緩，然後漸趨悠長，由極有限的時間推向無限的時間，使讀者的情緒上產生一種悠然不盡、餘音嫋嫋的遠韻。至於「由久而暫」則是將悠長的時間逐步濃縮到一剎那，由冗長而漸短，愈到結尾愈急促，終至忽然斷截，在生理、心理上升起一種意猶未盡、戛然收束的趣味。

③遠近法

定義：主要是以空間中「長」那一維所造成的遠近變化為條理的謀篇方式。

特色：「由近而遠」的空間變化，可令畫面的視野愈來愈廣闊，附著於空間的景物也漸次地呈現在讀者眼前，造成一種「漸層」的效果；若「由遠而近」，則易在一個特意的空間上凝聚，使焦點分外凸出，得到最大的注意。「近、遠、近」的空間變化十分特殊，也較為少見，但透過視線的遠近奔馳，可在情意上、心理上達成延伸的效果，兼具凸出

與延展的美感。「遠、近、遠」則是相當常見，不僅營造出空間層次感，形成漸層之美，令人有深度、神秘、變動之感，也在視覺上形成立體縱深的效果。

④內外法

定義：表達內外空間轉換的內外法，強調的是以建築物（門、窗、牆、帷等）分隔成內、外兩個空間，形成對照，產生相映成趣效果的謀篇方式。

特色：「由內而外」是採由室內移轉到室外的空間安排，「由外而內」，則是先由外在景物引起聯想，再轉回來描寫室內。利用視線或足跡作一內一外的移動，造成景物的改變，都可增強詩中的空間深度，別有曲折幽深的效果。至於「外、內、外」與「內、外、內」結構，配合時間的流轉，除了可形成空間深度的漸層效果，更能經由外在景物的多次轉換，表達主人翁的心境變化。

⑤高低法

定義：主要是以空間中「高」那一維所造成的高低變化為條理的章法。

特色：在「由高而低」的空間中，由於方向是向下的，產生沈重、密集、束縛之感，力量非常驚人。至於「由低而高」，方向是上的，因此給人一種輕鬆、自由的感受，而且容易使審美主體由靜觀而融合，終於達致崇高的情境。而「高低迭用」的空間安排，則可靈活利用俯瞰、平視、仰觀等視覺推移，營造空間的層次變化，呈現立體感，產生「奔放」和「擴大」的美感效果。

⑥大小法

定義：將空間中大的面與小的面之間，擴張、凝聚的種

種變化紀錄下來的章法。

特色：「由小而大」向外擴展的包孕式空間，四望所見的四方之景，可向無窮處延伸擴散，形成漸層美；「由大而小」的輻射式空間，則會因特寫而產生集中凸出之美。至於大小交錯運用的「大、小、大」或「小、大、小」結構，不僅有節奏地轉換空間的大小，提供觀賞者一種閃耀動人的變化美感；透過遠近往還的審美視線，更表達了一種把握當下、把握整個宇宙的深沉況味，也使得主要對象更具有形象美，與思想的縱深感。

⑦**左右法**

定義：將空間中在左、右之間移動，而造成的橫向變化紀錄下來的章法。

特色：向左、右延展的空間，最能傳達出「均衡」的美感，而且特別容易造成遼闊的空間感，也因此而產生安定靜穆的感受。

⑧**視角變換法**

定義：不從單一的角度去描摹景物，而是將空間中「長」、「寬」、「高」三維互相搭配，造成視角的移動，並將此種變化體現在文學作品中的一種章法。

特色：中國傳統的觀照方式即是仰觀俯察、遠近遊目，因此特別容易形成視角變化的空間。這樣的空間結構方式，一方面可以自由地收羅不同空間的不同景物；而且空間的轉換，會造成躍動性的空間美，十分靈動。

⑨**時空交錯法**

定義：時間的虛實與空間的虛實，有時會在辭章中交互運用，形成豐富多變的章法現象。

　　特色：人處在四維時空之中，會產生時間和空間知覺，體現於作品中，則會形成時空交錯的混和美。而且無論是形成秩序美或變化美，均能使「虛」和「實」、「時」和「空」相互呼應而聯貫，成為對比或調和之美。

(2)虛實類

　　這一族類的章法，通常會經由「虛」與「實」的相映相生，產生共同的美感特色。「實」是觸發想像的基礎，它能提示、暗示、象徵非直觀的內容；「虛」則是借助於藝術的比喻、象徵、暗示等作用，通過想像對「實」部分的延伸、補充和發展。故「以實出虛」常能獲得含蓄美，「化實為虛」則能獲致騰飛的自由美；若虛實交錯並用，則又能生發不同風貌的靈動美，與整體虛實相生的和諧美，形成更豐富生動的藝術形象。

　　①空間的虛實法

　　定義：虛實就空間來說，凡知覺所能感受到的，是「實」；而知覺感受不到、透過設想而呈現的，則是「虛」。

　　特色：文學作品的虛實空間之所以能轉換自如，也是由於「美感的騰飛反映」，奔放縱馳想像力的結果，故也可以產生含蓄美、自由美、變化美與和諧美。

　　②時間的虛實法

　　定義：時間的虛實法，便是將「實」時間（今、昔）與「虛」時間（未來）揉雜於篇章中，以求敘事（寫景）、抒情（論理）的一種章法。

　　特色：由於「美感的騰飛反映」，文學作品可以在早年的回憶、當時的印象、未來的憧憬等過去、現在、未來三種

時間中，來去自如，放縱想像，以獲得虛實互見之美。

　　③假設與事實法

　　定義：假設，是推翻已存在的事實，或是逆溯推翻前人已有的定論。因為時光不可能倒流，假設的情況不可能發生；因此，假設是「虛」，事實是「實」。

　　特色：「意翻空而易奇，文徵實而難巧」，故若能「假設事實，虛論擬議，翻勝其意，以起波瀾」，如風吹水面，蕩起漣漪，虛靈變化，產生種種奇趣異態，令人心曠神怡。

(3)其他類

　　①詳略法

　　定義：即將詳寫、略寫的筆法，在篇章中相互為用，以凸出主旨的章法。

　　特色：由於詳寫的部分是「主」，容積特大，知覺強烈鮮明，多具有新鮮、強烈、深刻的特性，可以使人產生較大的情緒震動，顯示出與眾不同的示差性；而詳寫與略寫合比例的分配，又可形成豐富而有層次的美感效果。

　　②眾寡法

　　定義：「眾」指多數，「寡」指少數，眾寡法就是利用多數與少數之間相映成趣的關係，來謀篇布局的方法。

　　特色：眾寡法與大小法多會形成包孕或輻射的關係，形成焦點凸出與範圍放大的變化效果，產生美感情緒的波動。

　　③天人法

　　定義：所謂「天」，指「自然」；所謂「人」，指「人事」。如就寫景來說，「天」就是自然之景，「人」就是人事之景；若就說理而言，則「天」屬於天道，「人」就屬於

人道。

特色：藉外在的自然景物，來襯托人事，自具象實景中逼出人事感懷，形成井然有序的脈絡，增人詠嘆，並帶出思考的深度與廣度。

④圖底法

定義：所謂「圖」，即是產生聚焦功能的焦點；所謂「底」，是背景，對「焦點」起著烘托的作用，為主旨（綱領）作有力的烘托與凸顯的謀篇方式。

特色：就像繪畫一樣，用作「背景」的「底」，往往能對做為「焦點」的「圖」產生烘托的作用，產生豐富有層次、又焦點凸出的美感效果。

2、其他類

凡是不能歸入圖底類的其他章法，我們都把它歸入於此類。

①狀態變化法

定義：將外在世界中，萬事萬物某一狀態本身的變化，呈現在文章中的章法。

特色：由於人對某一對象的某種特徵的注意越集中，在大腦皮質層的相應部位就越能引起「優勢興奮中心」，人們即可以達成有效的觀察。創作者對觀察的結果感覺到美，便會用文字準確地傳達出來，於是出現了對狀態變化的刻劃。

②問答法

定義：問答法是以「提問」和「回答」來組織篇章的一種方式。

　　特色：最常見的是「先問後答」形式，它能製造懸疑、緊張與期待的氣氛，生發美感情緒的波動，並使內在意脈的流貫自然地連結成為一個和諧的統一體。

註　釋

1　參見陳滿銘：《章法學綜論》（臺北：萬卷樓圖書公司，2003年6月初版），頁455-458。

2　有關各類章法的定義、美感與特色，乃是參見陳滿銘《章法學論粹》、《章法學新裁》、《文章結構分析》、《詞林散步》，以及仇小屏《篇章結構類型論》等書（以上均由臺北：萬卷樓圖書公司出版）。

三　對比、調和的心理基礎

　　正因為美是客觀存在，有賴於人積極地以心靈感應與捕捉，所以文學創作自然會受到心理條件一定的影響。審美主體運用自己的感覺器官，運用自己的眼睛、耳朵和所有感覺，去觀察、識別、體悟外在一切的刺激物，然後與自己的情緒發生摩挲、踫撞，進行認識、思考、記憶與積澱的活動。所以當他對社會現實，對人生真相有所感、有所悟時，內心自會激起了情緒的火花，並因情緒的激烈踫撞而產生強烈的衝動。此時，情感似春雨霏霏而不息，思緒如潮水翻騰而高漲，於是產生了一種欲吐之而後快的「美的衝動」，激勵著、逼迫著審美主體，使審美主體不得不提起創作的衝動。

　　也因為人是七情六欲的載體，當喜、怒、憂、思、愛、惡、悲、驚、恐等等情緒，受到外物變化的刺激，人的大腦中與之相應的區域便會產生電流，出現騷動，進而會根據客體變化的不同形態而產生出與之相呼應的情緒，或喜、或怒、或憂、或思。[1]因此，激起美感情緒的產生與波動的背

後的心理因素，對文章起著相當大的決定作用。

（一）對比、調和起於「聯想」

《老子·第二章》云：「有無相生，難易相成，長短相較，高下相傾，音聲相和，前後相隨。」沈詳龍《樂志簃筆記》也有一段話說：「太極兩儀，文法之源。文之主意，太極也；主意必析數意以明之，或反正，或高低，或前後，兩兩對待，是謂陰陽。」²由此可知，「太極」是「文之主意（主旨）」的根本源頭，然後形成或「反正」、或「高低」、或「前後」，兩兩對待的「陰陽二元」關係。

「陰陽二元」對稱的觀念，是自古以來中國人民特有的思維習慣和方式，中國人特別喜歡從事物的對應關係中，觀察事物，開展思考。例如詩文中「對句」的根源，就是以「陰陽二元」哲學思想為基礎。³有了「陰陽對稱」，則詩行所呈現的視覺節奏，以及隨之而起的聽覺節奏，就能與詩的內在情感節奏，和諧而一致，打動讀者的心靈，帶來赫然有力的情感。

黃慶萱《修辭學》⁴指出，在主觀上，「對稱」源於心理學上的「聯想」作用。什麼是「聯想」？「聯想」就是指由這一事物聯想到另一事物的心理活動，就是指在某一特定的事物或情景之前，重新回憶起有關的生活經驗與思想情感。⁵若再深一層探析，就是當某種與以前感知過的刺激物有某種聯繫的刺激物出現在眼前時，以前感知過的刺激物在大腦皮層上留下的興奮痕跡就會相應地興奮起來，並參與到

對當前出現的刺激物的認識過程中去，以帶動和影響我們認
識當前的刺激物。這一現象就是被稱之為「聯想」的心理規
律。6

　　因為客觀世界中的各種事物是相互聯繫、制約與反映，
而人腦中的知識經驗彼此之間也具有一定的聯繫。因此，當
人們在觀賞某種事物時，就會連帶地回憶起其他相關的事
物，產生種種的聯想作用，然後將自我的知覺與情感投注在
這些事物上，達到情感與知覺的契合，達到物我同一的狀
態。7

　　聯想，是從可見可感的此物，因形象、聲音、顏色、味
道或意義的相類似或對比而想起彼物。這兩件事物，可以是
具體的，也可是抽象的。而創作者所致力的，乃是將自己抽
象的感覺、感情與思想，由聯想化為具體的意象，使讀者能
從這一個具體的意象中，對抽象的感情、感覺、思想，得到
鮮明而生動的感受；然後由聯想再引發聯想，在彼此內心最
真切的感受中，覓取和享受一種相互的觸發。8

　　聯想，是憑記憶把過去的認知與材料重新聯繫起來的一
種想像，它是知覺、概念、記憶、思考、想像等心理活動的
基礎。9當意識在活動時，就是聯想在進行。故知覺和想
像，都是以聯想為基礎；廣義地說，聯想是知覺和想像的基
礎，藝術離不開知覺和想像，就離不開聯想。10

　　什麼叫做想像？朱光潛《談文學》以為就是在心裡喚起
意象。比如看到寒鴉，心中就印下一個寒鴉的影子，知道牠
像什麼樣子，這種心鏡從外物攝來的影子就是「意象」。11
也就是說，當人腦中儲存的記憶意象的信息愈多，就愈能生
發豐富新穎的藝術聯想與想像。

　　想像，是「形象思維」的核心，是藝術才能的身分證，是創作主體不可缺少的素質。想像力是一種感受生活美的機能，是一種對審美客體的審美觀照。公元一世紀的希臘哲學家阿波羅尼阿斯，早已明確地提出：是想像創造藝術，是想像造作了藝術品，它的巧妙和智慧遠遠超過摹擬。想像，這一個神性的視力，可以隨心所欲，縱橫古今。故李元洛《詩美學》直指擁有創造力與想像力的詩人，能夠從狹窄的、閉鎖的、陳舊的思維模式中解放出來，作創造性的幅合與輻射，得到一個最佳的意象結構，引發讀者共鳴，產生一種官能的快感。[12]

　　藝術想像多伴隨著強烈的情感活動，而波瀾起伏的情感活動，觸發和激起了豐富多彩的想像活動，並促使藝術想像活動的深化。中國所謂的「遷想妙得」，和西方所說的「移情作用」，實際是一回事。南朝劉宋時期宗炳在〈畫山水序〉提出畫家應當「萬趣融其神思」，這個「神思」，就是指一種非常微妙有趣、不同於一般的思維活動，也就是以想像為中心的藝術思維活動。[13]例如唐、張懷瓘在〈書斷〉中，就論及了書法的藝術想像：

　　　　爾其初之微也，蓋因象以瞳矓，眇不知其變化，範圍無體，應會無方，考沖漠以立形，齊萬殊而一貫，合冥契，吸至精，資運動于風神，頤浩然于潤色。[14]

　　這裡說的就是書法創作者在落筆之前的藝術想像。此外，包世臣《藝舟雙楫》中所謂的「平原如耕牛穩實而利用；會稽如戰馬雄肆而解人意；景度如俵贏強輻，布武緊

密」等語，也是以典型的聯想式欣賞法，一一評點了自唐迄明二十家書法作品的不同特性。[15]

劉勰《文心雕龍》則是正式地把「神思」納入文學創作理論的重要概念，以為「神思」過程中最重要的就是藝術想像。宋代詩僧惠洪《冷齋夜話》也說：「詩者，妙觀逸想之所寓也。」妙觀，是藝術創作者的巧妙觀察；逸想，就是藝術創作者的奇特設想。「妙想實與詩同出」，因此，沒有情感與想像的活動，自然無法構成美的觀照的充足條件。[16]所以，當一位詩人與物（對象）相接觸時，常與物以內的生命及人格的形態相融合，使天地有情。這也就是感情與想像力的融合。

聯想，是審美主體在欣賞美的過程中最活躍的心理因素，是詩歌創作與欣賞中的一種普遍作用。所謂「比」，所謂「興」，所謂「託喻」，也多根源於「聯想」。所以，螽斯可以喻子孫之盛，關雎可以興淑女之思，美人香草，無一不可用作為寄託的比喻。聯想愈豐富，境界愈深廣。創作如此，欣賞也是如此。[17]

「文之思也，其神遠矣」，「籠天地於形內，挫萬物於筆端」（劉勰《文心雕龍》），只有馳騁縱橫，只有廣泛聯想，才能寫出理深情茂、境界深廣的好文章，才可以使藝術作品的趣味豐饒而有餘韻。利用聯想，既可以在藝術上起著補充作用，驅遣我們的想像，向著藝術原有內容的前後或左右伸展，又可在藝術上起著量化作用，喚起一種朦朧的、嫋嫋的情思。[18]

此外，李元洛《詩美學》也指出近代審美心理學中「審美聯想」的理論，多是從古希臘亞里斯多德的「聯想三定律」

的基礎上發展而來。亞里斯多德在《記憶論》中初步提出了後世所說的相似律、接近律、對比律等三大聯想定律，也就是所謂的類似聯想（association by similarity）、接近聯想（association by contiguity）與對比聯想（association by contrast）。[19]

「接近聯想」通常是指「時間或空間上相接近的事物之間」的聯想，「類似聯想」是指兩個不同事物之間具有某些相似之處，因此引發的一種自由聯想，「對比聯想」則是指兩種相反事物之間的聯想。[20]關於這幾部分，將會在下文中，逐一討論。

（二）所謂「對比」

把兩個極不相同、相去甚遠的東西並列在一處，多會成為「對比」的形式。「對比」的根源，源自人類思維中的「對比聯想」。對比聯想，是指兩種相反事物之間的聯想，是由此一事物或現象而引起與其具有相反特點的事物或現象的聯想。它的主要功能是強化形成對立關係的兩種事物的理解和感受，令處於相反兩端、存在尖銳矛盾的事物或現象，產生鮮明的對照。[21]

因為當差異面以尖銳的形態表現出來時，審美效果就會份外鮮明，使得特徵更加顯著、印象更加深刻，以強化讀者的領悟與感受，創造出鮮明凸出的藝術形象來。如「黑」與「白」，「粗」與「細」，乃至「春花」與「秋月」、「香草」與「美人」。[22]

「對比」，是由一事物或現象而引起與其具有相反特點的
事物或現象的聯想。[23]它是一種反面的襯托，把兩種衝突、
相反觀念對列，以強調顯露它們彼此之間的差異，引起人們
的注意。特別是把相反的事實對列起來，兩相比較，從而使
語氣增強，意義鮮明。因此，對比的最大特徵，就是容易產
生比較作用。因為行文若只說正面，即使盡力渲染也難以產
生特殊的效果；但若將材料分為正反兩部分，使之形成鮮明
對比的結構方式，如美與醜、真與假、正確與謬誤，然後放
在一起進行比較，反而能夠使正面顯著而凸出，使讀者獲得
分外深刻鮮明的印象。甚且，作品內部矛盾衝突的強弱變
化、情節的刺激強度，與讀者欣賞時心理情緒的張弛交互之
間，存在著一種對應關係，更可振盪著讀者的審美情緒。

關於對比的心理，黃慶萱《修辭學》以為約可分為主觀
與客觀兩種。就客觀因素來說，主要是由於人性內在的矛盾
和宇宙內在的矛盾，當文學家面對著人與宇宙的內在矛盾
時，又怎會無動於衷呢？若就主觀因素來說，則在於人類的
差異覺閾，人類對於不同程度的兩種刺激，無論是先後或同
時出現，只要其間的差異達到某種程度，便能加以辨別。[24]
心理學指出，「思維」是審美主體對外界輸入信息的加工、
推理和製作思想產品的心理過程；是主觀意識作用於客觀信
息的過程，也是分析研究事物矛盾性並促使矛盾發展轉化的
過程。因此，當善良之心被曲解、美好之意被玷污，或目睹
現實與願望相悖，理想與條件相矛盾時，心情常常因而產生
壓抑、憂鬱、沉重之感；[25]於是正面的與相對立的，這兩種
有著極大差異的反應，一方前進、上升，另一方則阻擋、壓
抑，生命力愈旺、壓抑力愈盛，則衝突就愈激烈，並且在這

兩極端之間來回擺動，產生極為強烈的節奏感。[26]

運用「對比」，可以竭盡地展現文學面貌的多樣性與情致的豐富性，形成活潑鮮明的映照，引人探究其理，凸顯文章的意旨。如大小、強弱、高低、曲直、方圓、黑白、明暗、疏密、靜動疾緩、升降起伏、和合分離、盈虛消長等，創作者若能善加利用對比變化時所產生的不同反應，必可在讀者的內心引起同樣無限的感興，彰顯出特殊的效果、特殊的美。因為人類心理都偏愛富於變化的刺激，當刺激過於齊一、無變化時，便會有疲勞、鈍滯、停息的傾向；因此，富有變化的形式美，正符合藝術化的變異，引人感到舒適，直接引起生理心理上的悅懌與快感。[27]

所以，當創作者行文之際，反映的不只是自然界存在的客觀現實，不只是審美物象的外觀形態，而是按照主體自己內在的心理圖式作出選擇，使「心理結構」和「心理張力」的圖式產生新的調整，從而獲得一種未曾體驗的新領域。[28]這種作法，可以形成色彩形象本質的鮮明反差，充分展示情致的多樣性、豐富性，達到統一和諧；也可以使人物形象、人物性格形成鮮明的映照，讓人物更加凸現出來，還可以從正反兩方面進行說理，形成對比，使是非曲直昭然若揭。[29]

正因為具有明顯差異、矛盾對立的雙方，在一定條件下共處於一個完整的統一體中，形成了相反相成、又相互呼應的關係，以凸出被表現事物的本質特徵，增強藝術的感染力。故「詞之章法，不外相摩相盪，如奇正、空實、抑揚、開合、工易、寬緊之類是已」。[30]奇正、空實、抑揚、開合、工易、寬緊，就是對比。對比的形式美，與人的視覺感官的運動規律相適應，深具審美張力，予人強烈的新鮮感

受，可達成凸顯主旨的目的。因此，通過對比的技巧，令意
象與意象在對比關係中喚起「象外之象，景外之景」的聯
想，[31]形成某種特殊的張力與氣氛，傳達某種言外之意，對
藝術的影響，既深且遠。

（三）所謂「調和」

　　兩個相近、相類的事物並列在一處，因其間差異甚微，
多成為「調和」的形式。「調和」，多起於「類似聯想」與
「接近聯想」。

1、類似聯想

　　類似聯想又稱「相似聯想」，是由一事物或現象引起了
在性質上、或形態上相類似的另一事物或現象的聯想。[32]它
是兩個不同的事物之間，由於某些特徵與屬性的相似而作用
於審美主體的經驗記憶，使作為審美主體的詩人的想像在它
們之間架設起相通的橋樑，組合為新的形象。[33]

　　以情感為中介，由此物推及彼物，以營造培蘊更深更濃
的情感色彩的類似聯想，反映著兩個不同事物間的相似性和
共同性，是對某一事物的感知和回憶，引起了同它在性質或
形態上類似事物的回憶。[34]因此，類似聯想在藝術上的顯現
尤其重要，如《詩經》中「比」、「興」，與修辭中的「擬
人」、「譬喻」、「象徵」等，都是因「類似聯想」而起。它
不僅只是事物外在聲音、顏色、形狀上的「形似」，更是事

物的內在精神和人物的思想情感的一致，是精神與情感的「神似」。

朱光潛《談文學》以為一切「移情作用」都會生起「類似聯想」。雲何嘗能飛？泉何嘗能躍？我們卻常說雲飛、泉躍；山何嘗能鳴？谷何嘗能應？我們卻常說山鳴、谷應，這種心理活動就是「移情作用」，把自己的情感移到外物身上去，彷彿覺得外物也具有同樣的情感。[35]一切美感經驗也多含有這種「移情」的作用，多是在對象中投入感情，在進行審美活動時深切而直接地掃盡一切攪擾的雜念，一心沒入對象的觀照裡，將對象的生命變成了真正的體驗。[36]

RUDOLF ARNHEIM《藝術與視覺心理學》解釋說，格式塔心理學家把這種現象歸結為外在世界的力（物理）與內在的力（心理）在形式結構上的同形同構、或是異質同構；也就是說，質料雖異而形式結構相同，它們在大腦中所激起的電脈衝相同，所以主客才能協調，物我才能同一，外在對象與內在情感合拍一致，從而在相映對的對稱、均衡、節奏、韻律、秩序、和諧中，產生美感愉快。[37]一切所謂「移情」、所謂「通感」、所謂「共鳴」，均是如此。

經由「類似聯想」，物我之間產生了「移情」作用，進而因「通感」而產生了共鳴，產生了美感情緒。如亞里斯多德《心靈論》之所以認為聲音有「尖銳」與「鈍重」之分，就是因為聽覺與觸覺之間可以相互「通感」，一個感官響了，另一感官也跟著起了共鳴。「通感」是從一種感覺轉換為另一種感覺，是大腦皮層各區之間相互聯繫、相互作用的結果，是人的多種感覺在生活與審美實踐中建立了特殊聯繫的結果。[38]「通感」，是聯想的一種特殊形式，是五官感覺

在審美感受中的挪移、轉化和滲透。[39]

視覺、聽覺、嗅覺、味覺、和觸覺間，可以相互聯繫、相互溝通、相互感應，而且種種知覺會在內在融合、提升為「心覺」，深刻體現出主、客觀交融的美感。[40]錢鍾書〈通感〉一文，就是引用了大量的詩文資料，對「通感」作了精彩的論述，開啟了中國詩文的藝術大門。如《列子·黃帝》所言：「眼如耳，耳如鼻，鼻如口，無不同也，心凝神釋」；又如《樂記》所說：「故歌者，上如抗，下如隊，曲如折，止如槁木，倨中矩，句中鉤，累累乎如貫珠。」這二段文字中對歌聲的描寫，就是運用了通感。聲音感動於人，令人心想形狀如此，如什麼呢？如累累的貫珠！

葉燮《原詩》：「隔雲見鐘，聲中聞濕，妙悟天開，從至理實事中領悟，乃得此境界也。」葉燮在這裡也指出了審美感興中的一種現象，所謂「隔雲見鐘」、「聲中聞濕」，就是視覺向聽覺、向嗅覺、向觸覺的挪移。通感的運用，可使意境曲深，引發讀者豐富的聯想，加強美感效果的多層次性與豐富性，可得新奇之美。[41]因為，通感是感覺的挪移現象，是以審美對象為基礎的主觀情感自由抒發的想像活動。因此，「通感」本身就是主、客觀交融而偏於主觀想像的產物，給人以無垠而遼闊的聯想。[42]

因為大腦並不僅僅只是純客觀性地接受審美對象的作用，張紅雨《寫作美學》指出它會從激情物身上盪開，從神似、形似、對映等方面進行聯想，一方面將審美對象的形態與以往的審美經驗進行比較、辨別，然後表態；一方面又以審美對象為基礎把情緒波動的波圈迅速擴大、幻化，聯想出更多的美態，獲得更多的美感。當人們在描述客觀事物時，

自然而然地就會運用「形象的語言」，使感覺轉移，把某個感官上的感覺，移植到另一個感官上，彼此相互映照，相互感通，以收到渲染與深化詩文意境的積極效果，以啟發讀者的聯想，體味無窮的意韻。如言狗則思及貓，因為「同為家畜」；又如言菊花則思及向日葵，因為「同為黃色之花」，兩者在性質上都有類似點。[43]因此，通過「通感」、通過「類似聯想」，往往可以使「聲音有形，流水飄香，濃香著色，顏色知暖，嬌花吟聲」，[44]收到意生象外的美感效果。

2、接近聯想

接近聯想，是指在時間或空間上相接近的事物之間的聯想；是由對某一事物的感知或回憶，引起對與它在時間或空間上相接近的其他事物的回憶。[45]如看見「梅花」，就思及「林逋」；言「關盼盼」，就思及「燕子樓」；聽聞「鍾儀幽而楚奏」，就思及「莊舄顯而越吟」；談「項羽之魂斷烏江」，就思及「謝安之凱奏淝水」等。兩種對象雖然不同，但在「經驗」上卻是極為接近，這就是接近聯想。

經驗，是創作者對曾經接受過的客觀信息的積澱。當人在理解和認識一件新事物時，「經驗」往往起著很大的作用。在時空上相近的兩種不同事物，在生活經驗所構成的回憶表象中容易形成某種聯繫，就會由某一事物的觸發，而產生對另一事物的回憶和聯想。而且由於兩者經常聯繫在一起，形成較為穩固的條件反射，於是一感受到甲便聯想及乙，並引起一定的情緒反應。[46]

例如由紅花想到綠葉，由盤中飧想到勤苦耕作的農民，

由扇子想起螢火蟲，由赤壁想起曹孟德、蘇東坡。又如鍾子期聽伯牙彈琴時，驚嘆道：「善哉！峨峨兮若泰山，洋洋兮若江河。」李頎在胡笳聲中聽到了「空山百鳥散還合，萬里浮雲陰且晴」，白居易在琵琶聲中聽到了「銀瓶乍破水漿迸，鐵騎突出刀鎗鳴」，蘇東坡遊赤壁，在洞簫聲中聽到了「如怨如慕，如泣如訴；餘音嫋嫋，不絕如縷；舞幽谷之潛蛟，泣孤舟之嫠婦」，這些全都是由於接近聯想。

從接近聯想引發的是一種美感的「鏈式反映」，當審美對象以它特有的色彩、線條、形狀、音調、韻律等刺激審美主體時，審美主體並不只是被動地接受和產生相應的美感，而是腦神經迅速地活動、選擇、思索與膨脹，神經波輻射著舊有的審美經驗，並在此經驗基礎上產生出更高、更多、更美的聯想姿態。[47]因此，當主體對對象進行審美活動時，結合外在世界的力（物理）與內在的力（心理），形成異質同構，由此物聯想到彼物，從這個對象的審美特徵想到其他對象的審美特徵，打破了審美感知的局限性，引起特定的情感反映。如此才能主客協調、融合為一，從而在相對映的對稱、均衡、節奏、韻律、秩序、和諧中，產生美感情緒，[48]使文學作品不斷清晰化、生動化、深邃化和豐富化，以生發一種動人的美。

（四）對比、調和與陽剛、陰柔的對應關係

當「對比類」章法以極大差異的的人、事、物，做為組織篇章的內容材料，形成「對比」效果時，那這一篇文章的

整體風格，多會以「陽剛」形態呈現；當「調和類」章法選
用相類或相近性質的人、事、物，做為組織篇章的內容材
料，形成「調和」效果時，那這一篇文章的整體風格，又多
以「陰柔」形態呈現。[49]「對比」會形成極大的反差，給人
華美、鮮活、健強、闊達之感，所以趨向於「陽剛」；「調
和」是性質之相類，給人優美、輕柔、風致、深沉之感，所
以趨向於「陰柔」。

審美直覺是對審美對象的直接感知，是審美觀照中一剎
那的知覺，它是建立在理智的、邏輯判斷的基礎上，故能深
切地感受審美對象的陽剛或陰柔之美的內蘊。

1、「情」與「理」

劉勰《文心雕龍‧體性》雖然將意境類型約略歸為「典
雅」、「遠奧」、「精約」、「顯附」、「繁縟」、「壯麗」、
「新奇」、「輕靡」等八類，但「雅與奇反，奧與顯殊，繁與
約舛，壯與輕乖」。因此，雅、顯、繁、壯，可以歸之於
「陽」；奇、奧、約、輕，可以歸之於「陰」。也就是說，美
學風格約可歸納為「陽剛」、「陰柔」兩大類型。

「陽剛」、「陰柔」的起源很早，如《易‧說卦》：「是
以立天之道，曰陰與陽；立地之道，曰柔與剛；立人之道，
曰仁與義」；又如《易‧繫辭》：「乾，陽物也；坤，陰物
也。陰陽合德，而剛柔有體，以體天地之撰，以通神明之
德」；又如《詩經‧大雅‧烝民》：「人亦有言，柔則茹
之，剛則吐之」。

一般人常常說「觸景生情」，以為這種「情」是陽剛形

態或是陰柔形態，是爽朗或是悵惝，是受「景」的牽制，是
從「景」中產生出來，以為是「景」主宰了創作主體的美感
騰飛。50但文學的功用，原是為了表現作者的情感，傳達作
者的思想，故人世間「一切景語，皆情語也」。而且，
「喜、怒、哀、樂，亦人心中之一境界，故能寫真景物、真
感情者，謂之有境界，否則謂之無境界」。51因為藝術創作
最可貴之處，乃在於創作者胸中自有丘壑的那一分丘壑，乃
在於創作者那一分主導著整個藝術作品的「真感情」。因
此，陳滿銘《文章結構分析》52為王國維「一切景語皆情語」
一語，添上加深加廣的神來一筆：

　　也就是說，不僅「一切景語皆情語」，甚至可以說「一
切景語皆理語」、「一切事語皆理語」、「一切事語皆情
語」。「譬之一草一木，其能發生者，理也」；「其既發
生，則事也」；「既發生之後，夭喬滋植，情狀萬千，咸有
自得之趣，則情也」（葉燮《原詩》）。故「景」、「情」、
「事」、「理」，四者之間，可以交互滲透，形成所謂的即景
說情、即事說情，或即事說理、即情說理。也就是說，想要
精準掌握一篇辭章結構的情感思想，需從構成辭章主要成分
的「景」、「情」、「事」、「理」入手。
　　「情理設位，文采行乎其中」，劉勰《文心雕龍》也進一
步地指出，「情」與「理」，才是藝術創作的中心、焦點、
與主意。「情」與「理」，緊密地結合在一起。「情」，使

「理」具有動人以情的形式，而不致枯燥乏味；「理」，使「情」更為深刻飽滿，而不致於浮泛淺薄。[53]「情」、「理」，是「主」；「景」（物）、「事」，是「從」。因此，陽剛與陰柔的形成，在主觀上是作者所抒發的感情是「豪情」抑或「柔情」，在客觀上是作者所描繪的題材與生活圖景是「壯闊」抑或「纖細」。

如張法《中西美學與文化精神》就曾提出形成陽剛或陰柔的意境類型，主要有四個因素：一是由作者的性質決定作品的意境，二是由文體的性質決定意境的類型，三是由時代的性質決定意境的類型，四是由自然方面決定意境的類型。然而這四種因素都要從「作品」中反映出來、都要集中到「作品」中來；換言之，就是「時代、自然融集於人，人形成作品」。[54]因此，是「人」，是審美主體的「情」、「理」，決定了作品的意境類型。

2、對比與陽剛

整體風格是偏近於陽剛形態或陰柔形態，取決於「情理」是偏近於剛、或偏近於柔。然而「文章者，所以表天地萬物之情狀也」（葉燮《原詩》內篇），故當審美主體內心有所感悟，發而為文，體現在藝術作品時，一般又多側重在情感的抒發。

當審美主體的內心受到激動人心或駭人聽聞的事情所觸動時，產生了各種強烈的美感情緒波動，並且把這種美感情緒化為文藝作品，那就是寫作的「陽剛形態」；其語言必然是急促、鏗鏘、磅礡、氣壯、迅猛有力，發而為文，也必定

具有氣勢磅礴、鏗鏘有力等特色。

在西方，陽剛多被稱為「崇高」或「壯美」。古羅馬時代的朗吉弩斯以「崇高」為偉大心靈的回聲，凡是能激起觀賞、贊嘆，產生不平凡的、偉大的、驚心動魄之情的事物，都可稱為「崇高」。這是因為人心靈中具有一種對於真正偉大的、神聖的審美對象的嚮往。朗吉弩斯看重的是「驚心動魄和狂喜」，柏克強調的則是「驚懼和歡愉」。他從生理心理的角度對「崇高」進行析解，以為晦暗、力量、龐大、無限、沉寂、困難、突然等，都是「崇高」的來源。它的共同特徵是可怖、與人敵對，並對人的感官與心靈產生強烈的、對抗的刺激，使人因克服痛感、超越渺小，而轉為歡愉快感。

德國古典美學的奠基人康德，認為崇高對象的標識是在於「體積」和「力量」的無限制、無限大。他分崇高為二：一是數量的崇高，是人的感官無法把握的無限大的體積，如高山大海；一是力學的崇高，是指自然物具有不危及人們安全的巨大威力和氣勢，如迅雷疾電、狂風暴雨。此二者的共同點，都是先令人恐懼而後令人愉快，由痛感轉化為快感。但康德並未停留在柏克生理心理上的水平，他將「使人自感渺小，又使人超越渺小」的「崇高」的本質，轉換歸結為人類的「理性」，歸結為人的使命的「崇高」。[55]

崇高，王國維稱之為「宏壯」，深受叔本華美學的影響。當審美對象對於人的意志有一種敵對的關係，或具有戰勝一切阻礙的優勢而威脅著人的意志，或是意志在對象的無限大之前被壓縮至於零時，審美主體以強力掙脫了自己的意志及其關係而僅僅只委心於認識，並樂於在觀賞中逗留，由

此超脫了自己，超脫了他本人，超脫了一切的欲求，而充滿了壯美感。所以壯美感的產生，是出於一種「對比」。由於「對比」，在產生壯美感時，便把自己主觀的心境、意志的感受，反映在直觀看到的環境上。[56]

從心理結構來看，壯美偏於對立，壯美偏重於剛，追求高大，強調剛健、氣勢、骨力與無限，是一種昂揚奮發的情感。在崇高美感中，「理性」和「情感」起著最為凸出的作用；感性和理性、理智和情感，也唯有經過矛盾、對立，才能臻達和諧、統一。因此，崇高美感的心理活動趨向是運動的、沖撞的、激盪的，使人激動、感奮、震撼，引發高山仰止、心嚮往之的壯志豪情。

當真理、正義、思想、欲望，受到壓抑、挫折、誹謗、否定時，往往會產生憤怒、抗爭和反擊的情緒，這就是陽剛形態的情緒反應。陽剛形態的美感情緒，會產生快而密的震動頻率，審美主體把這種美感情緒輸入藝術創作，則文藝必然呈現出奔放、高亢、陽剛的美感形態。[57]

總而言之，客觀的激情物觸發了審美主體激烈的、高亢的審美情緒，並體現在藝術作品上，能激起一種讚嘆的、偉大的、驚心動魄之情；體現在藝術風格上，則流露出雄渾、奇峭、豪放、粗獷、磅礴、蒼茫、勁健之感。[58]陽剛的、豪放勁健的風格，潛藏有巨大的精神力量，給人進取、奮發和超越之感，並給人以充分的想像力，創造出雲鵬高舉、勢踏天宇的境界。

3、調和與陰柔

相較於陽剛，陰柔偏於調和，強調均衡與和諧，在有限的客體與感性裡，表現出柔媚、寧靜、含蓄、圓潤的特徵，是一種單純的愉悅和靜觀的享受。[59]

「樂感於心者，則其發聲必舒暢不迫」，「愛感於心者，則其發聲必溫柔以和」。故當激情物以素淡、輕盈、嫵媚或微暗、陰翳、清涼形態，激發審美主體時，則審美主體的情緒波動是輕微的、平緩的。審美主體把這種美感情緒輸入載體時，文勢較為緩慢，明象和暗象較為深沉，這時的美感必然是「陰柔形態」，[60]字裡行間透顯的也必是愉悅、歡暢的氣氛，與清明、澄透的美感訊息。

陰柔又稱優美、秀美、與柔美，表現在形式上，一般都具有小巧、柔和、淡雅、細膩、光滑、圓潤、精緻、輕盈、舒緩、嬌弱、微妙、漸次等流動變化的特徵。在人文領域中，陰柔側重於「內容的和諧」，主要具象於人們的活動思想以及實踐活動等所體現的和諧；在自然領域裡，則側重於「自然形式」的和諧統一，使人從審美對象的柔媚的線條、色彩、形狀等形式美中，感受到一種寧靜和諧的美。[61]

王國維對於「優美」的解釋，仍是依據叔本華的觀點。他以為審美主體在產生優美感時，全部意識為寧靜地、恰在眼前的自然對象所充滿。此時，他已自失於對象之中，忘記了個體，忘記了意志，而置身於直觀中的同時，也不再是個體的人，因為個體的人已自失於這種直觀之中。所謂「無我之境」，所謂「以物觀物，故不知何者為我，何者為物」，所

謂「人惟於靜中得之」，就是源自於「優美」。故形成陰柔形
態背後的心理，常常是陰柔之情緩流，也就是處於哀惋、悽
涼、鬱悶、憂慮、以及淡淡的愉悅。把這種情緒波動的韻律
輸入作品中，洋溢出來的語言色彩，也常是輕盈恬淡、舒緩
平展、纖弱疏落，如浮雲流霞，如濕霧陰霾，如絲又如縷，
令審美主體自始至終都處於一種親切、柔和的愉悅心緒之
中。[62]

陰柔所產生的情感始終是愉快，感覺陰柔時的心境始終
是單純。陰柔的事物叫人覺得愉快，它的形態恰合我們的感
官脾胃，好比是一位親熱的友人，令人始終洋溢著自由和諧
的快樂。精緻、嬌弱、優雅、和諧、宜人、偏於靜態的陰
柔，在情感表達上，曲折盤旋、低迴婉轉，不似豪放那樣挾
風雨雷霆之勢。[63]在心理特徵上，是親近感、柔和感、和愉
悅感，是審美主體和審美對象和諧、統一的完善表現；是審
美對象的內容與形式之間、客體與主體之間，始終處於相對
和諧、統一的狀態；更是審美主體單純而平靜、親切而柔
和、心曠而神怡的愉悅心緒的展現。

（五）所謂「統一」

一篇文章是一個「有機整體」，無論是內容或形式，都
應該「統一」。[64]辭章要達成「統一」，又非訴諸「主旨」不
可。「主旨」作為全文的統帥，全文由它放射出去，又回歸
集中到這一點上來，也就是由「句旨」、「章旨」、又回歸到
「篇旨」，這就是「統一」。[65]

「主旨」作為一篇文章的中心思想，能以極簡約、極傳神的詞句，統契全篇，起著畫龍點睛的作用。這個點睛之筆是「作者心緒的扭結點」，更是全篇意旨最集中、最概括的表達。因此，這一最集中、最凸出之筆，必須具有極強的概括力、表現力，才能輻射全篇，貫串全文，以幫助讀者精準而正確地理解一篇作品的主題思想。[66]所以宋朝趙希鵠說：「人物鬼神生動之物，全在點睛，睛活則有生意。」

1、豐富多樣

「振本而末從，知一而萬畢」，這個「本」和「一」，就是文章的核心主旨，而「末」和「萬」就是外在的字詞、句子和章節。只要核心主旨這個根本得到了振舉，其他字、句、章、篇等枝葉，就會歸順服從。因此，唯有主旨的統一，才能使文章從頭到尾都維持一定的思想情意；唯有掌握核心主旨的統一，才能使文章產生最大的說服力與感染力。另一方面，不同的結構類型，會因為「對比」而形成陽剛形態，產生變化、鮮明、豐富的對比之美；也會因為「調和」而形成陰柔形態，呈現簡純、沉靜、反復的調和之美。調和與對比，可以生發種種的美感效果，這又是「多樣」。

「多樣統一」，是構成形式美的最基本的規律是，是形式美法則的高級形式。從單純、齊一、對稱、均衡到多樣統一，類似「一生二，二生三，三生萬物」這一基本法則，它包含了對比、調和、變化、節奏等因素，以合比例、合度、適度、適中、適宜、完善等等形式來體現。[67]一如「插花不可太繁，亦不可太瘦，多不過兩種三種，高低疏密，如畫宛

布置方妙」，「夫花之所謂整齊者，正以參差不倫，意態天然」。詩文也是如此，「如子瞻之文，隨意繼續，青蓮之詩，不拘對偶，此真整齊也」（明、袁宏道）。故劉勰《文心雕龍·附會》以為藝術形式應該是：

> 驅萬塗於同歸，貞百慮於一致。使眾理雖繁，而無倒置之乖；群言雖多，而無棼絲之亂，扶陽而出條，順陰而藏跡，首尾周密，表裡一體。[68]

「無倒置」、「無棼絲」的同歸與一致，是指藝術形象的統一性；萬塗、百慮，眾理、群言，就是指藝術形象的多樣性、豐富性。這就如同王羲之〈筆勢論〉所說的：「凡作一字，或像篆籀，或如鵠頭，或如散隸，或近八分，或如蟲食木葉，或如水中科斗，或如壯士佩劍，或似婦人纖麗」，「或牽豎如深林之喬木，而屈折如鋼鉤；或上尖如枯秆，或下細若針芒；或轉側之勢似飛鳥空墜，或棱側之形如流水激來」，[69]總須數體俱入，遒媚勁健，千變萬化。

所謂「作書」，宜「十遲五急，十曲五直，十藏五出，十起五伏」，所謂「定位置」，宜「陰陽向背，縱橫起伏，開合鎖結，迴環抱托，過接映帶」，又須「跌宕欹側，舒捲自如」。又所謂「講筆墨」，宜「輕重疾徐，淺深疏密，流麗活潑，眼光到處，觸手成趣」，「若坐若行、若飛若動、若臥若起、若愁若喜」。[70]凡此種種，都是「取不齊也」，都是取藝術形式的多樣性。

「異而不齊」，正是促進變化和減低書跡單調、平直氣氛的可行原則。「取不齊」的真義就是變化、多姿和異貌。然

而，「不齊之中，流通照應，必有大齊者存」；「大齊」，就是統一。筆畫的偃仰、欹斜、大小、長短、粗細、疾徐、間距、布局，都宜顧盼左右，彼此扶持，活絡全局，都應遵守「統一」的原則。[71]學者若深明乎此，下筆時自然是無美不臻。

2、和諧完整

偉大的藝術，總是把最繁雜的多樣性依靠其數量上的必要重複，使之相互呼應，使不同的、眾多的、外在的藝術形式，匯歸為高度的一致性。

每一種心理範疇都是趨向於最單純、最均衡、最有秩序的組織。因此藝術作品的完成，乃是各種力量的均衡、秩序與統一。而統一的概念，引導審美主體達到最單純、最和諧完整的境界，表達出最豐富的義涵。[72]如徐復觀《中國藝術精神》就以為，在對山水的觀照裡，郭熙得出了「三遠」的形相，把精神上對於遠的要求，明顯而具體地表現於客觀自然形相之中，從而使「形」與「靈」得到了完全的統一。[73]統一，則陰陽、剛柔並行而不偏廢，故文之雄偉而勁直者，必溫深而徐婉，如千軍萬馬，風恬雨霽，寂無人聲。

姚一葦《藝術的奧秘》也明白指出，一個藝術品必是一個完整的統一體，必是感性與理性、感情與思想、美的情感與美的形象的統一。它是由部份組合而成的一個統一體，是各部分之間外在形式與內在本質的聯繫，是外在的形式與內在的本質和諧的組合，形成所謂的「完整」。[74]

在未綜合之前的意象是散漫、零亂的，綜合之後的意象

則是和諧、統一，魄健體旺，精神飽滿。因為人類的心智都有一種自然的趨向，那就是打破個別觀察材料的孤立封閉狀態，用力把它從實際發生的「此時此地」中拔洩出來，使它與其他事物聯繫起來，並將它和其他事物一道歸集到一個涵蓋一切的秩序之中，歸集到一個「體系」的統一性之中去。[75]

姚一葦更進一步指出，統一，就是「和諧」，是人類長期形成的一種審美習慣和審美心理，合乎人類的思維過程和理解問題的習慣。[76]如自然界的日月、寒暑、晝夜，與人類心靈的七情與六欲，它們之間有某種相對映又相呼應的共同的形式、共同的結構、共同的秩序、共同的規律，鼓動著審美主體努力去領會捕捉與把握這種種的結構、秩序、生命、力量，並把心中的體悟，表達、展示出來，引起觀賞者心理上的同構反應，令詩文的意與境、情與景、情與理、繁與簡，以及情調、色調、音調、格調，達於統一，予人以和諧的美感。[77]

和諧，表現在文章上，是內容的歸類和集中，是形式的比例相稱與協調，是一種輕鬆、明朗、通暢的美感。這種美感情緒的波動，如漣漪、如薄霧，徐徐微微地擴散、蕩漾、與行進。審美主體運用這種美感情緒和審美心理去結構文章，就出現文勢平穩、形式整齊、統一的寫作樣式。不僅具備了內容集中美、條理美與結構形式上的整齊美、對稱美，而且順應了人們的審美習慣和心理狀態，使人們在美感情緒徐徐波動中得到整體和諧一致的美感效果。[78]

人類對和諧的會心，往往帶有自我觀照的性質。在對比中求和諧，不協調中求協調，這也是我國古典美學理論的基本特徵。[79]審美主體要有深廣而獨特的對生活的審美感受與

體驗，這種審美感受與體驗，既不是純粹客觀的外在，也不是純粹主觀的內在，它是主客觀的和諧統一。《左傳》中「物有兩生」、「體有左右」的思想，就是意味著兩極對立與統一體的存在。和諧，建立在這種深刻的哲學依據上，以兩極的均衡對立來印證統一體的存在，從而求得藝術的整體穩定性。[80]

自太極生兩儀，則萬事萬物無不呈現對待的兩端，如「生死、貴賤、貧富、高卑、上下、長短、遠近、新舊、大小、香臭、深淺、明暗，種種兩端，不可枚舉」（葉燮《原詩》）。如中國繪畫色彩講求單純又豐富，明快又厚重，就是巧妙地運用了對比性的調和統一。

和諧中的「對立統一」，可以顯示和凸出藝術的特徵；而「雜多的統一」、或是「多樣統一」，既能防止單調，又更進一步地力求豐富，在豐富中要求統一，呈現晉代阮籍〈樂論〉中所言：「節會有數，故曲折不亂；周旋有度，故俯仰不惑」的有序列的美學結構，形成了多樣化的豐富性。

美的內容，含多樣性與單一性。所謂多樣性，是「豐富、充足與生命」；所謂單一性，是「和諧、有機的組織」。[81]故能堅而渾，奇而穩，變而貫，如雲龍霧豹，出沒隱現，變化萬方。

因為單調的形式，抹煞了審美對象的「實踐活動的生命力的運動結構」，給人單調劃一、重複的感受，無法引起和形成審美感受的流動、變化，不能使欣賞者保持旺盛的審美興趣。然而多樣卻無統一，又會顯得駁雜零亂。唯有不同的音調造成最美的和諧，唯有多樣而又統一的形式，才能使欣賞者有著一貫的、豐富的審美感受與興味。[82]因此，由「對

比」、「調和」，再邁向「多樣中的統一」，在整體的結構中兼含著大與小、多與少、遠與近、複雜與簡單、開放與封閉、部分與整體、統一與多樣，營造出藝術的多樣性、變幻性、與統一性。[83]

註　釋

1　參見張紅雨：《寫作美學》（高雄：復文圖書出版社，1996年10月初版1刷），頁29-32。

2　收錄於王葆心：《古文辭通義》（臺北：臺灣中華書局，1984年4月臺2版），卷九，頁45。

3　參見古田敬一著、李淼譯：《中國文學的對句藝術》（臺北：祺齡出版社，1994年9月初版1刷），頁40；以及古遠清、孫光萱：《詩歌修辭學》（臺北：五南圖書公司，1997年6月初版1刷），頁290。

4　參見黃慶萱：《修辭學》（臺北：三民書局，2002年10月增訂3版1刷），頁591；與蔡宗陽：《修辭學探微》（臺北：文史哲出版社，2001年4月初版），頁239。

5　參見李元洛：《詩美學》（臺北：東大圖書公司，1990年2月初版），頁301。

6　見張乃立：〈比喻修辭格的心理透視〉，收錄於《修辭學研究》（北京：語文出版社，1987年10月初版1刷），頁239。

7　參見吳繼光：〈論修辭格的心理基礎〉，收錄於《修辭文薈》（南京：江蘇教育出版社，1988年10月初版1刷），頁76。

8　參見葉嘉瑩：《王國維及其文學批評》（臺北：源流文化事業公司，1982年6月再版），頁450-458；以及蕭蕭：《青少年詩話》（臺北：爾雅出版社，1991年12月2版），頁1。

9　參見李丕顯：《審美教育概論》（青島：海洋大學出版社，1991年1月第1版第1刷），頁128。

10　參見朱光潛：《文藝心理學》（臺北：臺灣開明書店，1999年1月新排1版發行），頁86。

11　參見朱光潛：《談文學》（臺北：專業文化出版社，1989年5

月初版），頁51、98。

12 參見李元洛：《詩美學》，頁24-34。

13 參見張少康：《中國古代文學創作論》（北京：北京大學出版社，1983年12月），頁20-29。

14 見《歷代書法論文選》（上）（臺北：華正書局，1984年9月初版），頁141。

15 參見高尚仁：《書法藝術心理學》（臺北：遠流出版事業，1993年1月初版1刷），頁166。

16 參見徐復觀：《中國藝術精神》（臺北：臺灣學生書局，1974年5月4版），頁93；以及張少康：《中國古代文學創作論》，頁29。

17 參見葉嘉瑩：《王國維及其文學批評》，頁450-458。

18 參見陳望道：《美學概論》（臺北：文鏡文化事業公司，1984年12月重排出版），頁90-94；劉勵操：《寫作方法一百例》（臺北：萬卷樓圖書公司，1993年4月初版4刷），頁161。

19 參見李元洛：《詩美學》，頁301；張仁青：《駢文學》（臺北：文史哲出版社，1984年3月初版），頁60。

20 參見古遠清、孫光萱：《詩歌修辭學》，頁118。

21 參見李丕顯：《審美教育概論》，頁128。

22 參見李元洛：《詩美學》，頁309。

23 參見姚一葦：《藝術的奧秘》（臺北：臺灣開明書店，1993年2月12版發行），頁189-190。

24 參見黃慶萱：《修辭學》，頁409-410。

25 參見張紅雨：《寫作美學》，頁118、149。

26 參見金健人：《小說結構美學》（臺北：木鐸出版社，1988年9月初版），頁262-263、285。

27 此部分參見姚一葦：《藝術的奧秘》，頁189-190；黃慶萱：《修辭學》，頁409-410；李元洛：《詩美學》，頁309；成偉鈞、唐仲揚、向宏業主編：《修辭通鑑》（臺北：建宏出版社，1996年1月初版1刷），頁949。

28 參見吳功正：《小說美學》（南京：江蘇人民出版社，1985年6月第1版第1刷），頁57。

29 參見成偉鈞、唐仲揚、向宏業主編：《修辭通鑑》，頁949。

30 見劉熙載：《藝概》（臺北：金楓出版社，1998年7月革新1版），頁155。

31 參見張春榮：《一把文學的梯子》（臺北：爾雅出版社，1993
年7月10日初版），頁109-110。

32 參見李丕顯：《審美教育概論》，頁128。

33 參見李元洛：《詩美學》，頁304-305。

34 參見楊辛、甘霖、劉榮凱：《美學原理綱要》（北京：北京大
學出版社，1989年11月第1版第8刷），頁308。

35 參見朱光潛：《談文學》，頁102-104、28。

36 參見陳望道：《美學概論》，頁104-106。

37 見RUDOLF ARNHEIM著、李長俊譯：《藝術與視覺心理學》
（臺北：雄獅圖書公司，1982年9月再版修訂），頁37-39。

38 參見李元洛：《詩美學》，頁516。

39 參見李丕顯：《審美教育概論》，頁130。

40 參見許天治：《藝術感通之研究》（臺北：臺灣省立博物館，
1987年6月初版），頁1。

41 一種感覺兼有另一種感覺的心理現象，它可以使感官系統在感
知事物時突破一般經驗的感受，發生相互挪移。這種通過多種
感覺的連鎖反應，極大地刺激起接受者的審美想像，以達渲染
意境的目的。而聯覺如何發生？這又可追溯到「聯想」這一心
理機制，尤其是其中的「類似聯想」。此部分參見史瓊：〈鼻
裡聞聲，耳中見色──淺談通感的心理機制〉一文，收錄於
《修辭學習》1999年第5期，頁32；葉朗：《中國美學的巨擘》
（臺北：金楓出版公司，1987年7月初版），頁112。

42 參見李元洛：《詩美學》，頁530。

43 參見張紅雨：《寫作美學》，頁124-125；張仁青：《駢文
學》，頁60-61。

44 參見李玉：〈試談比喻的形似和神似〉，收錄於《修辭學論文
集》（第二集）（福州：福建人民出版社，1984年7月初版1
刷），頁351。

45 此部分參見李元洛：《詩美學》，頁301；古遠清、孫光萱：
《詩歌修辭學》，頁118；楊辛、甘霖、劉榮凱：《美學原理綱
要》，頁307；張仁青：《駢文學》，頁60-61。

46 關於「接近聯想」，歷來學者討論甚繁，亦多有建樹，如朱光
潛：《談文學》，頁45；李元洛：《詩美學》，頁301；李丕
顯：《審美教育概論》，頁128。

47 參見張紅雨：《寫作美學》，頁124。

48　參見楊辛、甘霖、劉榮凱：《美學原理綱要》，頁307；
　　RUDOLF ARNHEIM著、李長俊譯：《藝術與視覺心理學》，頁
　　37-39；邱明正：《審美心理學》（上海：復旦大學出版社，
　　1993年4月第1版），頁340-341。

49　此部分參見陳望道：《美學概論》，頁70；仇小屏：《古典詩
　　詞時空設計之研究》（臺灣師大國研所博士論文，2001年2
　　月），頁329。

50　參見張紅雨：《寫作美學》，頁117。

51　見王國維著、馬自毅注譯：《新譯人間詞話》（臺北：三民書
　　局，1994年3月初版），頁11、269。

52　參見陳滿銘：《文章結構分析》（臺北：萬卷樓圖書公司，
　　1999年5月初版），頁331。

53　參見李元洛：《詩美學》，頁128-130。

54　參見張法：《中西美學與文化精神》（臺北：淑馨出版社，
　　1998年10月1刷），頁222。

55　此部分乃參見李丕顯：《審美教育概論》，頁87-88；張法：
　　《中西美學與文化精神》，頁124-129。

56　參見葉朗：《中國美學的巨擘》（臺北：金楓出版公司，1987
　　年7月初版），頁312。

57　參見張紅雨：《寫作美學》，頁117、158。此外，從心理結構
　　來看，壯美偏於對立，壯美偏重於剛，追求高大，強調剛健、
　　氣勢、骨力、與無限，是一種昂揚奮發的情感。參見周來祥：
　　《再論美是和諧》（桂林：廣西師範大學出版社，1996年11月
　　第1版第1刷），頁297。

58　崇高美感的心理活動趨向是運動的、沖撞的、激盪的；甚至是
　　交織著深刻理性思維與倫理情感的愉悅，使人激動、感奮、震
　　撼，引發高山仰止、心嚮往之的壯志豪情。參見李丕顯：《審
　　美教育概論》，頁88、93；古遠清、孫光萱：《詩歌修辭
　　學》，頁429。

59　參見周來祥：《再論美是和諧》，頁297。

60　參見張紅雨：《寫作美學》，頁158、120。

61　參見李丕顯：《審美教育概論》，頁104。

62　參見葉朗：《中國美學的巨擘》，頁311；張紅雨：《寫作美
　　學》，頁266。

63　參見古遠清、孫光萱：《詩歌修辭學》，頁432；李丕顯：《審

美教育概論》，頁104。

64　參見鄭文貞：《篇章修辭學》（廈門：廈門大學出版社，1991
年6月第1刷），頁12。

65　參見曾祥芹主編：《文章學與語文教育》（上海：上海教育出
版社，1995年4月第1刷），頁422。

66　參見張會恩、曾祥芹主編：《文章學教程》（上海：上海教育
出版社，1995年第1版第1刷），頁319。

67　參見楊辛、甘霖：《美學原理》（臺北：曉園出版社，1991年5
月第1版第1刷），頁176-177；謝文利：《詩歌美學》（北京：
中國青年出版社，1989年10月北京第1刷），頁358。

68　見劉勰著、王師更生注譯：《文心雕龍讀本》（下）（臺北：文
史哲出版社，1985年3月初版），卷九，頁244。

69　收錄於《歷代書法論文選》（上）（臺北：華正書局，1984年9
月初版），頁26。

70　見王羲之〈筆勢論〉，收錄於《歷代書法論文選》（上），頁28-
34。

71　參見高尚仁：《書法藝術心理學》，頁102；史紫忱：《書道新
論》（臺北：華岡出版部，1969年5月初版），頁24。

72　參見劉思量：《藝術心理學‧藝術與創造》（臺北：藝術家出
版社，1989年5月15日出版），頁165、167。

73　參見徐復觀：《中國藝術精神》，頁342。

74　參見姚一葦：《藝術的奧秘》，頁222；李元洛：《詩美學》，
頁128-130。

75　參見卡西勒著、于曉等譯：《語言與神話》（臺北：桂冠圖書
公司，2000年8月初版），頁25-26。

76　參見姚一葦：《藝術的奧秘》，頁222。

77　參見李澤厚：《李澤厚哲學美學論文選》（臺灣：谷風出版
社，1987年5月），頁503-505；謝文利：《詩歌美學》，頁
389。

78　參見張紅雨：《寫作美學》，頁232。

79　參見吳功正：《小說美學》，頁365-368。

80　參見葉太平：《中國文學之美學精神》（臺北：水牛圖書出版
公司，1998年7月初版），頁404。

81　多樣的統一，是各個構成成分的鮮明，是獨立的、可明顯察覺
的；是各成分屬於全體的關係的鮮明，使人能直接地感應；是

全體統一性的鮮明，使人一目了然。「共相的分化」與「多樣統一」，造成整體的和諧。部分與部分之間，因為有此一「共相」彼此貫串，令部分與部分彼此之間的分殊、背馳、矛盾、碰撞，皆因而連串、統一起來。此理略似於西方學者范艾克於1959年提出的「中介」觀念。「中介」，可以使衝突的兩端調和一致，並且藉著這個（中介）場所，彼此交替，相互作用，回歸到原始的「雙生現象」。參見姚一葦：《藝術的奧秘》，頁254-264。

82　參見吳功正：《小說美學》，頁383。

83　參見王振源：《結構主義與集體形式》（臺北：明文書局，1987年2月初版），頁81。

四 以對比性結構呈現者

（一）從立破法來看

論辨文有二大主幹，一是「能立」，二是「能破」。[1]所謂「能立」、「能破」，是指自己在立論造意時，能從他人題意中的罅隙、或題理中尚未圓足之處，或舉例加以反駁，或設詞加以為難，使自己文中的題理、用意，能完全補足，再無可攻之處，如此才能合乎章法，而自己的本意，也才能「無不盡之懷」。故立破法，須「攻守兼施」，一面「破壞敵方之論證」，一面又要從「建設方面著手」，使正面的主張能夠成立；也就是說，對於正反兩面的一切理由，都要先明瞭於胸，然後才能「攻擊敵方之非，而證明正面之是」。[2]如此破立互用，是非自然得以明晰。

立破法甚為文論家所重視，「立」、「破」之間，又是如此地針鋒相對，使得所欲探討的主題，是非分外鮮明。因

此，立破法的性質最適用於論說體裁，也多見於議論文，在詩詞中較少能窺見它們的踪影。

1、王安石〈讀孟嘗君傳〉

世皆稱孟嘗君能得士，士以故歸之，而卒賴其力以脫於虎豹之秦。

嗟呼！孟嘗君特雞鳴狗盜之雄耳，豈足以言得士。

不然，擅齊之強，得一士焉，宜可以南面而制秦，尚何取雞鳴狗盜之力哉。夫雞鳴狗盜之出其門，此士之所以不至也。

結構分析表

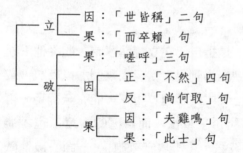

賞 析

這是一篇翻案文章，開篇三句，是全篇「立案」的基礎，先提出世人以為孟嘗君之所以能逃離如虎豹一般貪狠的秦國，是因為「孟嘗君能得士」的一般見解，作為全文批駁的論點。[3]然後在「破」的部分，採「果、因、果」的順

序，以「嗟呼」三句提出結果，針對「世皆稱孟嘗君能得士」
這一個論點加以批駁，破「能得士」的說法；次以「不然」
五句，破「卒賴其力以脫」的見解，說明孟嘗君所以不能得
士的原因。因為孟嘗君若果真能夠「得一士」，則憑藉著當
時齊國的富強，無需雞鳴狗盜之徒，就足以「南面而制
秦」。因此，末兩句以雞鳴狗盜之徒「出其門」、而「士不至」
作收筆，破上文的「士以故歸之」一句。[4]

　　綜觀全文，王安石不從正面揭露，卻從反面批駁「足以
言得士」，層層轉折，層層緊逼，「前路就史事說入，以清
題面；入後層層辨駁，言雞鳴狗盜者不得謂之士，故斷定孟
嘗不能得士」，[5]這就是所謂的「文章翻案法」。滴滴歸原，
句句顧定旨義，「文不滿百字，而抑揚吞吐曲盡其妙」。[6]

　　若從「篇章結構」來看，則全文採用了典型的「先立後
破」結構，以凸出「不得士」的一篇主旨來。而且「立」與
「破」之間又常有針鋒相對的特質，容易形成「質的張而弓
矢至」[7]的對比關係，並有逐層分析、步步深入、論辯透
闢、真理愈辯愈明的效果，因而產生一種淋漓快感。

2、歐陽脩〈相州畫錦堂記〉

　　　　仕宦而至將相，富貴而歸故鄉，此人情之所榮，
　　而今昔之所同也。蓋士方窮時，困厄閭里，庸人孺
　　子，皆得易而侮之。若季子不禮於其嫂，買臣見棄於
　　其妻。一旦高車駟馬，旗旄導前，而騎卒擁後，夾道
　　之人，相與駢肩累迹，瞻望咨嗟；而所謂庸夫愚婦
　　者，奔走駭汗，羞愧俯伏，以自悔罪於車塵馬足之
　　間。此一介之士，得志於當時，而意氣之盛，昔人比

之衣錦之榮者也。

惟大丞相魏國公則不然。公，相人也。世有令德，為時名卿。自公少時，已擢高科，登顯仕；海內之士，聞下風而望餘光者，蓋亦有年矣。所謂將相而富貴，皆公所宜素有，非如窮厄之人，僥倖得志於一時，出於庸夫愚婦之不意，以驚駭而夸耀之也。然則高牙大纛，不足為公榮；桓圭袞冕，不足為公貴；惟德被生民，而功施社稷，勒之金石，播之聲詩，以耀後世而垂無窮；此公之志，而士亦以此望於公也，豈止夸一時而榮一鄉哉！

公在至和中，嘗以武康之節，來治於相。乃作畫錦之堂於後圃；既又刻詩於石，以遺相人。其言以快恩讎、矜名譽為可薄。蓋不以昔人所夸者為榮，而以為戒。於此見公之視富貴為如何，而其志豈易量哉！故能出入將相，勤勞王家，而夷險一節。至於臨大事，決大議，垂紳正笏，不動聲色，而措天下於泰山之安，可謂社稷之臣矣！其豐功盛烈，所以銘彝鼎而被絃歌者，乃邦家之光，非閭里之榮也。余雖不獲登公之堂，幸嘗竊誦公之詩，樂公之志有成，而喜為天下道也，於是乎書。

結構分析表

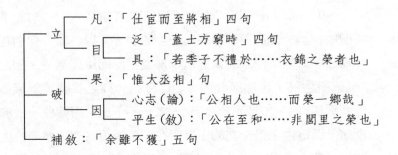

```
      ┌─ 凡：「仕宦而至將相」四句
  ┌立─┤     ┌─ 泛：「蓋士方窮時」四句
  │   └─目─┤
  │         └─ 具：「若季子不禮於……衣錦之榮者也」
  │   ┌─ 果：「惟大丞相」句
 ─┤破─┤     ┌─ 心志（論）：「公相人也……而榮一鄉哉」
  │   └─因─┤
  │         └─ 平生（敘）：「公在至和……非閭里之榮也」
  └─ 補敘：「余雖不獲」五句
```

賞析

　　雜記類的散文，可以用來記宮室、記山水，或是記器物、記瑣事。宋代社稷名臣韓琦，榮歸故里相州之後，建堂於後園，取名為「晝錦堂」，並請歐陽脩作記。故本文是因為「修造宮室」而有記。

　　全文可分為兩大部分，「立」的部分，採「先凡後目」的順序，以「仕宦而至將相」四句，總括富貴而歸故里乃是「今昔之所同」的人情。其次則以「連橫之策」游說秦惠王，惠王不用，結果裘敝金盡，只能去秦而歸，「歸至家，妻不下絍，嫂不為炊，父母不與言」（《戰國策‧秦策》）的蘇秦；與家貧好學，採薪自給，結果妻子求去而不能留的朱買臣為例，說明當士子窮困潦倒於鄉里時，連庸人孺子都可以侮慢他。這與他們一旦富貴顯達而榮歸故里時，受到萬人爭相瞻仰，庸夫愚婦只能羞愧自悔不已的境遇，形成強烈的對比。基於這一個緣故，所以世人都存在著衣錦當晝行、富貴當還鄉的觀念。歐陽脩在此特意選取了《史記‧項羽本紀》

「富貴不歸故鄉，如衣繡夜行」的典故，既為上文做一個總結，又為下文奠立了翻案的根基。

「破」的部分，以「惟大丞相魏國公則不然」一句，下一個總結論，然後再論述韓琦一生的心志，以彰顯一代名相韓琦，不以世俗所謂的富貴還鄉為榮，反而以此為戒。因為「惟德被生民，而功施社稷，勒之金石，播之聲詩，以耀後世而垂無窮」，才是「公之志」，才是天下士子對韓公一致的期望，而這也正是全文的主旨所在。最後再次申述韓琦一生的豐功偉業，臨大事、決大議、出將而入相，既是社稷之臣，更是邦家之光，這根本不是一鄉一閭之榮、一時一世之誇所能企及的。至於篇末五句，屬於補敘的部分，用來交代作記的緣由。

本文旨在抒寫韓琦的心志德業，故「魏公、永叔，豈皆以畫錦為榮者，起手便一筆撇開，以後俱是從第一層立議」，[8]形成「先立後破」結構。也由於立破法中的「立」，大多是積非成是的觀念或習以為常的成見，因此在「破」中或舉出例證加以反駁，或設詞加以為難，直接揭明錯誤之處，令種種「心理的惰性」一一被推翻；而且挑戰權威、顛覆傳統的結果，自然是有力地促使讀者作全新的思考。[9]「先就畫錦之榮翻起，倒入魏公之志，然後敘其平昔功業，以其榮歸之邦國」；[10]「以永叔之藻采，著魏公之光烈，正所謂天下莫大之文章」。[11]而這也正是古人「高占地步」、手法巧妙之處。

3、陳廷敬〈漢昭烈論〉

　　　昭烈託孤於諸葛亮曰：「若嗣子可輔，輔之；如其不才，君可自取。」孫盛論之曰：「量君之才否，

而二三其節，何以摧服強鄰，囊括四海？備之命亮，亂孰甚焉。世或有謂備欲固委付之人，且以一蜀人之志，若所寄忠賢，則不須若斯之誨；如其非人，不宜啟篡逆之途。古之顧命，必貽話言，詭偽之辭，非託孤之謂。」按盛此論，可謂不知昭烈，亦不知孔明者也。

　　嘗觀古者堯舜之與賢，以公天下為心；而昭烈之量子，以安國家為念，雖其所志不同，不可謂昭烈之心非出於至誠也。夫昭烈之於孔明，其君臣相遇，即三代之隆，亦鮮可四。是以成王之賢，猶致疑於公旦也。惟湯之於伊尹，伊尹之於太甲，昭烈之於君臣，可以同類而觀焉。昭烈之任諸葛，其智不愧成湯；諸葛之不負昭烈，其忠可比伊尹。伊尹放太甲而天下不以為嫌，諸葛亮其人也，非昭烈不能為此言，非孔明亦不足以當之。君臣之際，豈有所謂詭偽者哉？如盛之論，可謂不得古人之用心矣。

結構分析表

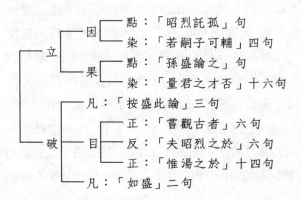

賞析

　　〈漢昭烈論〉也是採用「先立後破」的謀篇方式，全是針對孫盛「詭偽」二字發出議論。「立」的部分，先因後果，先點出「昭烈托孤於諸葛亮」這一件史事，做為孫盛發揮個人議論的依據，其次再以「孫盛論之」等語，敘述孫盛的見解。孫盛以為，所託之人若是「忠賢」，則根本不需要「斯之誨」；所託之人如果是「非人」，那麼就更不應該開啟他的「篡逆之心」；由此可知，漢劉備託孤於諸葛亮，實是「詭偽之辭，非託孤之謂」。

　　「破」的部分，先直接拈出「按盛此論」三句，做為一篇的綱領、總括，說明孫盛不僅是「不知昭烈」，更是「不知孔明」。陳廷敬在此，「先斷一句，下意皆從此生出」，振起下文。底下再依「正、反、正」的次序，先將堯舜與昭烈作一個正比例（「正襯」的「賓」），提出「至誠」二字，以破「詭偽」二字；又以成王與周公作一個反比例（「反襯」的「賓」），再從成王與周公旦引出商湯與伊尹、伊尹與太甲（「正襯」的「賓」），以烘托出「昭烈之任諸葛，其智不愧成湯；諸葛之不負昭烈，其忠可比伊尹」[12]這一個「主」來，並拈出劉備的「智」、與諸葛亮的「忠」。作者有意採用正反相映的手法，一層深遞一層地展開論述，用以彰顯出昭烈託孤於諸葛亮，實是出自於「至誠」，以批判孫盛所發的「詭偽」二字。篇末再以孫盛的議論實是「不得古人之用心」，呼應前文的「不知昭烈，亦不知孔明」二句，作一個總結。

　　全文引「成湯之於伊尹，相見以誠」為「賓」，來證明「昭烈嗣子可輔則輔之語，與伊尹放太甲同」。[13]作者不僅能

根據這一個論點來反駁孫盛的說法，在「立說」方面，又能從「直接觀察」、「歸納推理」、「演繹推理」等法則，求得各種證據，直接證明問題，不受前人既定的成見所圍限，可說是一篇相當成功的翻案文章。

4、李翱〈題燕太子丹傳後〉

荊軻感燕丹之義，函匕首入秦劫始皇，將以存燕霸諸侯。事雖不成，然亦壯士也。惜其智謀不足以知變識機。

始皇之道，異於齊桓，曹沫功成，荊軻殺身，其所遭者然也。及欲促檻車駕秦王以如燕，童子婦人且明其不能，而軻行之，其弗就也非不幸。燕丹之心，苟可以報秦，雖舉燕國猶不顧，況美人哉！軻不曉而當之，陋矣。

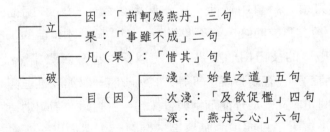

結構分析表

```
      ┌─ 因：「荊軻感燕丹」三句
  ┌立 ┤
  │   └─ 果：「事雖不成」二句
──┤   ┌─ 凡（果）：「惜其」句
  │   │               ┌─ 淺：「始皇之道」五句
  └破 ┤               │
      └─ 目（因）─────┤ 次淺：「及欲促檻」四句
                      │
                      └─ 深：「燕丹之心」六句
```

賞析

這一篇也是採用「先立後破」結構，抒感發議，提出自

己獨到的見解。「荊軻感燕丹之義」五句，是「立」的部分，先因後果，以欲抑先揚的手法，為荊軻刺秦王這一件史事，拈出「事雖不成，然亦壯士也」的看法，為下一段的辯駁立案。

「破」的部分，李翱巧妙地借一個「惜」字，自然地承起上文，並以「其智謀不足以知變識機」一語，總括下文，底下再條分縷析荊軻之所以會失敗的原因，為「智謀不足」的論點提出具體的證據。一是秦始皇與齊桓公的治國之道，本就不同，因此「曹沫功成」而「荊軻殺身」，兩人的結局也必然不同。二是連童子婦人都明白荊軻劫秦是不可能成功的行徑，然而荊軻卻「行之」，於是失手被擒也就成為意料中事了。三是燕太子丹為了報一己之仇，「雖舉燕國猶不顧」，又怎會憐惜區區一名美人？結果荊軻「不曉而當之」，毅然刺秦，可見荊軻識見之「陋」，既反駁了首句的「燕丹之義」，又呼應一篇主旨「智謀不足以知變識機」。

值得注意的是在「立破」法中，「立」的目的僅僅只是要引起「破」，「破」的過程才是重點。因此，「立案」的部分，只須「將事中情節，所當駁難之處，一一表明而已」，「行文專求簡峻，並不多著墨」。[14]「破」才是目的，因此「破」的技巧相形重要，它可以採用「分層駁詰」、「利用反證」、「查勘謬誤」等等方式，一層一層加以推理與詰難。例如本文就是分從荊軻與曹沫的今古對照、荊軻劫持的行徑、燕太子丹報復的動機等三個層面，來加以一一辯駁，而求得神完氣足的結果。

5、柳宗元〈桐葉封弟辯〉

　　古之傳者有言，成王以桐葉與小弱弟，戲曰：「以封汝。」周公入賀。王曰：「戲也。」周公曰：「天子不可戲。」乃封小弱弟於唐。

　　吾意不然。王之弟當封耶？周公宜以時言於王，不待其戲而賀以成之也；不當封耶？周公乃成其不中之戲。以地以人與小弱者為之主，其得為聖乎？且周公以王之言，不可苟焉而已，必從而成之耶？設有不幸，王以桐葉戲婦寺，亦將舉而從之乎？

　　凡王者之德，在行之何若。設未得其當，雖十易之不為病；要於其當，不可使易也，而況以其戲乎？若戲而必行之，是周公教王遂過也。

　　吾意周公輔成王，宜以道，從容優樂，要歸之大中而已。必不逢其失而為之辭。又不當束縛之，馳驟之，使若牛馬然，急則敗矣。且家人父子尚不能以此自克，況號為君臣者耶？

　　是直小丈夫鈌鈌者之事，非周公所宜用，故不可信。或曰：「封唐叔，史佚成之。」

結構分析表

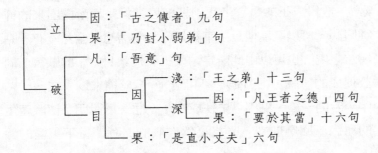

賞析

「辯」，是駁斥對方的觀點與看法。本文就是針對《呂氏春秋》和《說苑》所記載「桐葉封弟」這一件事進行辯正，批駁「天子不可戲」是一種十分荒謬的說法，也是採用典型旳「先立後破」結構。

「立」的部分，以簡潔的筆法，敘述成王以桐葉分封唐叔，周公從而促成其事的傳說，立起辯難攻擊的目標。

「破」的部分，先凡後目，先總提一筆「吾意不然」，承上啟下，表明自己有不同的看法，底下再分述原因，就一個「戲」字往復辯駁，先因後果，由淺而深，駁斥周公促成桐葉封弟這一件事絕對不可信。柳宗元分就周成王之弟「當封」、或是「不當封」這兩方面來加以申論，說明以周公之「聖」，絕對不可能「成其不中之戲」；接著又假設成王戲封桐葉的對象，萬一若是妻妾與宦官，那麼「天子無戲言」的說法，不是就會陷入一種荒謬的絕境了嗎？此時，作者適時拈出「凡王者之德，在行之何若，設未得其當，雖十易之不為病」四句，做為一篇的主旨，然後再三地剖析、辯明君王的言行在於「得當」；而且周公乃是以「大中」之道輔佐成王，而成就了千秋美名的聖人，怎麼可能會「逢其失而為之辭」，放縱成王的戲言？我們細細思索柳宗元所提出來的種種駁論，可以發現他是字字經思、句句著意，全然沒有一點懈怠之處。也可以由此斷定，成王「桐葉封弟」的戲言、周公促成的傳說，絕對是「不可信」。至於篇末以「或曰」二字，宕開一筆，點出「史佚成之」一語，既說明了傳說產生的原因，回應前文，又為戛然作收的文意，留下不盡的餘

韻。

　　林雲銘《古文析義》曾評論此文說：「篇中計五駁，文凡七轉，筆筆鋒刃，無堅不破，是論辯中第一篇文字。」[15]吳楚材《古文觀止》也說：「前輻連設數層翻駁，後輻連下數層斷案，俱以理勝，非尚口舌之便也。讀之反覆重疊愈不厭，如眺層巒，但見蒼翠。」[16]仔細觀玩此文，立破結合，逐層設問，波瀾疊出，論辯透闢，步步深入焦點，正可窺見出柳文「立」得有理、「破」得成功的藝術手法。[17]「立」與「破」的相互對立，可以能顯示出明晰的概念，有起伏，有波瀾，要點凸出，十分容易引起讀者的注意力，這也正是立破法的最大特色。

（二）從抑揚法來看

　　「抑揚」一詞，本是用來指音調的升高或降低，如韓愈〈宿龍公灘〉：「浩浩復湯湯，灘聲抑更揚。」後來轉用於文章作法上，指文勢或內容的抑揚變化，如明、歸有光《文章指南》分「抑揚則」為五類：「有先抑而後揚者，如韓退之〈諍臣論〉是也」；「有先揚而後抑者，如司馬子長論項羽是也」；「有抑揚並用者，如韓退之〈圬者王承福傳〉末議論一段是也」；「有揚中之抑者，如韓退之〈送浮屠文暢序〉止取其嘉文詞是也」；「有抑中之揚者，如韓退之〈與孟簡尚書書〉論孟子之功，意與而詞不與是也」。[18]

　　文章有抑揚，就猶如歌曲有高下，「歌曲之妙，在高下徐疾以成聲；文章之妙，亦在抑揚頓挫以成章」。[19]因此，

文筆若只是一氣直行，則不僅沒有跌宕縈迴之致，更難以生發動人之姿。唯有善用抑揚法，「文欲發揚，先以數語束抑，令其氣收斂，筆情屈曲」，隨後再以「數語振發」，把相對的內容交錯安排，抑揚相間，「而後可施開拓轉折之意」，[20]形成激動人心的節奏。如此，行文自然活潑，有氣勢又光豔照人。

1、李白〈古風〉之三

　　　　秦王掃六合，虎視何雄哉！揮劍決浮雲，諸侯盡西來。明斷自天啟，大略駕群才。收兵鑄金人，函谷正東開。銘功會稽嶺，騁望琅邪臺。刑徒七十萬，起土驪山隈。尚採不死藥，茫然傳心哀。連弩射海魚，長鯨正崔嵬。額鼻象五岳，揚波噴雲雷。鬐鬣蔽青天，何由睹蓬萊。徐市載秦女，樓船幾時回。但見三泉下，金棺葬寒灰。

結構分析表

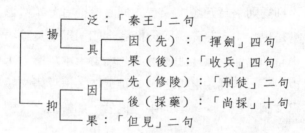

·078·

賞析

全詩採「先揚後抑」結構，開篇十句，是「揚」的部分，先泛後具，以猛虎攫人之勢，極力頌揚秦始皇的雄才大略和一統天下的雄渾氣象。詩人在此特意以「掃六合」三字，凸顯出秦王消滅六國的勃勃雄姿與赫赫聲威，成功塑造出一個虎視耽耽的一代梟雄來；再以「浮雲」象徵當時天下混亂的局勢，於是秦王的長劍一揮，天下諸侯盡皆西來臣屬於秦國。詩篇至此，以「明斷」、「天啟」、「大略」諸語，一揚再揚，可說是預為後段的轉折蓄下了最大的力勢。

緊接著「收兵」四句，藉著「鑄金人」、「銘功勒石」這兩件史事，以偏概全，描寫秦始皇統一天下以後，為了鞏固政權，收民間兵器，熔鑄為十二金人，以搖控東方交通的咽喉函谷關，並在琅邪臺、會稽山等處刻石歌頌秦朝功德。琅邪臺與會稽山，一南一北，相距數千里，故詩人以「騁望」二字，十分生動地刻劃出秦始皇當年意氣風發的神采。

後段十四句，是「抑」的部分，先因後果，分從修陵和採藥這兩件事來諷刺秦始皇。首先是發動七十萬刑徒，建造阿房宮和驪山陵，再來是上窮碧落下黃泉地四處求取「不死之藥」。於是「連弩」六句，詩人憑藉著豐富的想像力與誇飾的手法，極力摹寫只因擋住了蓬萊求仙藥之路，而被秦王的弓弩手所射殺的那一隻長鯨，牠的額鼻就像五岳一般高高地聳立著，噴射而出的水柱響徹雲雷，張開的鬐鬣更足以遮蔽青天。將秦王自私、貪婪而恐懼的內心世界，毫不留情地揭露出來，與前段所塑造出來的那種英偉的外在形象，恰恰形成強烈的對比。篇末以「但見三泉下」兩句，反跌收束，

點出暴虐的秦王終究難逃一死，筆力徒健，口吻冷峻而嘲弄。此外，據《資治通鑑》記載，玄宗「遵道教，慕長生，故所在爭言符瑞，群臣表賀無虛月」，結果必然是貽害百姓蒼生；因此本詩雖屬咏史，但卻寓有規諷唐玄宗不要迷信方士妄求長生的用意。[21]

2、嚴遂成〈遇符離讀張忠獻公傳書後〉

北使來朝輒問安，隱然敵國膽先寒。

十年作相遲秦檜，萬里長城壞曲端。

采石一舟風浪大，富平五路戰場寬。

傳中功過如何序？為有南軒下筆難。

結構分析表

```
┌─ 揚：「北使」二句
│        ┌─ 敘：「十年」四句
└─ 抑 ─┤
         └─ 論：「傳中」二句
```

賞 析

　　首二句是頌揚張忠獻公的生平功蹟，以極其誇張的口吻，說北方的金人未聞其名而膽已寒，連派遣使臣來宋朝也一定要向他請安。「十年」以下，則是「貶」的部分，王文濡《清詩評註》針對這一部分說：「忠獻才識，自是南宋名相，然曲端之死，富平之潰，均不免為賢之累。全詩貶多於褒，末句以詼諧出之，尤見微詞寓諷。」[22]故以長長的六句

詩，分述張忠獻公生平的兩件大過失。

　　文章採用「先揚後抑」的手法時，目的在「抑」，以前者襯托後者，形成波瀾起伏之勢，增強文章的藝術效果，在對立之中翻出一層新意，造成強烈的美感印象。這是因為客觀事物複雜多變，人們的感情也時有起伏，常常有許多相對的事物或情感交互出現。如形象有美醜，景象有蕭榮，氣象有悲歡，情感有喜哀，興趣有好惡，評價有褒貶。行文時若能把這些相對的內容交錯安排，抑揚相間，就能形成激動人心的節奏；[23]並且在抑揚對比中，加深讀者對所表現的人、事、物的印象，增強文情的曲折變化，產生揚者愈揚、抑者愈抑的藝術效果。

　　3、李商隱〈賈生〉

　　　宣室求賢訪逐臣，賈生才調更無倫。
　　　可憐夜半虛前席，不問蒼生問鬼神。

結構分析表

```
┌─揚：「宣室」二句
│      ┌─果：「可憐」句
└─抑─┤
       └─因：「不問」句
```


賞　析

　　「宣室」本是宮殿名，在此用來稱代漢文帝；「逐臣」則是指賈生，因為賈誼曾經被貶為長沙王太傅。我們從首句的「訪」字，可以見出文帝當時「求賢」之切，詩人在此為

賈生的「賢」竭力一揚；「才調無倫」是文帝贊美賈生的話語，所以又是一揚。

三、四句，引用了《史記·屈原賈生列傳》：「賈生徵見，孝文帝方受釐，坐宣室。上因感鬼神事，而問鬼神之本。賈生因具道所以然之狀，至夜半，文帝前席。既罷，曰：吾久不見賈生，自以為過之，今不及也」這一段史實，來鋪陳詩意。詩人以「可憐」一詞轉折文意，由揚入貶，暗諷漢文帝徹夜不眠只是為了追問鬼神之事，而棄天下蒼生百姓於不顧。喻守貞《唐詩三百首詳析》批注這首詩時說：「三句『可憐』一轉，是一抑，四句『不問』又是一抑。揚賈生，即所以抑漢文，其諷刺之意自明」，[24]形成了抑揚對照的對比美。

4、《史記·項羽本紀·贊》

太史公曰：吾聞之周生曰，舜目蓋重瞳子，又聞項羽亦重瞳子。羽豈其苗裔耶？何興之暴也！夫秦失其政，陳涉首難，豪傑蠭起，相與並爭，不可勝數。然羽非有尺寸乘勢，起隴畝之中，三年，遂將五諸侯滅秦，分裂天下而封王侯，政由羽出，號為霸王。位雖不終，近古以來，未嘗有也。及羽背關懷楚，放逐義帝而自立，怨王侯叛己，難矣！自矜功伐，奮其私智而不師古，謂霸王之業，欲以力征經營天下，五年，卒亡其國，身死東城，尚不覺悟，而不自責，過矣！乃引「天亡我，非用兵之罪也」，豈不謬哉！

結構分析表

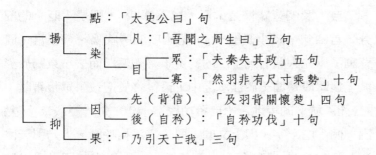

賞析

　　這是一篇頌贊類的文章，其中，「暴」字是項羽一生的定評，也是一篇的綱領。過商侯《古文評註》評點這一段文字也說：「有先揚而後抑者，如司馬子長論項羽是也」[25]，故形成了「先揚後抑」結構。

　　自「太史公曰」至「未嘗有也」，是「揚」的部分。開篇六句，太史公以過人的見識，與一枝生花的妙筆，巧妙地補述了「舜目蓋重瞳子」這件逸事，使項羽與舜帝這兩人之間產生了關聯，「從閒處寫，極有丰神」，而憐惜之情，也溢於言表。「夫秦失其政」五句，是述寫秦二世元年七月，陳涉、吳廣等有志之士趁天下大亂之際，起兵於大澤之中。當是時，「相與爭天下者，不可勝數，而欲崛起定霸，蓋亦甚難」。故太史公以一個「然」字，自然承接上文，轉筆直接逼入項羽，因為項羽「有尺寸乘勢」之姿，所以能率領齊、燕、韓、趙、魏等五國諸侯，於鉅鹿之戰一舉殲滅秦國，分封王侯，自號為西楚霸王。寥寥數語，行筆極其有

勢，司馬遷既說明了項羽之所以能「列入本紀之意」，又點明了項羽之所以能「興之暴」的原因。

自「及羽背關懷楚」至「豈不謬哉」，則是「貶」的部分。首四句，是「貶駁一」，記述項羽屠咸陽、燒秦宮，既背棄了「先入關者為王」的約定，又離鴻門而去，東歸於彭城，還擊殺楚懷王於江水之中，最後終於遭致了眾叛親離、「身死東城」的境地。「自矜功伐」十句，是「貶駁二」，點出一個「亡」字，與上文的「興」字遙相呼應。「乃引天亡我」三句，是「貶駁三」，三年滅秦，五年亡其國，「以暴興即以暴亡」，[26]斷得十分警策，極其精彩。

5、《史記・蕭相國世家・贊》

蕭相國何於秦時為刀筆吏，錄錄未有奇節。及漢興，依日月之末光，何謹守管籥，因民之疾，奉法順流，與之更始。淮陰黥布等皆以誅滅，而何之勳爛焉，位冠群臣，聲施後世，與閎夭散宜生等爭烈矣。

結構分析表

```
┌─ 抑：「蕭相國何」二句
│    ┌─ 因：「及漢興」五句
└─ 揚┤
     └─ 果：「淮陰黥布等」五句
```

賞析

為了顯示對人物認識的變化或顯示人物自身性格的發

展，史傳文學一般多會採用「欲揚先抑」的手法，由表及裡、由淺入深，逐步揭示人物的性格。如本文雖為一篇短短的贊語，卻也採用了「先抑後揚」結構來評價蕭何的一生。

開篇兩句，雖是「抑」的部分，但「錄錄未有奇節」一句，卻暗藏了「酇侯一生妙用」的玄機。當淮陰侯、黥布等開國諸將，因為功高震主而遭致誅滅之禍時，唯獨有「無血戰之勞」的蕭何，能夠享有「位冠群臣，聲施後世」的境遇。因此，在「揚」的部分，文筆一向簡純洗練的司馬遷，有意地一一鑲上「謹」字、「因」字、「奉」字和一個「順」字，著力描摹「得大用於漢」的蕭何，是如何地謹守著管籥、出納關中的糧餉，又是如何地「奉法惟謹，因其勢而行之，歸功於上」。而這也正是蕭何善於立功，得以「自全」、享厚祿的原因。故林雲銘《古文析義》以為「閎散在周無赫赫之功」的引喻，實在妙絕。司馬遷在此也針對漢高祖對待開國諸臣，「止容得閎散，不能容得周召、太公」這一類有為功臣的狹窄胸襟，發出了隱而不顯的「微詞」。[27]

（三）從縱收法來看

文似看山不喜平，行文若能善用縱收法，則「篇中有許多曲折，如雲霓來去，波瀾起伏，闌干隱現，螢火梳織，自成佳構」。因此，「不縱，則不足以騁驟其情思，不足以渲染其文章；不收，則或至於蕩檢失所守，或至於縱轡迷所歸」。[28]

「縱」是手段，「收」才是目的；但也唯有「縱」得

好、「縱」得有特色，才「收」得有力、「收」得有味，「令其說更圓，其義更顯」。[29]其中，又以「先縱後收」的結構類型最常出現，因為這種先放開、再收束的動作，對於題旨的揭示與深化最為直接而凸出，並可造成文勢的波瀾起伏，從而增添感染力。

1、李商隱〈夜雨寄北〉

君問歸期未有期，巴山夜雨漲秋池。何當共剪西窗燭，卻話巴山夜雨時。

結構分析表

```
      ┌ 縱 ┬ 事：「君問」句
      │    └ 景：「巴山」句
─┤
      │    ┌ 事：「何當」句
      └ 收 ┴ 景：「卻話」句
```

賞 析

　　首句採用「君問歸期」、詩人卻答以「未有期」的問答手法，先停頓、後轉折，將在外遊子的羈旅之愁與不得歸去之苦，整個烘染而出。第二句點出了「夜雨」的情景，以及詩人的所在地；而羈旅之愁與不得歸去之苦，更進而與眼前的夜雨交織在一起，綿綿密密，彌漫了整個巴山的夜空。三、四句，詩人轉以設想之筆，馳騁豐富的想像力，懸想將來「與君相晤，共剪燭於西窗，轉更閒敘今日夜雨時情景」的景象。雖然「遙企於西窗剪燭之樂」，正足以見出此刻

「巴山夜雨之苦」；[30]但詩人藝術手法高明，明縱而暗收，有如微波之漪漣，往復生姿，更彰顯了跌宕有致的美感效果來，達到了劉熙載《藝概》中所說的：「詞要放得開，最忌步步相連；又要收得回，最忌行行愈遠。必如天上人間，去來無迹，斯為入妙」[31]的藝術境地。

2、盧仝〈有所思〉

當時我醉美人家，美人顏色嬌如花。今日美人棄我去，青樓珠箔天之涯。天涯娟娟姮娥月，三五二八盈又缺。翠眉蟬鬢生別離，一望不見心斷絕。心斷絕，幾千里。夢中醉臥巫山雲，覺來淚滴湘江水。湘江兩岸花木深，美人不見愁人心。含愁更奏綠綺琴，調高弦絕無知音。美人兮美人，不知為暮雨兮為朝雲。相思一夜梅花發，忽到窗前疑是君。

結構分析表

```
        ┌─ 昔：「當時」二句
   ┌─縱─┤        ┌─ 因：「今日」二句
───┤    └─ 今 ──┤
   │             └─ 果：「天涯」十五句
   └─ 收：「忽到」句
```

賞析

　　盧仝，自號玉川子，生性狂放恣意，不受世俗的羈絆。他的詩文，也怪異絕倫，多採用古體，不受格律的限制。他在〈與馬異結交詩〉就曾提出對「仝異」的看法：「昨日仝

不仝，異自異，是謂大仝而小異；今日全自全，異不異，是謂全不往兮異不至。」他這種不受格律限制的筆法，從〈有所思〉這首詩中，即可窺見一斑。

本詩採用了「先縱後收」結構，在「縱」的部分，先昔後今，詩人從當年醉臥青樓的歡樂情景寫起，以如花一般嬌豔的容顏，來形容這位女子。第三句以下，筆勢一轉，折入今日離異後的慘淡與愁情。詩人面對著缺了又圓、圓了又缺的娟娟月牙，自是增添了人生自古長別離的感嘆；詩人又特意地以「翠眉」、「蟬鬢」等精巧而纖麗的字眼，極力點染這位美人，也更凸顯了美人離去千里之後的斷絕悲情。此外，詩人也化用了舜帝妃子娥皇與女英哭泣於湘江河畔的故事、宋玉〈高唐賦〉楚襄王與宋玉遊於雲夢之臺的典故，以及李白〈聽蜀僧濬彈琴〉「蜀僧抱綠綺，西下峨眉峰；為我一揮手，如聽萬壑松」的詩句，全面鋪染這一位令詩人念之再三、思之不已的美人，是如此地端麗與可貴，情真而意切，終而發出「美人兮美人」的聲聲呼喚，表達了願與美人「且為朝雲，暮為行雨，朝朝暮暮，陽臺之下」（宋玉〈高唐賦〉）的衷情和盼望。

最後一句，是「收」的部分，以詩人醒來見了窗前一夜綻放的梅花，而疑似又與美人相逢，戛然作收。傅庚生《中國文學欣賞舉隅》對此有十分精闢的解析：「將筆盪得甚遠，幾乎不可兜轉，承之以『相思一夜梅花發』，仍似未著邊際，突然云『忽到窗前疑是君』，藉一『疑』字竟將梅花與美人合為一，藉一『忽』字竟將全篇約束得住，終於落到『君』字上，仍返本於相思。」[32]這種縱收之奇，也只有豪怪如盧仝才能辦到。

3、朱慶餘〈宮詞〉

寂寂花時閉院門，美人相並立瓊軒。含情欲說宮中
事，鸚鵡前頭不敢言。

結構分析表

```
    ┌ 縱 ┌ 景：「寂寂」二句
    │    └ 情：「含情」句
    └ 收：「鸚鵡」句
```

賞 析

這是一首宮怨詩，也是採用了「先縱後收」結構。首句
從寫景入手，以景襯情。花開之時應是繽紛而熱鬧，詩人卻
反說是「寂寂」；春光正燦爛，而重門卻是「深閉」，頗有
「以樂景寫哀情」，以「倍增其哀」的深沉意味在裡頭。由此
可以推知，這應是一間幽冷而僻靜的後宮，而幽居在此的美
人，已經很久不受君王的寵幸。

再從第二句的「美人相並」來看，失寵的不只一人，詩
人別出心裁地把兩位美女引進了鏡頭之中，勾勒出一幅動人
的雙美圖。「立瓊軒」以賞花，原本應是可以互相訴說「宮
中事」，讓悲苦的心靈獲得些微的安慰。可是再往下一看，
詩人卻以「鸚鵡前頭不敢言」一句，突然收束全詩。始而
「含情欲說」，最終卻又「不敢言」，而且美人不敢言的對象
竟是「鸚鵡」；連在鸚鵡前頭都不敢言了，更不要提因寂寞
而一同站立在花前的「美人」了。詩人藉著「花時」、「瓊

軒」、「美人」、「鸚鵡」這一幅風光旖旎圖，活生生地揭露了生活於深院後宮中的宮人，不但失去了青春與幸福，更連說話的自由也沒有，一股森然逼人欲死的窒息感，流竄於詩行之間。

4、王勃〈山中〉

> 長江悲已滯，萬里念將歸。況屬高風晚，山山黃葉飛。

結構分析表

```
        ┌──┬─ 果：「長江」句
   ─┬─ 收┤  └─ 因：「萬里」句
    └─ 縱：「況屬」二句
```

賞 析

　　這是一首抒寫旅愁的詩，應是作於王勃被廢退後，流落在巴蜀期間，全詩形成了較少見的「先收後縱」結構。一、二句對仗，又互為因果，詩人以「萬里」對「長江」，從空間上極力鋪寫異地與故鄉相距之遙，歸鄉之路又迢迢而漫長的景況；再以「已滯」對「將歸」，從時間上抒寫遊子羇旅在外，久滯而不得歸的處境。兩句中的「悲」與「念」，更直接道出了詩人面對此情此景的悲感與傷懷。三、四兩句，是詩人在山中所望見的景色，自宋玉〈九辯〉「悲哉秋之為氣也，蕭瑟兮草木搖落而變衰」的意境蛻化而出。句中的「高風」、「黃葉」，既點明了季節的挪移，詩人的視線在隨著風的流動中，由這山望向了那一山，將空間推向無窮遠

處，連成一片蒼涼飄零而淒迷的景象。「作詩本乎情景」，「景乃詩之媒，情乃詩之胚，合而為詩」（謝榛《四溟詩話》）。以景結情，含不盡的情意於篇外。

一般而言，「縱之於前，而擒之於後，使題理愈顯，顛撲不破」的「先縱後收」法，可「發揮題中真義，使人無可駁」[33]的特色，以收到波瀾驟起、文勢起伏的美感效果。然「辭氣之疾徐輕重，恆視縱筆之情勢為之」，「縱」、「收」二者合拍，則文勢自是不平凡；因此，「先掌住，使他分毫動彈不得，及至放處，如絛鷹鞲馬，脫然而逝」（明、李騰芳《山居雜著》）[34]的「先收後縱」法，更可以彰顯騏驥奔騰於千里之外的奔放美感。

5、杜甫〈客至〉

舍南舍北皆春水，但見群鷗日日來。

花徑不曾緣客掃，蓬門今始為君開。

盤飧市遠無兼味，樽酒家貧只舊醅。

肯與鄰翁相對飲，隔籬呼取盡餘杯。

結構分析表

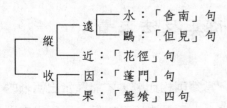

```
          ┌ 遠 ┌ 水：「舍南」句
          │    └ 鷗：「但見」句
    ┌ 縱 ─┤
    │     └ 近：「花徑」句
 ───┤
    │     ┌ 因：「蓬門」句
    └ 收 ─┤
          └ 果：「盤飧」四句
```

賞析

這是一首洋溢著閒居之樂的詩，杜甫自題為「喜崔明府相過」，當作於唐肅宗上元二年的春天，此時杜甫正避安史之亂於成都浣花溪草堂。首聯先寫草堂附近的景色，詩人以「皆春水」三字，點出綠水繚繞、江波浩渺的茫茫之感；再以「日日」到來的群鷗，點出生活環境的清幽僻靜；然而一個「但見」，又富含弦外之音，寓情於景，寄託了詩人閑逸在江村中的寂寞心情。第三句，詩人把視點拉回到了草堂花徑，交代了主人清掃花徑的原因，很自然地流露出一份真摯熱烈的歡迎之情，也明白帶出「客至」的喜悅。於是頸聯、末聯，接著續寫留客的情意。作者捨棄了其他繁瑣的情節，直接拈出最能顯示賓主情誼的生活場景，著意描繪，雖然待客的菜餚因「市遠」而無「兼味」，因「家貧」只有濁酒一杯，但詩人卻讓歡樂洋溢席間，結尾更虛筆一轉，把熱烈的氣氛推向了最高潮。全詩採以第一人稱的口吻，詩句樸質明暢，一口貫注而下，不假修飾，自然地形成一種平淡空靈的境界，和杜甫其他精細凝煉的律詩比較起來，顯得大不相同。

（四）從正反法來看

宇宙間的人情物態，常須兩相比較，才能顯示出明晰的概念。因此，「天下之理，有正言之不甚動聽，而反言之則其理易正顯」，「一正一反，時時開闔，可以互相發明，互

相映射，處處關合」，[35]行文自然靈變，讀者但見其精神，而不覺其重疊。故「文家用意遣辭，必反正相因，無正不切靁，無反不醒豁」，[36]利用兩種不同事物的相互映照，藉反面的材料襯托出正面的意思。並在強烈的對比中，形成色彩、形象、本質的鮮明反差，充分展示情致的多樣性與豐富性，生發出求新、求奇、求變、求異的審美感受。

1、歐陽脩〈生查子〉

去年元夜時，花市燈如畫。月上柳梢頭，人約黃昏後。　今年元夜時，月與燈依舊。不見去年人，淚濕春衫袖。

結構分析表

```
┌─ 反（昔）┬─ 景：「去年」二句
│          └─ 事：「月上」二句
└─ 正（今）┬─ 景：「今年」二句
           └─ 事：「不見」二句
```

賞析

由於人的心理都偏愛富於變化的刺激，若刺激過於齊一、無變化，便會有疲勞、鈍滯、停息的傾向，於是富有變化的藝術形式美，可以直接引起生理心理上的悅懌與快感。歷來的文人也都喜愛採用正反法來運材布局，以展示多樣而豐富的情致。如歐陽脩這首小詞，題作「元夕」，當是寫於正月十五元宵節，就採用了「先反後正」結構，依先寫景後

敘事的次序，鋪陳今昔對比之情。詞人以「去年元夜時」一句，點出了時間；以「燈如晝」，概括了上元時節街市的熱鬧氣氛；繼而以「月上柳梢頭」二句中的「月」、「黃昏」、與「人」，點出了令人難以忘懷的黃昏之約。下片則從回憶中回到了現在，「月與燈依舊」，卻「不見去年人」，景物依舊而人事全非，徒然留下無限的悵惘，不禁「淚濕春衫袖」。全詞呈現出「清切婉麗」的特色，不禁引人於平淡文字中，細細領悟雋永綿長的味外之味。

2、辛棄疾〈千年調〉

　　　卮酒向人時，和氣先傾倒。最要然然可可，萬事稱好。滑稽坐上，更對鴟夷笑。寒與熱，總隨人，甘國老。　　少年使酒，出口人嫌拗。此個和合道理，近日方曉：學人言語，未會十分巧。看他們，得人憐，秦吉了。

結構分析表

```
        ┌─ 一（卮）：「卮酒」四句
  ┌─ 反 ┤─ 二（滑稽、鴟夷）：「滑稽」二句
  │     └─ 三（甘國老）：「總隨人」二句
──┤─ 正 ┌─ 昔：「少年」二句
  │     └─ 今：「此箇」四句
  └─ 反：「看他們」三句
```

賞析

　　此詞題作「蔗庵小閣名曰卮言，作此詞以嘲之」，當作於稼軒退隱帶湖時。因上饒鄉居的友人，名「蔗庵閣」為「卮言」，於是詞人藉題發揮，寄託嘲諷之意。上片「卮酒」三句，化用了《莊子‧寓言》「卮言日出，和以天倪」，「然於然，惡乎不然？不然於不然。惡乎可？可於可。惡乎不可？不可於不可」[37]的典故。「卮」是酒器，滿則傾，空則仰，隨物而變，不執一守故。若用來比喻「語言」，則是指它會隨著人、物、時、空的不同而立論，然然可可全無成見，故莊子稱之為「卮言」。「萬事稱好」句，則指「不談議時人，有以人物問徽者，初不辨其高下，每輒言佳」（《世說新語》）的司馬徽。「滑稽」二句，即是「鴟夷滑稽，腹大如壺，盡日盛酒，八腹借酤」（《文選‧揚雄‧酒賦》）的滑稽、鴟夷兩種酒器。「寒與熱」三句，是指「味甘平，無毒」，「調和使諸藥有功，故號國老之名」（《本草綱目‧草部》）的甘草。詞人在此採用擬人手法，以「卮」、「滑稽」、「鴟夷」等三種酒器，及寒熱總隨人的「甘國老」藥材，辛辣、幽默地反諷趨炎阿諛的官僚小人。

　　下片「少年」六句，先昔而後今，表面上是寫昔日年少剛信拗直，而今始知和合的道理，然而實是不改剛直的秉性與凜然的風骨。故「看他們」三句，筆勢一轉，復以反筆描摹「耳聰心慧舌端巧，鳥語人言無不通」（白居易〈秦吉了〉），善學人言而得人憐喜的「秦吉了」，以諷刺朝廷裡逢迎拍馬的官僚醜態，[38]產生強烈的對比之美。

3、李文炤〈勤論〉

治生之道，莫尚乎勤。故邵子云：「一日之計在於晨，一歲之計在於春，一生之計在於勤。」言雖近而旨則遠矣。

無如世俗之人以逸居為至快，甘食褕衣，玩日愒歲。以之為農，豈能深耕而易耨？以之為工，豈能奉度而盡職？以之為商，豈能乘時而趨利？以之為士，豈能立身而行道？徒然食息於天地之間，則是一蠹耳。

夫天地之化，日新則不敝。故戶樞不損，而流水不腐，誠不欲其常安也。人之心與力，何獨不然？是故勞則思、逸則忘，凡物之大情也。大禹之聖，且惜寸陰；士行之賢，且惜分陰，又況賢聖不若彼者乎？

結構分析表

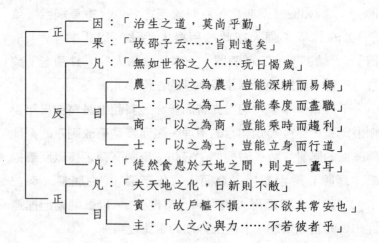

正 ┬ 因：「治生之道，莫尚乎勤」
　 └ 果：「故邵子云……旨則遠矣」

反 ┬ 凡：「無如世俗之人……玩日愒歲」
　 ├ 目 ┬ 農：「以之為農，豈能深耕而易耨」
　 │　　├ 工：「以之為工，豈能奉度而盡職」
　 │　　├ 商：「以之為商，豈能乘時而趨利」
　 │　　└ 士：「以之為士，豈能立身而行道」
　 └ 凡：「徒然食息於天地之間，則是一蠹耳」

正 ┬ 凡：「夫天地之化，日新則不敝」
　 └ 目 ┬ 賓：「故戶樞不損……不欲其常安也」
　　　　└ 主：「人之心與力……不若彼者乎」

賞析

全文從「勤勉」的傳統美德來立說，形成「正、反、正」結構。首段開門見山，從正面揭明主旨，闡述「勤」的重要，並且援引邵雍的話，來增強說服力，言簡而意賅。第二段轉而從反面立論，針對「好逸惡勞」的人之常情加以發揮。作者特以四個反問句式，一長串排比而下，再三申述因「不勤」而導致農人不能深耕易耨、工人不能奉度盡職、商人不能乘時趨利、士人不能立身行道的嚴重後果；既增強了論述的力道，引起讀者的注意，又能醞釀餘韻，增添文意的情趣。第三段，則以戶樞、流水、人的心與力並舉，再從正面論述「日新則不敝」天地運化的道理，深化「勤」的涵意；並以「胼手胝足致力乎溝洫，見稱於世」的大禹，與曾經說過「大禹聖人猶惜寸陰，吾人當惜分陰」的陶侃等聖賢為例，進一步勉勵一般人更要珍惜光陰，力求進取，養成「勤勞不懈」的美德，照應全文作收。

4、綠原〈小時候〉

小時候
我不認識字
媽媽就是圖書館

我讀著媽媽

有一天
這世界太平了

人會飛……
小麥從雪地裡出來……
錢都沒有用……

金子用來作房屋的磚
鈔票用來糊紙鷂
銀幣用來飄水紋……

我要做一個流浪的少年
帶著一隻鍍金的蘋果
一隻銀髮的蠟燭
和一隻埃及國飛來的紅鶴
旅行童話
去向糖果城的公主求婚

但是
媽媽說
現在你必須工作

結構分析表

```
    ┌ 實（真實）：「小時候」二行
  ┌正┤              ┌ 點：「媽媽就是圖書館」二行
  │  └ 虛（童話）┤    ┌ 先：「有一天」八行
  │              └ 染┤
  │                  └ 後：「我要做一個流浪的少年」六行
  └ 反：「但是」三行
```

賞析

全詩形成「先正後反」結構。第一節，開始兩行，是就過去的事實（小時候）而言。「媽媽就是圖書館」二行，是一個相當新穎的暗喻，巧妙地運用「圖書館」的意象，扮演起第一、三、四、五段間產生聯接轉化的橋樑，使停留在第一段的「現實世界」慢慢向「童話世界」延伸。

從第三段「有一天」開始，童話世界逐行展開，因為小麥可以從雪地裡生長出來，人類不再饑荒，金錢就可以用來造房子、糊紙鷂、打水漂。等到人們都有房子可安身，有希望可寄託，有遊戲可自娛時，詩人說：「我要做一個流浪的少年」，要帶著童話故事中象徵青春、智慧的金蘋果與銀蠟燭，乘著從古埃及飛來象徵文化精神的紅鶴去旅行。然後在甜美的糖果城堡中，與公主結婚，使流浪探險的心靈得到最後的寄託。詩人的想像，在此得到了飛躍的最高潮，「童話世界」也在此達到了最繽紛的境地。

但是，那個小時候像圖書館的媽媽，這時候開口了：「現在你必須工作」，一下子就把詩人從想像的童話世界中拉回到現實世界，極盡詩意轉折之能，產生一種對比的美感效果。難怪瘂弦要讚美此詩是「流麗自然的天籟」，是自五四運動以來，絕無僅有的「天真爛漫晶瑩剔透的可愛小詩」。**39**

註　釋

1　此種手法，宋文蔚稱之為「駁難」：「將題中罅隙處看出，即
　　一眼覷定，文中或先作曲筆，代原題意，然後以己意駁正之；
　　或開手即揭明誤處，旋用己意層層詰難，直攻題堅，然後以正
　　意結之。」參見《評註文法津梁》（高雄：復文圖書出版社，
　　1993年2月修訂2版），頁26。

2　參見曹冕：《修辭學》（上海：商務印書館，1934年4月），頁
　　265。

3　本篇以孟嘗君「不能得士作柱」，此為「一篇之主」，一篇之警
　　策。參見林景亮：《評註古文讀本》（臺北：臺灣中華書局，
　　1969年11月臺1版），頁12；與宋文蔚：《評註文法津梁》，頁
　　170-171。

4　參見吳闓生：《桐城吳氏古文法》（臺北：文津出版社，1979
　　年4月），頁79-80。

5　參見林景亮：《評註古文讀本》，頁12。

6　參見吳楚材選注、王文濡評校：《古文觀止》（臺北：華正書
　　局，1998年8月），頁527。

7　此乃採用陳滿銘的說法。

8　本文的賞析，參見吳楚材選注、王文濡評校：《古文觀止》，
　　頁444。

9　參見錢谷融、魯樞元主編：《文學心理學》（臺北：新學識文
　　教出版，1990年9月臺初版），頁221。

10　見林雲銘：《古文析義》（臺北：廣文書局，1997年9月8
　　版），頁288。

11　見吳楚材選注、王文濡評校：《古文觀止》，頁445。

12　參見宋文蔚：《評註文法津梁》，頁240。

13　同上註。

14　參見吳闓生批註：《桐城吳氏古文法》，頁2。夏薇薇：《文章
　　賓主法析論》（臺灣師大國研所碩士論文，2000年5月），頁
　　48。

15　見林雲銘：《古文析義》，頁266；

16　見吳楚材選注、王文濡評校：《古文觀止》，頁391。

17　參見王更生：《柳宗元散文研讀》（臺北：文史哲出版社，

1999年2月初版2刷），頁106-111。

18　參見歸有光：《文章指南》（臺北：廣文書局，1985年10月再版），頁9。

19　參見許恂儒：《作文百法》（臺北：廣文書局，1985年5月再版），卷二，頁36。

20　參見唐彪：《讀書作文譜》（臺北：偉文圖書出版社，1976年11月），頁89-90。

21　此首的賞析，參見蕭滌非等編：《唐詩鑑賞辭典》（上海：上海辭書出版社，2003年9月第31刷），頁202-203。

22　見王文濡：《清詩評註》（臺北：廣文書局，1994年10月再版），頁276。

23　參見仇小屏：《篇章結構類型論》（臺北：萬卷樓圖書公司，2000年2月初版），頁480-482。

24　參見喻守貞：《唐詩三百首詳析》（臺北：臺灣中華書局，1995年1月臺23版4刷），頁318。

25　見過商侯選、蔡鑄評註：《古文評註全集》（臺北：宏業書局，1979年10月再版），頁331。

26　本文的賞析，參見吳楚材選注、王文濡評校：《古文觀止》，頁176-177；林雲銘：《古文析義》，頁156-157。

27　參見林雲銘：《古文析義》，頁160。

28　參見傅庚生：《中國文學欣賞舉隅》（臺北：萬卷樓圖書公司，2002年4月初版），頁80。

29　參見魏飴：《散文鑑賞入門》（臺北：萬卷樓圖書公司，1999年6月再版），頁143。

30　參見傅庚生：《中國文學欣賞舉隅》，頁81。

31　見劉熙載：《藝概》（臺北：金楓出版社，1998年7月革新1版），頁156。

32　參見傅庚生：《中國文學欣賞舉隅》，頁83。

33　參見許恂儒：《作文百法》，頁26。

34　收入王葆心：《古文辭通義》（臺北：臺灣中華書局，1984年4月臺2版），卷十二，頁32。

35　參見許恂儒：《作文百法》，頁14、17。

36　參見唐彪：《讀書作文譜》，頁87。

37　見黃錦鋐：《新譯莊子讀本》（臺北：三民書局，1988年3月8版），頁317-318。

38 此詞的賞析與結構表，參見陳滿銘：《章法學新裁》（臺北：
萬卷樓圖書公司，2001年1月初版），頁480-481；鄧廣銘：
《稼軒詞編年箋注》（臺北：華正書局，1980年8月初版），頁
130。

39 此詩的賞析，參見羅青：《從徐志摩到余光中》（臺北：爾雅
出版社，1988年7月11印），頁116-121。

五 以調和性結構呈現者

（一）從因果法來看

「因果」法，是我國開化最早，[1]直可上溯至甲骨文獻的結構類型。它符合人們認識活動和思想發展的邏輯，因為宇宙中所有的現象或事實，並非偶然發生，而是必有其「所以然之理」。「原因」同，則「結果」亦同，人類依據這種因果律，用來推求事物「所以然」之理，自是健全而可靠。[2]

1、戴叔倫〈除夜宿石頭驛〉

> 旅館誰相問？寒燈獨可親。一年將盡夜，萬里未歸人。寥落悲前事，支離笑此身。愁顏與衰鬢，明日又逢春。

結構分析表

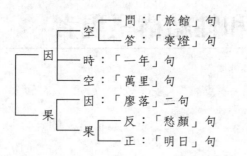

賞析

　　這首詩旨在抒寫愁懷。前四句是「因」的部分，依「空間、時間、空間」的次序鋪展而成。首聯採用了自問自答的手法，生動而鮮明地畫出一位羈旅客舍、孤孑而獨行的遊子身影來。三、四句，是從梁武帝〈子夜冬歌〉「一年漏將盡，萬里人未歸」等句化出。因為「萬里歸來宿於石頭驛，末及到家」（吳闓生《古今詩範》），所以只能獨對一盞寒燈，目送舊的一年歸去，心中很自然的就興起了寥落悲情。「旅館」、「獨」、「未歸人」等字，點出了詩題中的「宿石頭驛」，而「一年將盡夜」也與詩題中的「除夜」相呼應，詩意承轉緊密，幾乎沒有一點兒罅隙。

　　後四句是「果」的部分。五、六句撐起並統貫全詩，語出《莊子‧人間世》：「夫支離其形者，猶足以養其身，終其天年，又況支離其德者乎？」是一篇主旨所在，故吳闓生《古今詩範》批注：「大家所爭正在此處」。詩人面對清鏡所映照出來的衰鬢與愁顏，與新春恰恰形成一反一正的鮮明對

照，更加添心中的許多愁。行文至此，「寒」、「悲」、「愁」、「衰」等種種憂煩雜然紛至，似乎壓得人快要喘不過氣來；但詩人又適時地嵌進了「明日又逢春」一句，注入了一線曙光，舒緩悲苦之情，綻現溫潤的調和之美。仔細玩索全詩，情景交融，「意態兀傲處不減杜公，首尾浩然，一氣舒卷」，[3] 足具大家魄力。

2、馮延巳〈采桑子〉

> 花前失卻游春侶，獨自尋芳。滿目悲涼，縱有笙歌亦斷腸。　　林間戲蝶簾間燕，各自雙雙。忍更思量，綠樹青苔半夕陽。

結構分析表

```
      ┌─── 因 ┌─ 因：「花前」句
      │       └─ 果：「獨自」句
──────┼─── 果：「滿目」二句
      │
      └─── 因 ┌─ 正：「林間」二句
              └─ 反：「忍更」二句
```

賞析

　　這一闋詞也是在抒寫愁懷，形成了「因、果、因」結構。上片二句，是「因一」的部分，寫失卻了可以一同遊春的伴侶的詞人，在花前獨自徘徊。花的美好，與笙歌的熱鬧，更凸顯了一己身影的孤單，觸景而傷情，更增添新愁，也因而引發出「悲涼」、「斷腸」這一個結果來，點醒了一

篇的主旨。王國維《人間詞話》對此有一段註語：「馮正中
詞雖不失五代風格而堂廡特大，開北宋一代風氣，與中後二
主詞皆在《花間》範圍之外。」[4]也就是說馮延巳雖然承襲
了五代詞傷春怨別的風格，但他寫的閒情、惆悵，是一種精
神上沒有依傍的一種落空的感受，筆法又回旋往復，更給人
一種直接的感動。因此，下片四句，續寫「滿目悲涼」的原
因（因二）。詞人的視線，此時落在嬉戲林間的彩蝶與穿梭
簾幕的飛燕身上，並特別強調出「各自雙雙」這一個特寫鏡
頭來，除了反襯一己的形單影隻，「獨自」與「雙雙」的正
反對比，更有再次強化主旨「斷腸」的作用。在不忍思量與
百般無奈下，詞人把視點推向了綠樹青苔，推向了遠山外的
夕陽，讓林花、綠樹、青苔、戲蝶與簾燕，全部籠罩在夕陽
的餘暉裡，統一於黃昏的色調中，以景結情，興發無限的孤
獨之感。

3、李白〈春夜宴桃李園序〉

夫天地者，萬物之逆旅；光陰者，百代之過客。
而浮生若夢，為歡幾何？古人秉燭夜遊，良有以也。

況陽春召我以煙景，大塊假我以文章，會桃李之
芳園，序天倫之樂事。群季俊秀皆為惠連，吾人詠
歌，獨慚康樂。幽賞未已，高談轉清。開瓊筵以坐
花，飛羽觴而醉月，不有佳作，何伸雅懷。如詩不
成，罰依金谷酒數。

結構分析表

```
    ┌ 因 ┌ 反 ┌ 因:「夫天地者」六句
    │      │   └ 果:「古人秉燭」二句
    │      └ 正:「況陽春」四句
────┤
    │    ┌ 人:「群季俊秀」四句
    └ 果 ┤
         └ 事:「幽賞未已」八句
```

賞析

　　〈春夜宴桃李園序〉以「歡樂」為一篇主旨，形成「先因後果」結構。「因」的部分，李白化用了〈古詩十九首〉「生年不滿百，常懷千歲憂；晝短夜苦長，何不秉燭遊」的詩意，從天地萬物起筆，依先反後正的順序，分層細述「春夜宴桃李園」的原因。因為萬物是人世間最短暫的過客，因為晝短而苦夜長，因為人生歡樂時有窮盡，於是興起了「何不秉燭遊」、「為樂當及時」的感悟，點出一個「夜」字來。接下來李白以「況」字，承起上文，轉從正面抒寫春景的美好。「況陽春」二句，點出「春」字，預為太白與諸兄弟共宴於桃李芳園這一件事鋪墊；「會桃李之芳園」二句，則點明了「宴桃李園」的旨意。

　　「群季俊秀」句以下，是「果」的部分，敘述夜宴時的人與事。李白先以謝惠連之才讚美諸位從弟，並謙稱自己的笨拙；次以瓊筵坐花、羽觴醉月、賦詩罰觴等雅事，描寫春夜宴桃李園的一觴一詠之樂。

　　全文從「夜」字生波，再折到桃李園，有海闊天空、高瞻遠矚之妙。而且「發端數語，已見瀟灑風塵之外，而轉落

層次，語無泛設，幽懷逸趣，辭短韻長」[5]。細細讀來，太白散文，瀟散流麗，錦心繡口，自成一種腔調，憑添許多情思。

4、《戰國策・唐雎說信陵君》

信陵君殺晉鄙，救邯鄲，破秦人，存趙國，趙王自郊迎。唐雎謂信陵君曰：「臣聞之曰，事有不可知者，有不可不知者；有不可忘者，有不可不忘者。」信陵君曰：「何謂也？」對曰：「人之憎我也，不可不知也；吾憎人也，不可得而知也。人之有德於我也，不可忘也；吾有德於人也，不可不忘也。今君殺晉鄙，救邯鄲，破秦人，存趙國，此大德也。今趙王自郊迎，卒然見趙王，臣願君之忘之也！」信陵君曰：「無忌謹受教。」

結構分析表

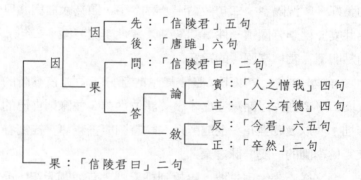

賞析

　　這一篇文章旨在論述「有德於人，不可不忘」的道理，形成「先因後果」結構。「因」的部分，以因果、先後、問答、論敘、賓主、反正等多層結構，從信陵君殺晉鄙、救邯鄲，破秦存趙，趙王親自郊迎這一件事談起。唐雎以「事有不可不忘」、「施恩慎勿念」的道理來說服信陵君，其中，「事有不可不知者」是「賓」，用來烘托「有不可不忘者」這一個全文主旨所在的「主」。作者藉著信陵君「問」、唐雎「答」，在一問一答的對談中，闡釋「不可不知」、「不可得而知」（「賓」），與「不可忘」、「不可不忘」（「主」）之間的區別與拿捏之道。「只須說不可不忘，卻先說不可忘；亦只須說不可忘，不可不忘，卻又先說不可不知、不可得而知」。故「文有寬而不懈者，其勢急也；詞有複而不板者，其氣逸也」，[6] 一層又一層地推勘，有加強說服信陵君、強化題旨的作用。也因為唐雎適時的點醒、勸誡，與再三申述「有德於人，不可不忘」的道理令信陵君欣然而信服，謀得自全之道。

（二）從泛具法來看

　　泛具法是文學作品中「因景而明理」、「因事而生情」，所形成的一種章法。其中，「景」、「事」是具象的，「理」、「情」是抽象的；所以兩者結合起來所形成「一實一虛」的特性，與凡目法「一總括一條分」的特質，是有所不

同的。

就泛寫與具寫的關係而言，兩者必須要針對同一個寫作對象，並且要緊密相關，才能達成前後相互照應的效果。因此，「泛寫」的部分要能統合全篇，而「具寫」的部分則要能呼應主題，如此才能使具體和抽象之間相得益彰，形成調和關係的「具象美」與「抽象美」，並增強作品的藝術魅力。

1、杜甫〈詠懷古跡〉之五

諸葛大名垂宇宙，宗臣遺像肅清高。三分割據紆籌策，萬古雲霄一羽毛。伯仲之間見伊呂，指揮若定失蕭曹。運移漢祚終難復，志決身殲軍務勞。

<pre>
┌ 結構分析表 ┐
</pre>

```
    ┌ 泛:「諸葛」二句
    │         ┌ 一（三分天下）:「三分」二句
    ├ 具 ┬ 事功 ┤
    │         └ 二（輔佐漢帝）:「伯仲」二句
    └         └ 心志:「運移」二句
```

<pre>
┌ 賞析 ┐
</pre>

「大曆三年，子美去夔出峽，至江陵歸州，即其所經之地，故江陵、歸州、夔州古跡皆可託詠」。[7]〈詠懷古跡〉每首都是因古跡而追懷古人，分詠江陵、歸州、夔州一帶的庾信故居、宋玉宅、明妃村、永安宮、先主廟、武侯祠等，故「五章皆自賦也，特假古人言之以寄慨耳」。「不屑以文士自

甘」、「常有經營六合之慨」的杜甫為避安史之亂，一路輾轉來到了四川，瞻仰了武侯祠，由衷產生傾心敬慕之情，於是以雄放激昂的筆調寫下了這首詩，以寄寓平生不得意之慨。全詩形成「先泛後具」結構，首聯是泛寫，先點出諸葛亮英名永流傳，肅穆清高的風範更深受世人的瞻仰。尤以「垂宇宙」一詞，將時空拓展至無窮遠處，給人以「名滿寰宇，萬世不朽」之感。

領聯以下，才是具寫事功的部分。「三分割據」兩句，以簡扼之筆，道出諸葛亮以過人的才智與膽識，擬定宏觀而前瞻的戰略，說服劉備取荊州而代之這一段君臣相遇的事蹟。這也就是著名的「隆中對」：「今操已擁百萬之眾，挾天子以令諸侯，此誠不可與爭鋒；孫權據有江東，已歷三世，國險而民附，賢能為之用，此可與為援，而不可圖。」（《三國志・諸葛亮傳》）劉備採用其言，形成了三分天下的局勢，讓歷史正式走進三國時代。其中，「紆」字下得極好，把一個「庶竭駑鈍」、「興復漢事」、謹慎籌策的忠臣形象十分生動地勾勒出來；而「萬古雲霄」與「一羽毛」的大小相形之間，更強化了像鸞鳳一般高翔於雲霄的諸葛亮，是後人所難以企及的。

詩人繼而舉出商周的賢相伊尹與呂尚、西漢的謀臣蕭何與曹參等人為「賓」，從正面映襯諸葛亮這一個「主」，以賓顯主，水漲而船高，極力讚揚他的豐功偉業與高尚節操。雖然結果並未如諸葛亮當初所預期的「霸業可成，漢室可興」，漢代的國祚終究難以恢復，司馬徽也因而發出「臥龍雖得其主，不得其時，惜哉」（《三國演義》）的感嘆，但是諸葛亮仍舊不改其心志，「志決身殲軍務勞」，留下一片的

赤忱忠心，供後人悼念。

2、韋應物〈秋夜寄邱員外〉

懷君屬秋夜，散步詠涼天。

空山松子落，幽人應未眠。

結構分析表

```
┌─ 泛：「懷君」句
│    ┌─ 先（動作）：「散步」句
└─具─┤
     └─ 後（設想）：「空山」二句
```

賞析

　　這是一首秋夜懷人的詩，古雅閑淡，詩意十分的美。沈德潛《說詩晬語》就曾以「古淡」來形容韋應物的詩：「五言絕句，右丞之自然，太白之高妙，蘇州之古淡，並入化境。」起句開門見山地以「懷君」作一泛寫，拈出主旨；然後藉著自身在秋夜「散步詠涼天」的動作，與「幽人應未眠」的設想，將「懷君」具象化。[8]

　　「秋夜」一詞，既點醒了題旨，也點出了時間、季節，使得「懷君」之情與「秋夜」之景，相融合一。因「秋夜」而「涼天」，因「懷君」而「散步」，詩興也自然地從眼前的涼秋之夜，飛馳到了遠方，推想臨平山中今夜的秋色，想像對方也應該尚未成眠。我們由「松子」可以推知，幽人必定也是一位值得令人思念懷想的風雅之士；一個「落」字，更為靜寂的秋夜帶來了聽覺效果。全詩「清幽不減摩詰，皆五

絕中之正法眼藏」（施補華《峴傭說詩》），著墨淡雅，語淺
情深，洋溢著輕盈調和之美。

3、杜甫〈曲江二首〉其二

　　　　朝回日日典春衣，每日江頭盡醉歸。酒債尋常行
處有，人生七十古來稀。穿花蛺蝶深深見，點水蜻蜓
款款飛。傳語風光共流轉，暫時相賞莫相違。

結構分析表

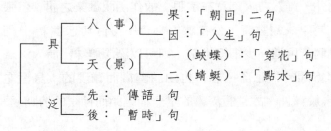

賞析

　　〈曲江二首〉當作於肅宗乾元元年（758）暮春，杜甫年
約四十六。全詩「以送春起，以留春住」，形成「先具後泛」
結構。開篇六句，是「具」的部分，從典春衣、醉江頭、留
酒債等三件事寫起，點出「縱酒正以年之易老」的原因。從
「日日」、「每日」、「典衣」、「酒債」等詞，我們可以推知
詩人醉酒次數之頻繁，與家境貧困之窘迫，雖然有「人生七
十古來稀」一語的自我聊慰，但終究還是遮掩不住詩人深埋
心底的愁苦之情。

　　「穿花」二句，以一「穿」字、一「點」字，牽引出蛺
蝶蜻蜓自在飛舞、花繁水清的夏初之景，最得歷來文評家一
致的好評。如葉夢得《石林詩話》就如此形容：「『深深』
字若無『穿』字，『款款』字若無『點』字，亦無以見其精
微；然讀之渾然，全似未嘗用力，此所以不礙其氣格超勝，
使晚唐諸子為之，便當入魚躍練川拋玉尺、鶯穿絲柳織金梭
體矣。」[9]詩末兩句是「泛寫」的部分，轉以虛筆，承襲杜
審言「寄語洛城風月道，明年春色倍還人」的詩意，將「風
光」擬人化，以行樂須及春之意作收。全詩「落落酣暢，如
不經意，而首尾圓活，生意自然，有不可名言之妙」。[10]

　　此外，雖然詩人刻意在字眼上故作洒脫歡樂之語，但張
上若以為：「觀數詩，公在諫垣必有不得行其志者」。[11]因
此，我們若再進一步細細推敲，則可以深深體味出詩人深藏
於字裡行間的失意落拓感。也由於幽微而難現的「身世之
感」，寓於篇外，故整體流露的是一種輕柔而徐緩的情調。

4、辛棄疾〈八聲甘州〉

　　故將軍飲夜歸來，長亭解雕鞍。恨灞陵醉尉，匆
匆未識，桃李無言。射虎山橫一騎，裂石響驚弦。落
魄封侯事，歲晚田園。　　　誰向桑麻杜曲，要短衣匹
馬，移住南山。看風流慷慨，談笑過殘年。漢開邊、
功名萬里。甚當時、健者也曾閑。紗窗外、斜風細
雨，一陣輕寒。

結構分析表

```
┌ 具（事）┬ 昔（李廣事）┬ 目：「故將軍」七句
│        │           └ 凡：「落魄」二句
│        └ 今（杜甫事）┬ 點（欲歸隱）：「誰向」句
│                    └ 染（過殘年）：「要短」四句
├ 泛（理）┬ 正（功名萬里）：「漢開邊」句
│        └ 反（反遭閒置）：「甚當時」句
└ 具（景）┬ 點（視覺）：「紗窗外」
         └ 染（視、心）：「斜風」二句
```

賞 析

　　這闋詞當作於稼軒首次隱退，居於上饒帶湖期間。詞題作「夜讀〈李廣傳〉，不能寐，因念晁楚老、楊民瞻約同居山間，戲用李廣事，賦以寄之」。以此之故，全篇圍繞著李廣的史事鋪染而成。上片引《史記・李將軍列傳》中受辱於灞陵醉尉、沒鏃而裂石這兩件事，生動而鮮明地概括出李廣一生的形象。詞人標舉一「故」字，隱然與「今」字相對照；再以一「解」字、一「恨」字，摹襯李廣退居南山後所遭受到的境遇。詞人有意地以「桃李無言」一句，托出太史公、稼軒對李廣的讚賞：「桃李不言，下自成蹊」，充分流露如此英才而見辱於小小亭尉的抑憤。「射虎」二句，則是指「廣出獵，見草中石，以為虎而射之，中石沒鏃，視之石也」（《史記・李將軍列傳》）這一件事。詞人在此以「山橫一騎」、「裂石」、「驚弦」等英姿態式，成功塑造出一個臂力驚人的英雄形象。然而，如此英雄卻得面對「才能不及中

人」的軍吏、士卒，盡皆封侯，而李廣卻「無尺寸之功以得封邑」，甚至被黜而家居的境地，直是情何以堪！

下片「誰向」五句，化用了杜甫〈曲江〉「自斷此生休問天。杜曲幸有桑麻田，故將移往南山邊。短衣匹馬隨李廣，看射猛虎終殘年」的詩意，藉李廣的典故，續申自己不得志的感慨，再道出想要歸隱南山、植桑麻以終老的念頭。但是因為李廣後來仍然再次受詔復起，頗建立一番功業；因此，辛棄疾雖然摘取了杜詩的原意，卻又冠以「誰向」二字，隱約透露出自己雖然暫時引退，但仍然心繫著恢復中原的大事。

「漢開邊」二句，借古而喻今，如李廣一般守邊而有戰功的「健者」也曾遭閒置，對「壯歲旌旗擁萬夫」、「以氣節自負，以功業自許」，卻屢遭排擠而長期退隱的稼軒而言，自是要發出最深沉的嘆息了。「紗窗外」二句，暗用蘇軾〈和劉道原詠史〉「獨掩陳編弔興廢，窗前山雨夜浪浪」詩意，由視覺帶出紗窗外的斜風、細雨，在輕寒的觸覺、心覺中結束全詞，並暗暗指向詞人詠史「弔興廢」的旨意。[12]即景而生情，意在言外，留下一片不盡的韻外之致。

陳滿銘《蘇辛詞論稿》指出：「通篇鋪陳抗擊匈奴名將李廣之故實，而特取其野居南山及不得封侯二事，當是有意借以瀉胸中塊磊不平氣，而非出於偶然也」。[13]所以全詞是以「健者雖遭閑置，猶心繫恢復中原大事」的象外之「意」，貫串了全篇，於象外留下一道空白，提供讀者騰飛想像。

（三）從凡目法來看

「凡」、「目」二詞，語出《周禮・天官》：「二曰師，掌官成以治凡；三曰司，掌官法以治目。」以凡目法來組合詞章材料，年代久遠，應用深廣，歷來有許多異名而同指的別稱。它的主旨、綱領多安排在「凡」的部位，以統括「目」的部分。至於捨「凡」而就「目」，或另在「凡」、「目」之外（篇外）安置主旨、綱領，則是比較少見的變例。此外，凡目法也會涉及軌數多寡的問題，它既可以將主要內容定為一軌，也可以將平列或主從關係的重要內容析為兩軌、三軌、四軌、五軌或五軌以上，以貫串節、段、全文。[14]這是討論凡目結構時應特別注意的地方。

1、杜甫〈觀公孫大娘弟子舞劍器行〉

昔有佳人公孫氏，一舞劍器動四方。觀者如山色沮喪，天地為之久低昂。㸌如羿射九日落，矯如群帝驂龍翔。來如雷霆收震怒，罷如江海凝清光。絳脣珠袖兩寂寞，晚有弟子傳芬芳。臨潁美人在白帝，妙舞此曲神揚揚。與余問答既有以，感時撫事增惋傷。先帝侍女八千人，公孫劍器初第一。五十年間似反掌，風塵澒洞昏王室。梨園子弟散如煙，女樂餘姿映寒日。金粟堆南木已拱，瞿唐石城草蕭瑟。玳筵急管曲復終，樂極哀來月東出。老夫不知其所往，足繭荒山轉愁疾。

結構分析表

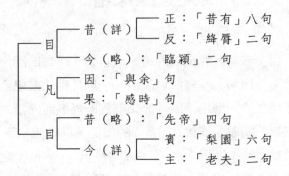

賞析

　　為了避安史、吐蕃之亂，杜甫栖栖惶惶一路顛沛到了夔州。大曆二年十月十九日，他在夔州府看了公孫大娘的弟子舞劍器，想起開元三年，當自己尚是童稚時，也曾在長安古城觀賞過公孫大娘獨冠當時的劍舞。昔盛而今衰，杜甫「感時撫事」，興起了無限的家國之悲與身世之感，因而寫下這一首詩。

　　全詩形成「目、凡、目」結構，「目一」部分，先昔後今。「昔有佳人」十句，以詳實之筆敘寫公孫大娘昔年如龍翔、如雷霆、如江海，瀏灘頓挫、獨冠出時的劍舞之妙；繼而筆調直轉急下，以「絳脣珠袖兩寂寞」句中的「寂寞」一詞，點出了唐朝國勢由盛而衰、由治而亂的史實。在此，杜甫取用了「觀者如山」、「羿射九日」、「群帝驂龍」等大量的明喻手法，來形容當時圍觀的盛況，與公孫大娘光豔照人、入化出神的技藝；更以「燿」、「矯」、「來」、「罷」

等點睛之眼，傳神地描摹公孫大娘舞劍時，動靜收發、若脫兔若處子的夭矯之姿。至於「臨穎美人」二句，則是以簡略之筆，略略敘寫今日在夔州府所看見的公孫弟子舞劍器的神態，以作為公孫大娘昔年舞劍時轟傳至今的低昂回音。

　　「凡」的部分，「與余問答」句是「因」，以逼出「感時撫事」這一個「果」來，此句也正是主旨所在。[15]「目二」的部分，同樣採「先昔後今」的筆調，以「先帝侍女」四句，再次敘寫先帝玄宗時期，公孫大娘的劍器在八千侍女當中屬第一的往事。無奈五十年間風塵變幻，荒草蕭瑟，玄宗已逝，國事日非。故「梨園子弟」八句，以詳筆敘寫今日南木已拱、曲終人散、樂極哀來的景況，並寄予深深的慨嘆。而「今」與「昔」兩種不同的時間並列在一起，加強了時空流變的感受，不僅具有詩的橫斷面的寬度，更具有歷史的深度美。最後兩句，尤屬神來之筆，把鏡頭聚焦在因「愁疾」而迷失了方向，在荒山中繭足盲亂奔走的老人身上，不僅在形象的塑造上十分成功，更凸出了傷惋之情，把杜甫那一種哀傷國事的落魄失神之態，描摹得淋漓畢現。

2、蘇軾〈浣溪沙〉

　　　　覆塊青青麥未蘇。江南雲葉暗隨車。臨皋煙景世
間無。　　　雨腳半收簷斷線。雪牀初下瓦跳珠。歸來
冰顆亂黏鬚。

結構分析表

```
                                    ┌─ 低:「覆塊」句
        ┌─ 目(煙景一)───────┤
        │                           └─ 高:「江南」句
────┤─ 凡:「臨皋」句
        │                           ┌─ 天(雨雪):「雨腳」二句
        └─ 目(煙景二)───────┤
                                    └─ 人(鬍鬚):「歸來」句
```

賞析

　　宋神宗元豐四年，正是東坡因烏臺詩案被貶到黃州的第二年，在清苦的黃州生活，幸好有太守徐君猷的善遇與臨皋美景的相伴，稍稍減低了貶謫之苦。加上東坡此時也漸漸從儒家的濟世安貧與佛老的曠達思想中獲得超脫的力量，自挫折悲痛之中走出來，並把這種精神反映在〈浣溪沙〉五首作品上。

　　此詞是第一首，旨在描寫「臨皋」美景，因此位於篇腹的「臨皋煙景世間無」一句，是統契全詞的綱領所在，也是「凡」的部分。上片一、二句，是「目一」的部分，寫車上所見到的遠方自然清景，在由低而高的視覺移動中，帶出了空間的層次感，披覆大地的青青麥田，空中舒展的白雲，也一一盡收眼底。「雨腳半收」三句，是「目二」的部分，寫近處的人事清景。[16]雨勢乍停、雪珠在屋瓦上跳動、與小雪珠黏在鬍鬚上的景象，活潑又詼諧，十分令人欣喜，一點也嗅聞不出此時的東坡，方自九死一生的政治風波中歷劫歸來。

3、朱敦儒〈卜算子〉

旅雁向南飛，風雨群相失。饑渴辛勤兩垂翅，獨下寒汀立。　　鷗鷺苦難親，矰繳憂相逼。雲海茫茫無處歸，誰聽哀鳴急。

結構分析表

```
┌─目┬─ 因（失群）：「旅雁」二句
│   └─ 果（獨立）：「饑渴」二句
├─凡┬─ 淺（鷗鷺難親）：「鷗鷺」句
│   └─ 深（矰繳相逼）：「矰繳」句
└─目┬─ 底：「雲海」句
    └─ 圖：「誰聽」句
```

賞析

上片四句，描寫在風雨中失了群的孤雁，又饑又渴地垂翅獨立在江畔的淒苦景象。「鷗鷺苦難親，矰繳憂相逼」二句，以「矰繳」句，上收「旅雁」四句；以「鷗鷺」句，下開結尾的「雲海茫茫無處歸」二句，充分發揮了總括的作用。結尾二句，則是再次以重筆濃墨抒寫孤雁無處可歸、無人憐惜的苦楚，把空間的視野拉向茫茫無盡處，做為底襯，以凸出孤雁又哀又急的鳴叫聲，令它在整首詞裡，一聲又一聲的迴盪著。這首詞，反映的是靖康之亂時，南逃的難民妻離子散，饑寒交迫的慘狀。在此，作者以「雁群」比喻「難民」，寫這一群被敵兵緊迫追逼而向南四竄逃生的難民群，道盡了無限的悲憫情懷。落單的難民與失群又逢矰繳的旅

雁，兩者之間因為類似而產生了聯想。全詞利用了旅雁、風雨、寒汀、雲海、鷗鷺等自然性物材，與矰繳等人物材，與「目、凡、目」、「底圖」、「因果」、「淺深」等多重結構的組織，凸出了逃難失群的悲苦之情，然後在一篇主旨的貫串下，形成調和之美。

4、稼軒〈鷓鴣天〉

　　　　出處從來自不齊。後車方載太公歸，誰知寂寞空山裡，卻有高人賦采薇。黃菊嫩，晚香枝，一般同是采花時。蜂兒辛苦多官府，蝴蝶花間自在飛。

結構分析表

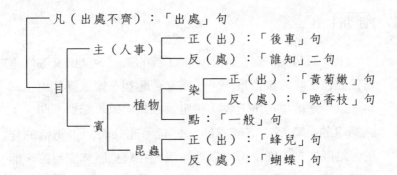

賞析

　　稼軒英偉磊落，主戰於金，卻又不見容於當朝，被廢退於江西上饒帶湖十年，冤憤悲鬱，無以言表。故此詞題作「有感」，形成「先凡後目」結構。首句開門見山地以「出處

從來自不齊」一句，揭出一篇主旨，以統括全詞（「凡」）。「目」的部分，先主後賓，列舉了人事、植物、昆蟲等三樣「出處不齊」的例證，抒發一己的悲憤。

「後車」一句，是引用了周文王車載太公望為相的典故：「呂尚釣於渭濱，周文王出獵，載與俱歸，曰：『吾太公望子久矣。』因號曰『太公望』。」（《資治通鑑・周紀》）「誰知」二句，則是寫孤竹君的兒子伯夷、叔齊，叩馬勸諫周武王不得，「義不食周粟，隱於首陽山，采薇而食之」（《史記・伯夷列傳》），結果餓死首陽山的舊事。這三句是就「人事」的「不齊」來說：太公望相周，是「出」；伯夷、叔齊隱於首陽山，是「處」。

至於「黃菊嫩」三句，則是就植物的「不齊」來說：黃菊始開，是「出」；晚香將殘，是「處」。「官府」即「衙」，蜂房即「蜂衙」，是蜜蜂存放花蜜之處；故「蜂兒」二句，是就昆蟲的「不齊」來說：蜂兒辛苦，是「出」；蝴蝶自在，是「處」。17

綜觀全詞，先立大綱，然後一條一條逐層分析，神清而目楚，引人入勝。此外，一正一反對照筆法的反復呈現，除了為全詞帶來齊一反復的節奏美，也在和諧的情調中發出激越之聲，一吐詞人心中的悲憤。

5、陶淵明〈歸去來辭〉

歸去來兮，田園將蕪、胡不歸？既自以心為形役，奚惆悵而獨悲？悟已往之不諫，知來者之可追。實迷途其未遠，覺今是而昨非。

舟遙遙以輕颺，風飄飄而吹衣，問征夫以前路，

恨晨光之希微。乃瞻衡宇，載欣載奔，僮僕歡迎，稚
子候門。三徑就荒，松菊猶存。攜幼入室，有酒盈
樽。引壺觴以自酌，眄庭柯以怡顏，倚南窗以寄傲，
審容膝之易安。園日涉以成趣，門雖設而常關；策扶
老以流憩，時翹首而遐觀。雲無心以出岫，鳥倦飛而
知還；景翳翳以將入，撫孤松而盤桓。

　　歸去來兮，請息交以絕游，世與我而相遺，復駕
言兮焉求！悅親戚之情話，樂琴書以消憂。農人告余
以春及，將有事於西疇。或命巾車，或棹孤舟，既窈
窕以尋壑，亦崎嶇而經丘。木欣欣以向榮，泉涓涓而
始流，善萬物之得時，感吾生之行休。已矣乎！寓形
宇內復幾時，曷不委心任去留，胡為乎遑遑欲何之？
富貴非吾願，帝鄉不可期。懷良辰以孤往，或植杖而
耘耔，登東皋以舒嘯，臨清流而賦詩；聊乘化而歸
盡，樂夫天命復奚疑！

結構分析表

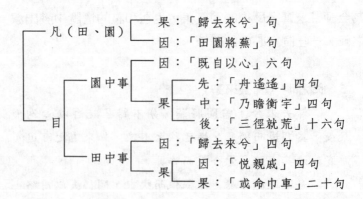

賞析

東晉安帝義熙元年（405），「淵明為彭澤令，是時郡遣督郵至，吏白當束帶見之。淵明歎曰：『我不能為五斗米折腰向鄉里小兒』，乃自解印綬。將歸田園，作辭以明志。因而命篇曰歸去來，言去彭澤而來至家也」。[18]故篇首「歸去來兮」二句，是「凡」的部分，提出「田園」二字，以做為全篇的綱領。[19]「目」的部分，從「既自以心為形役」到「撫孤松而盤桓」等句，是寫「園中事」，以呼應篇首的「園」字；從「歸去來兮」直至篇末，是寫「田中事」，以呼應篇首的「田」字，形成雙軌，貫串全文。

「園中事」的部分，詩人依先後順序，逐段細寫「自責」之因、「歸去」之由，於是有「行舟而歸」、「入門」、「入室」的情景。繼而寫「室中飲酒」、「室中住下」的「室中樂事」，以及「園中之樂」與「園中暮景」，全部扣緊著一個「園」字作發揮。

「田中事」的部分，也是依先因後果的順序鋪陳。因為將耕作於西疇，故或「行船以尋之」、或「駕車以涉之」；也因為有所見有所歷，觸物而興感，故以「已矣乎」諸句，盡收「歸去來」一篇主旨，並抒發自己既不欲為官、也不欲為仙，只願「乘陰陽之化，以同歸於盡，樂天知命」，快然自足，以此自終的志願。

林雲銘曾將陶淵明這一篇文章比之於屈賦，稱它為「騷之變體」，細味其中音節，「和而直」。吳楚材評注此文時，也說：「高風逸調，晉宋罕有其比，蓋心無一累，萬象俱空，田園足樂，真有實地受用處，非深於道者不能。」[20]細

細讀來，二子之言，實是深中肯綮。

（四）從平側法來看

　　平側法，是指一篇文章中有若干的事理需要闡論，開始時都是以平等的地位出現，都是以平等地列述在首段，作為一篇文章的總提綱；然後在論說時特別偏重於扮演重要角色的其中一、二項事理。[21]

　　這是由於當意識要向某一形象或某一景象集中時，美感情流也會向這一方面傾注；此時的中樞神經就會立即出現興奮區，而其他神經便會受到抑制，因為向誰集中、向那方面傾注，其他各部就要處於暫時抑制的狀態，才能有效的把更美的人物、景象、事件傳達出去，收到最佳的效果，達到藝術的側重美。故「義有輕重，或偏重一項，則開首用筆平提」，以下「或用側注」。[22]「側注」的部分，正是文章的重心所在，它富有回繳整體、收束凸出的功效，使作品更顯精鍊、含蓄，以臻達「言有盡而意無窮」的境界。

1、柳宗元〈登柳州城樓寄漳汀封連四州刺史〉

　　　　城上高樓接大荒，海天愁思正茫茫。驚風亂颭芙蓉水，密雨斜侵薜荔牆。嶺樹重遮千里目，江流曲似九迴腸。共來百越文身地，猶自音書滯一鄉。

結構分析表

```
┌─ 平提（五人）─┬─ 高：「城上」句
│               └─ 低：「海天」句
│
├─ 側注（柳宗元）┬─ 近：「驚風」二句
│                └─ 遠：「嶺樹」二句
│
└─ 平提（五人）：「共來」二句
```

賞析

　　歷經「二王八司馬」的政治事件後，唐憲宗元和十年（815）年初，柳宗元與韓泰、韓曄、劉禹錫、陳謙等五人奉詔入京，才趕到長安，又被貶為更荒遠的柳州、漳州、汀州、連州、封州等地當刺史。這首七律，就是柳宗元初到柳州時所寫的。它形成並不常見的「平提、側注、平提」結構，[23]首聯平提五人，上句寫詩人在柳州登上高樓所見到的蒼茫景象，下句總寫四人分處之地，感物起興，興起無限的愁思。

　　頷、頸兩聯，側注到詩人所在的柳州來描寫。先以「驚風」二句，向遠方友人訴說柳州的夏日風光與氣候，這是近景。當詩人的視線由近及遠挪移，神思也就自然地飛向了遠方的漳、汀、連、封四州；無奈嶺樹重重，遮斷望眼，迴腸纍纍，曲似江流。「大荒」、「驚風」、「芙蓉」、「密雨」、「薜荔」、「嶺樹」等形象所交織而成的一片南國景色，把「海天愁思」的悲苦心境襯得更加淒迷。末聯是總說五人的際遇，「共來」一句，統攝了題中的「柳州」與「漳、汀、封、連」四州，再次「平提」五人，並與首句的「大荒」遙

相呼應；以雖同在南方百越之地，卻音書久滯、天各一方的感嘆作收。

全詩首尾兩次「平提」，將五人的命運緊密地縮合在一起，從而生發一種親摯的情誼，[24]並在中間「側注」到詩人自己身上，針對柳州的景物加以描繪、渲染，不僅為全詩帶來結構上的均衡對稱美與凸出統一美，更令形式與內容的結合，達到最佳的效果。

2、《史記·刺客列傳·贊》

　　世言荊軻，其稱太子丹之命，天雨粟、馬生角也，太過；又言荊軻傷秦王，皆非也。始公孫季功、董生，與夏無且游，具知其事，為余道之如是。自曹沫至荊軻五人，此其義或成或不成，然其立意較然，不欺其志，名垂後世，豈妄也哉！

結構分析表

```
        ┌─ 側注（荊軻）┌─ 果：「世言荊軻……皆非也」
        │             └─ 因：「始公孫季功……為余道之如是」
        └─ 平提（五人）：「自曹沫至荊軻五人……豈妄也哉」
```

賞析

「凡文以意為主，以氣為輔，以辭彩章句為之兵衛」，若無所側重，只以「文彩辭句繞前捧後」，自是「言愈多而理愈亂」，不能達到凸出意旨的效果。[25]因此任何藝術作品在反映主觀世界時無不有所側重，無不特意將這一特徵加以擴

大、加強，使之佔有明確主導的地位，以揭示「側重」的藝術美。26

如〈刺客列傳〉一文，共記載了曹沫、專諸、豫讓、聶政、荊軻等五人的事蹟，但「五人中，獨惜荊軻甚至」（金聖嘆《才子古文讀本》），故敘述荊軻事蹟的部分，佔了最大的篇幅，贊文的部分也自然形成「先側注再平提」結構。從「世言荊軻」到「為余道之如是」等句，都是「側注」荊軻的部分，先果後因，揭示《風俗通》、《論衡》中所記載「丹求歸，秦王曰：『烏頭白，馬生角，乃許耳』。丹乃仰天嘆，烏頭即白，馬亦生角」的說法，與世人流傳「荊軻傷秦王」的說法，都是不可信。然後再「平提」五人，論贊五人雖有「曹沫盟柯，返魯侵地；專諸進炙，定吳篡位；彰弟哭市，報主塗廁；刎頸申冤，操袖行事；暴秦奪魄，懦夫增氣」（司馬貞《史記索隱》）27等或「成」或「不成」的不同結果，但五人都是「不欺其志」的義士，因此能一同垂名於後世。

3、顧炎武〈廉恥〉

《五代史·馮道傳論》曰：「『禮義廉恥，國之四維；四維不張，國乃滅亡。』善乎管生之能言也！禮義，治人之大法；廉恥，立人之大節。蓋不廉則無所不取，不恥則無所不為。人而如此，則禍敗亂亡，亦無所不至。況為大臣而無所不取，無所不為，天下其有不亂，國家有不亡者乎？」

然而四者之中，恥尤為要，故夫子之論士曰：「行己有恥」。孟子曰：「人不可以無恥，無恥之恥，無恥矣！」又曰：「恥之於人大矣！為機變之巧者，

無所用恥焉！」所以然者，人之不廉而至於悖禮犯義，其原皆生於無恥也。故士大夫之無恥，是謂國恥。

吾觀三代以下，世衰道微，棄禮義，捐廉恥，非一朝一夕之故。然而松柏後凋於歲寒，雞鳴不已於風雨，彼眾昏之日，固未嘗無獨醒之人也。

頃讀《顏氏家訓》，有云：「齊朝一士夫，嘗謂吾曰：『我有一兒，年已十七，頗曉書疏。教其鮮卑語及彈琵琶，稍欲通解，以此伏事公卿，無不寵愛。』吾時俯而不答。異哉！此人之教子也！若由此業，自致卿相，亦不願汝曹為之！」嗟乎！之推不得已而仕於亂世，猶為此言，尚有〈小宛〉詩人之意，彼閹然媚於世者，能無愧哉？

結構分析表

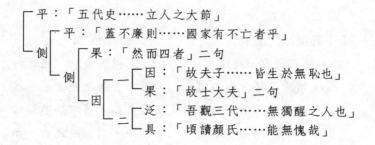

賞析

開篇引用《五代史‧馮道傳論》中的一段話，平提「禮」、「義」、「廉」、「恥」四者，論述「治人之大法」的

「禮義」，與「立人之大節」的「廉恥」，是立國之綱、治邦之本，再側注到「廉恥」這一組上來。

「側注」的部分，又形成另一層級的「先平後側」結構，先平提「廉、恥」，「四者之中，恥尤為要」，又獨獨側注到「恥」字上頭，呼應題目，點出主旨；[28]然後再分別引用「夫子之論」與《孟子‧盡心上》的話語，來申論讀書人之所以「不廉」、以至於「悖禮犯義」，種種弊病的產生，「其原皆生於無恥」；故以經世濟民做為自我期許的士大夫，苟若「無恥」，真可說是「國之恥辱」。

雖然三代以下的士大夫，大都習染了「捐廉恥」、「棄禮義」的風氣；但顧炎武認為亂世之中，仍然會有松柏後凋、雞鳴不已的「獨醒之人」。於是他特別舉出《顏氏家訓》中的一段故事來加以印證，說明不得已而仕於北齊鮮卑政權下的顏之推，就像《詩經‧小宛》篇的作者一樣，心中時常懷有戰兢惴慄、唯恐辱及父母的深意。最後則是以強烈的反詰語氣收束全篇。

綜觀全文，顧炎武善引他人之言、史例作為一篇文章綱領；又善於利用「先平後側」結構，讓「側注」的部分佔有明確主導的地位，以凸顯「廉恥」的地位與重要性來。

4、蘇軾〈書吳道子畫後〉

知者創物，能者述焉，非一人而成也。君子之于學，百工之于技，自三代歷漢至唐而備矣。故詩至于杜子美，文至于韓退之，書至于顏魯公，畫至于吳道子，而古今之變，天下之能事畢矣。

道子畫人物，如以燈取影，逆來順往，旁見側

出，橫斜平直，各相乘除，得自然之數，不差毫末，
出新意于法度之中，寄妙理于豪放之外，所謂游刃餘
地，運斤成風，蓋古今一人而已。余于他畫，或不能
必其主名，至于道子，望而知其真偽也。然世罕有真
者，如史全叔所藏，平生蓋一二見而已。

結構分析表

論：「知者創物」三句
平
敘┌因：「君子之于學」三句
　└果：「故詩至于杜子美」六句

論┌因：「道子畫人物」十句
　└果：「所謂游刃餘地」三句
側
敘┌正：「余于他畫」四句
　└反：「然世罕有真者」三句

賞 析

　　〈書吳道子畫後〉採「先平提後側收」結構，在「平提」
的部分，採用了藝術史的宏觀角度，從三代、兩漢、到唐
朝，來評論吳道子繪畫的造詣。蘇軾為了凸顯吳道子畫作的
筆法超妙，不但形似，而且得其神趣，於是平提了在藝術造
詣上都已通達「古今之變」，以臻「天下之能事」的杜甫
詩、韓愈文、顏魯公書，與吳道子的畫，並列在篇首，以賓
顯主，凸出吳道子在藝術領域上的成就。

　　「側注」的部分，也是先論後敘，論敘吳道子畫人物的
筆法變化，已抵達如以燈取影的境地，不管順筆逆勢、或是

橫斜平直，都能旁見側出、互襯互補，栩栩活現，得自然之趣。為了說明吳道子的作畫技巧，「蓋古今一人而已」，有意到筆隨、精準應心之妙，蘇軾特別引用了《莊子・養生主》「彼節者有間，而刀刃者無厚，以無厚入有間，恢恢乎其於游刃必有餘地矣」的典故，與《莊子・徐無鬼》「匠石運斤成風，聽而斫之，盡惡而不傷，郢人立不失容」的故事，來加以比喻。

此外，「出新意于法度之中，寄妙理于豪放之外」二句，點出一篇主旨，不僅成為評論吳道子畫作的名言，也成為蘇軾「傳神論」美學的重要思想，更成為歷來藝術家所共同遵循的創作法則。篇末以「然世罕有真者，如史全叔所藏」等數語，回應題目「書吳道子畫後」作收。

題跋類散文的內容，多是考證與品鑑相結合，因此作者本身必須擁有淵博的學識和高深的鑑賞能力，否則下筆惟艱，難以得心而應手。蘇軾本人就是大畫家、大書法家，故能深知吳道子畫中三昧。[29]細玩全篇，脈理清晰，在漫筆揮灑之中，表現出異乎尋常的結構美、形式美、與和諧統一的特點，而這些正是得力於平側法的妙用。

5、歐陽脩〈送徐無黨南歸序〉

　　草木鳥獸之為物，眾人之為人，其為生雖異，而為死則同，一歸於腐壞、漸盡、泯滅而已。而眾人之中有聖賢者，固亦生且死於其間，而獨異於草木、鳥獸、眾人者，雖死而不朽，逾遠而彌存也。其所以為聖賢者，修之於身，施之於事，見之於言，是三者所以能不朽而存也。

　　修於身者，無所不獲；施於事者，有得有不得焉；其見於言者，則又有能有不能也。施於事矣，不見於言可也。自《詩》、《書》、《史記》所傳，其人豈必皆能言之士哉？修於身矣，而不施於事，不見於言，亦可也。孔子弟子有能政事者矣，有能言語者矣。若顏回者，在陋巷，曲肱飢臥而已，其群居則默然終日如愚人。然自當時群弟子皆推尊之，以為不敢望而及。而後世更百千歲，亦未有能及之者。其不朽而存者，固不待施於事，況於言乎！

　　予讀班固《藝文志》、唐《四庫書目》，見其所列，自三代、秦、漢以來，著書之士多者至百餘篇，少者猶三、四十篇，其人不可勝數，而散亡磨滅，百不一、二存焉。予竊悲其人，文章麗矣，言語工矣，無異草木榮華之飄風，鳥獸好音之過耳也。方其用心與力之勞，亦何異眾人之汲汲營營？而忽焉以死者，雖有遲有速，而卒與三者同歸於泯滅，夫言之不可恃也蓋如此。今之學者，莫不慕古聖賢之不朽，而勤一世以盡心於文字間者，皆可悲也！

　　東陽徐生，少從予學為文章，稍稍見稱於人。既去，而與群士試於禮部，得高第，由是知名。其文辭日進，如水湧而山出。予欲摧其盛氣而勉其思也，故於其歸，告以是言。然予固亦喜為文辭者，亦因以自警焉。

結構分析表

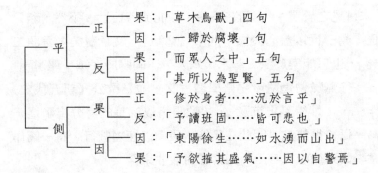

```
        ┌ 正 ┬ 果：「草木鳥獸」四句
        │    └ 因：「一歸於腐壞」句
   ┌ 平 ┤
   │    └ 反 ┬ 果：「而眾人之中」五句
   │         └ 因：「其所以為聖賢」五句
 ──┤
   │    ┌ 果 ┬ 正：「修於身者……況於言乎」
   │    │    └ 反：「予讀班固……皆可悲也」
   └ 側 ┤
        └ 因 ┬ 因：「東陽徐生……如水湧而山出」
             └ 果：「予欲摧其盛氣……因以自警焉」
```

賞析

　　《左傳·襄公二十四年》曾引叔孫豹的話說：「太上有立德，其次有立功，其次有立言，雖久不廢，此之謂三不朽。」「三不朽」中，又以「立德」最重要。因此，歐陽脩在「首段先從正面立論，言聖人所以異於鳥獸、草木、眾人者，修之於身，施之於事，見之於言；而三者之中，以修身為尤重。次段引證，闡明聖賢不朽，靠修之於身，不是靠施之於事和見之於言」，[30]全篇形成「先平後側」結構。

　　一、二段是「平提」的部分，以先正後反、由果及因的順序，說明聖賢所以異於鳥獸、草木、眾人的原因，在於能立德、立功、立言，平提三項，於下文中再側注到「立德」。

　　「側注」的部分，也是以正反、果因等多層結構，深入一層折進「修於身者，無所不獲」的道理，點明一篇作意。「修於身矣，而不施於事，不見於言，亦可也」；也就是

說，為人必須以「修身立德」為本，有了「德」，即使沒有「言」，也可揚名於後世。例如顏回雖「不得施於事」，又「未嘗見之於言」，窮居在陋巷，卻能流芳百世。不然，若只是「勤一世以盡心於文字間」，就算是「文章麗矣，言語工矣」，也只能與鳥獸、草木、眾人，「同歸於泯滅」罷了。

徐無黨曾追隨歐陽脩學習古文，並為歐公《新五代史》作注，「妙得良史筆意」，故歐陽脩以師長的身分寫了這一篇序送給徐無黨。因此在最後一段，以短短數行，將一篇作意聯繫到徐無黨身上，扣緊題目後收束全文。

（五）從點染法來看

「點染」，本是指兩種繪畫手法。[31]指先點簇，而後以水墨或色彩潤刷烘染物象，分出陰陽與向背，增添立體與質感，以加強藝術效果。「點染」後來逐漸被廣泛地運用於文藝創作，如劉熙載《藝概》[32]就以柳永〈雨霖鈴〉為例，來闡述「點染」法在辭章作法中的運用。但劉熙載所指的「點染」，仍然只是就「情」（點）與「景」（染）而言，不足以涵蓋「景（物）」、「情」、「事」、「理」等辭章內容的四大成分。直至陳滿銘為之申論與補充，「點染」法的定義，才算圓足。[33]

「點」，是一個切入點或固定點；「染」，則是各種內容主體。也就說，作者在時空中選取最能抒發「情、理」的「景（物）」或「事」做為切入點（「點」），然後予以擴散渲染，以統合各種時空材料（「染」）。因此，面對這種由某一

定點構成噴頭，然後圍繞它向四周噴灑擴展開來，把地北天
南、中外古今的材料皆納入一體，把深藏其中的理趣、情
趣，通過某一事物的點化或滲透來表現闡明事理的謀篇技
巧，唯有力求理清行文的邏輯層次，把握作者的主張，細細
咀嚼，才能掌握點染技巧中層次井然、變化鮮明而又調和統
一的美感效果。

1、杜甫〈九日曲江〉

綴席茱萸好，浮舟菡萏衰。百年秋已半，九日意
兼悲。江水清源曲，荊門此路疑。晚來高興盡，搖蕩
菊花期。

結構分析表

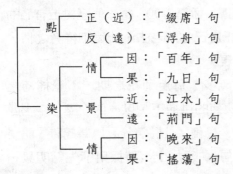

賞析

「曲江池，本秦隑洲。開元中，疏鑿為勝境，花卉環
列，烟水明媚，都人遊賞，盛於中和上巳二節」（《康駢劇談

錄》）。故杜甫常行吟於曲江河畔，賦作一系列詩篇。此首當作於天寶十二年（753），杜甫時年四十二。首聯是「點」的部分，以茱萸之好、菡萏之衰的正反對比，點明季節的推移，也交代了杜甫此時應是或泛舟於曲江之中，或設宴於高樓之上。

茱萸、菡萏、浮舟等，都是放眼就可以見到的景致，因物而興感，於是在「染」的部分，形成「情、景、情」的次序。頸聯順承上文，「言悲秋兼傷老」，拈出一篇主旨來。至於「江水」二句，雖是寫景之語，但根據《九域志》記載，「江陵府龍山上有孟嘉落帽臺，其地在荊門東」，因此詩人在此暗用了晉孟嘉受重於桓溫，「九月九日，溫宴龍山，僚佐畢集。時佐吏並著戎服，有風至，吹嘉帽墮落，嘉不之覺。溫使左右勿言，欲觀其舉止。嘉良久如廁，溫令取還之，命孫盛作文嘲嘉，著嘉坐處。嘉還見，即答之，其文甚美，四坐嗟歎」（《晉書·孟嘉傳》），這一個歷史上有名的「孟嘉落帽」典故，寄託自己年華老去、仕途不得意之情。雖不言悲情，而其情自現。

「年華既晚，興致無多；每至菊花之期，不覺搖落之感」，[34]故末聯在日暮秋菊的烘襯下，以一個「盡」字，隱透一縷悲涼意緒而作結。楊倫《杜詩鏡銓》以為此詩「語淡而悲」，堪稱「律中陶句」。[35]加上全詩採用了先點明景、事，再以重彩濃墨揮灑鋪陳，以強烈的形式給予集中的描繪、著意的形容和盡力的烘托，使之鮮活生動的「先點後染」結構，不僅深得畫家三昧，亦得詞家三昧。

2、蘇軾〈滿庭芳〉

三十三年，今誰存者？算只君與長江。凜然蒼
檜，霜幹苦難雙。聞道司州古縣，雲溪上、竹塢松
窗。江南岸，不因送子，寧肯過吾邦。 　搬搬，疏
雨過，風林舞破，煙蓋雲幢。願持此邀君，一飲空
缸。居士先生老矣，真夢裏，相對殘缸。歌聲斷，行
人未起，船鼓已逢逢。

結構分析表

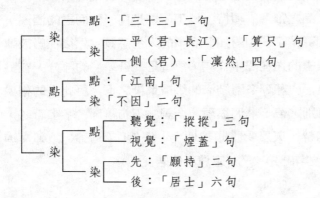

賞析

這首詞是元豐六年癸亥（1083）五月，東坡作於黃州，
題作：「有王長官者，棄官三十三年，黃人謂之王先生。因
送陳慥來過余，因賦此。」東坡貶官黃州，與陳慥過從甚
密，兩人時相往來，也因而結識了王長官。全篇採「染、
點、染」結構，中間「點」的部分，直接從王長官送陳慥拜

訪東坡這一件事切入，做為全篇的引子與橋樑，帶出前後文。

開篇以自問自答的方式，從王先生棄官隱居三十三年寫起，再以經霜不凋的蒼檜為「賓」，比喻王先生凜然獨立的品格。「聞道」二句，詩人有心地選取雲溪與竹塢松窗等外在形象，來描寫王先生居地之幽與交往之疏。這是「染一」的部分，經由詞人多方的著墨烘染，令王先生「凜然蒼檜」一般傲岸的品格，躍然紙上。

下闋緊承著上闋而來，「摵摵」四句，分從聽覺與視覺兩方面，點出疏雨初過、風舞林間、雲煙裊繞的景象，暗寓王先生人品之雅。「願持」以下，則是寫一飲而盡的酒興，寫「夜闌更秉燭，相對如夢寐」的人生感慨，然後在船鼓陣陣催人離去的逄逄聲中作結。[36]這是「染二」的部分，在點染、先後、視聽等多層結構的烘襯暈染之下，將此次的相遇之歡與離別之苦，淋漓盡現。全詞「不飾雕琢，字字蒼寒，如空巖霜幹，天風吹墮頗黎地上，鏗然作碎玉聲」（鄭文焯《手批東坡樂府》），[37]非東坡不能若此。

3、《孟子·梁惠王上》

　　孟子見梁襄王。出，語人曰：「望之不似人君，就之而不見所畏焉。卒然問曰：『天下惡乎定？』吾對曰：『定于一。』『孰能一之？』對曰：『不嗜殺人者能一之。』『孰能與之？』對曰：『天下莫不與也。王知夫苗乎？七八月之間旱，則苗槁矣。天油然作雲，沛然下雨，則苗浡然興之矣。其如是，孰能禦之！今夫天下之人牧，未有不嗜殺人者也。如有不嗜

殺人者，則天下之民皆引領而望之矣。誠如是也，民
歸之，由水之就下，沛然誰能禦之！』」

結構分析表

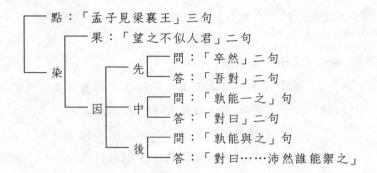

賞析

　　這一篇文章也是形成「先點後染」結構，先就孟子往見
梁襄王、「出，語人曰」這一件事談起，以作為下文論述道
理的引子與橋樑（「點」）。然後圍繞著中心，先果而後因，
依一問一答、再問再答、又問又答的順序，逐層展開嚴密的
邏輯論述，經由一步步的闡釋，然後逼出「不嗜殺人者能一
之」的一篇主旨來。[38]接下來再舉「苗槁」與「苗勃然而興」
一反一正的例子，以槁苗望雨「孰能禦之」，與民之歸附
「沛然誰能禦之」相比擬，說明雨對稻禾的生死榮枯可以產
生極大的影響力，以比喻人民對仁君與暴君所懷持的不同的
態度。因為唯有真正能實行仁政、「不嗜殺人」的仁君，才
能得到老百姓真正的愛戴，老百姓也才會打從內心油然產生

「引領而望之」的企盼之情。這是「染」的部分。

劉熙載《藝概》曾說：「孟子之文，百變而不離其宗」，「至簡至易，如舟師執舵，中流自在，而推移費力者不覺自屈」，而且「長於譬喻，辭不迫切，而意已獨至」，[39] 深具有直觀性與揭示事物本質的作用。證之於此文，果有其理。

4、《孟子·告子上》

　　孟子曰：「無或乎王之不智也！雖有天下易生之物也，一日暴之，十日寒之，未有能生者也。吾見亦罕矣，吾退而寒之者至矣。吾如有萌焉何哉？今夫弈之為數，小數也，不專心致志，則不得也。弈秋，通國之善弈者也。使弈秋誨二人弈，其一人專心致志，惟弈秋之為聽。一人雖聽之，一心以為有鴻鵠將至，思援弓繳而射之，雖與之俱學，弗若之矣。為是其智弗若與？曰：非然也。」

結構分析表

```
┌ 點：「孟子曰」
│   ┌ 果：「無或乎王之不智也」
│   │       ┌ 賓（一暴十寒）：「雖有天下……未有能生者也」
└ 染 │       ┤
    │ 因 ─── 主（諷諫齊宣王）：「吾見亦罕……有萌焉何哉」
    │       │                   ┌ 因：「今夫弈之……弗若之矣」
    │       └ 賓（學弈之數）┤
    │                       └ 果：「為是其智……非然也」
```

賞析

「孟子曰」一句是「點」的部分，以作為下文敘事說理的引子、橋樑。「染」的部分，先拈出「無或乎王之不智也」這一句結果來，然後再以植物的生長和學下棋為「賓」，以諷諫齊宣王（「主」），說明齊宣王之所以不能成為明智之君的根本原因，就在由於當孟子一走，小人馬上就圍繞在君王身旁，一暴十寒的結果，「明智」的新芽怎麼可能成長茁壯？

孟子更進一步舉學下棋為例，「專心致志」者與「不專心致志」者，兩相對照的結果，正足以說明持之以恆、專心致志才是成敗勝負的關鍵。孟子擅長以譬喻、寓言、故事、日常見聞等切近的事例，把道理說得生動、明白、暢達。故全文運用了譬喻、寓言等手法，來表達凡事唯有持之以恆始能成功的道理。

5、柳宗元〈箕子碑〉

凡大人之道有三：一曰正蒙難，二曰法授聖，三曰化及民。

殷有仁人曰箕子，實具茲道，以立於世，故孔子述六經之旨，尤殷勤焉。當紂之時，大道悖亂。天威之動不能戒，聖人之言無所用。進死以併命，誠仁矣；無益吾祀，故不為。委身以存祀，誠仁矣；與亡吾國，故不忍。具是二道，有行之者矣。

是用保其明哲，與之俯仰。晦是謨範，辱於囚奴。昏而無邪，隤而不息。故在易曰：「箕子之明夷。」正蒙難也。

及天命既改，生人以正。乃出大法，用為聖師，周人得以序彝倫而立大典。故在書曰：「以箕子歸作洪範。」法授聖也。

及封朝鮮，推道訓俗。惟德無陋，惟人無遠。用廣殷祀，俾夷為華，化及民也。率是大道，藜於厥躬。天地變化，我得其正，其大人歟。

於庸！當其周時未至，殷祀未殄。比干已死，微子已去。向使紂惡未稔而自斃，武庚念亂以圖存；國無其人，誰與興理，是固人事之感然者也。然則先生隱慰而為此，其有志於斯乎？

唐某年，作廟汲郡，歲時致祀。嘉先生獨列於易象，作是頌云。

結構分析表

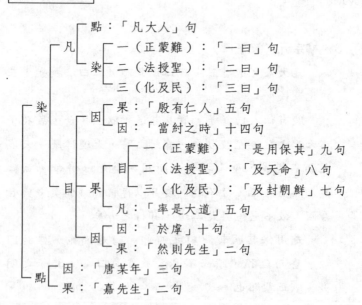

賞析

　　本文旨在歌頌箕子之德，採「先染後點」結構。篇末「唐某年」五句，是「點」的部分，作為敘事、說理的收束。「染」的部分，才是敘事、說理的主體。開篇四句，「總提三柱立論」，[40] 說明「大人之道」應具備的條件有三：「正蒙難」、「法授聖」、「化及民」，形成三軌，以貫串全文，「目」底下再依「因、果、因」次序，鋪展論點。以諫紂不聽、被紂王所殺的比干，和去國以存殷祀的微子做為映襯的「賓」，來凸出箕子的「不忍」與「不為」，引出下文。

　　「是用保既其明哲」九句，是呼應「正蒙難」。描述箕子佯狂屈辱於囚奴之中，是為了正道而暫隨世人浮沉，以待時用。「箕子之明夷」一句，語出《易‧明夷‧六五》爻辭，〈明夷‧彖〉曰：「明入地中，明夷。內文明而外柔順，以蒙大難，文王以之。利艱貞，晦其明也。內難而能正其志，箕子以之。」因此，凡是賢達者不得志，憂讒畏譏，都可說是「明夷」。「箕子之貞，明不可息也」（〈明夷‧象〉），也唯有以宗臣的身分居於暗地，就近暗輔君主，才能正其道。

　　「及天命既改」八句，是呼應「法授聖」。記述殷商滅亡，周室興起，天下漸漸步入了正軌，於是箕子傳〈洪範〉聖法給周武王，使周人能奠立典章與倫常秩序。「以箕子歸作洪範」句，典出《周書‧洪範》，因為周武王「不知其彝倫攸敘」，故「訪于箕子」，「箕子乃言曰：『我聞在昔，鯀陻洪水，汨陳其五行；帝乃震怒，不畀洪範九疇，彝倫攸斁。鯀則殛死，禹乃嗣興，天乃錫禹洪範九疇，彝倫攸敘。』」於是傳治天下的大法給武王。

「及封朝鮮」七句，呼應「化及民」。記述箕子推廣大道，教民以禮義與田疇，並普施教化在人民的身上，使夷狄之邦變為華夏。至於「率是大道」五句，則是呼應「大人之道」一句，承上文的三軌線索，作一總結。「於虖」十二句，再次敘說箕子能正蒙難、法授聖、化及民的原因，吳楚材《古文觀止》還對此下了一段總評：「前立三柱，真如天外三峰，卓然峭峙；『於虖』以下，忽然換筆，一往更有深情。」仔細讀來，「別起波浪，語極淋漓感慨，使人失聲長慟」。[41]

（六）從賓主法來看

文章有賓主，用筆有開合，義旨自然得以豁達顯明，既可具體「表出詞章義旨」，又可收增強感染力或說服力的效果。[42]「文不以賓形主，多不能醒，且不能暢」，[43]因為若只「專說主體，則題之簡單，一說便完」，毫無引人興味之處。唯有「說甲時須映帶乙，說乙時復回顧甲」，[44]使一篇之中的多種事理，有主筆、又有賓筆的相互照映，才能生發關此顧彼、沆瀣映帶之妙。

「無主之賓，謂之烏合」（清、王夫之《薑齋詩話》），無「賓」之「主」，又率直而無味。唯有借「賓」來凸出「主」，「或以目之所見襯，或以耳之所聞襯，或以經史襯，或以古人往事襯，或以對面襯，或以旁觀襯，或牽引上文襯，或逆取下意襯」，[45]文章才能時有變化，布滿光彩。

1、王維〈隴頭吟〉

　　長安少年遊俠客，夜上戍樓看太白。隴頭明月尚臨關，隴上行人夜吹笛。關西老將不勝愁，駐馬聽之淚雙流。身經大小百餘戰，麾下偏裨萬戶侯。蘇武才為典屬國，節旄零落海西頭。

結構分析表

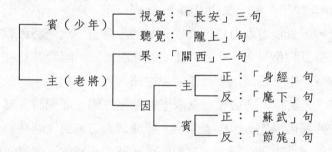

賞析

　　本詩旨在抒寫愁懷，是王維用樂府舊題寫的一首邊塞詩，形成「先賓後主」結構。前四句是「賓」的部分。一、二句，從視覺摹寫起筆，寫「長安少年」夜登戍樓，抬頭仰觀主用兵之象的太白金星，鮮活地勾勒出長安少年求戰心切、渴望立功邊城的期盼之情。詩人的視線隨著「太白星」游走，很自然的承轉到「明月」，然後順延到月光洒落滿地的「隴頭」、以及隴上吹笛的「夜行人」身上來。由視覺下啟聽笛，再由聽覺印象把一同聽笛的「關西老將」納入了鏡頭底下，拈出一篇主旨「愁」。

　　「關西老將」六句，是「主」的部分。[46]老將駐馬聽笛
而不禁「淚雙流」是「果」，「身經大小百餘戰」四句，是
細述原因。老將身經百戰，是正寫，麾下受爵封侯，是反
寫；蘇武盡忠守節，是正寫，節旄零落於北海，又是反寫，
讀來極有節奏感。王維在此特取蘇武牧羊的典故為「賓」，
藉賓形主，來襯托關西老將戮力平生之後的悲涼境遇，就好
像是僅受封為「典屬國」的蘇武的寫照，使全詩推展出更有
層次、更為遼闊的時空，洋溢歷史的縱深感。

　　「長安少年」與「關西老將」，一賓一主，一少一老，一
榮一衰，「少年看太白星，欲以立邊功自命也；然老將百戰
不侯，蘇武只邀薄賞」（沈德潛《唐詩別裁》），兩者並置在
同一個時空中，正是以「反正順逆之法，彰主客相形」的最
佳範例。[47]全詩「邊功豈易立哉」的深邃主題，通過詩人慧
穎獨特的藝術構思，也圓滿呈現。難怪清人方東樹《昭昧詹
言》要極力推崇這首詩：「起勢翩然，關西句轉收，渾脫沉
轉，有遠勢，有厚氣，此短篇之極則。」

2、蘇軾〈減字木蘭花〉

　　　雙龍對起，白甲蒼髯煙雨裡。疏影微香，下有幽
人畫夢長。　　　湖風清軟，雙鵲飛來爭噪晚。翠颭紅
輕，時下凌霄百尺英。

結構分析表

```
┌─ 賓（古松）┬─ 樹身：「雙龍」二句
│            └─ 影香：「疏影」句
├─ 主（幽人）：「下有」句
└─ 賓（落花）┬─ 底：「湖風」句
             └─ 圖：「時下」三句
```

賞析

　　此詞當是東坡作於宋哲宗元祐四年（1089）前後，題作：「錢塘西湖，有詩僧清順。所居藏春塢，門前有二古松，各有凌霄花絡其上，順常晝臥其下。時余為郡，一日，屏騎從過之，松風騷然，順指落花求韻，余為賦此。」可知這是一首緣人而成的詞作，形成「賓、主、賓」結構，意境清雅，十分迷人。

　　上片三句，是第一個「賓」的部分，寫藏春塢門前，二棵蒼凜的古松，立在煙雨之中，營造出一片幽景。東坡把二棵古松比喻為「雙龍」，而且是「對起」的雙龍。「龍」、「起」、「白甲蒼髯」這幾個有意味的字眼，併立在一塊兒，除了給人身姿夭矯健挺的感覺，還有「風霜歷盡」後，風骨猶存的洒脫與自在。繼而寫疏影微香下，正在松下晝眠之「幽人」，也就是錢塘西湖詩僧「清順」。這是「主」的部分。

　　最後以「湖風」四句，寫雙鵲爭噪、蹴下凌霄花的幽景，是第二個「賓」的部分。由於兩個或兩個以上不同的事物（古松、詩僧、落花），在性質、形態上的相似，容易產

生「類似聯想」，因此詞人在此，特以古松與落花（賓）之幽，以襯托詩僧（主）之幽，[48]予人優美、雅致之感。

3、辛棄疾〈賀新郎〉

綠樹聽鵜鴂，更那堪、鷓鴣聲住，杜鵑聲切。啼到春歸無尋處，苦恨芳菲都歇，算未抵、人間離別。馬上琵琶關塞黑，更長門翠輦辭金闕。看燕燕，送歸妾。　　將軍百戰身名裂。向河梁回頭萬里，故人長絕，易水瀟瀟西風冷，滿座衣冠似雪。正壯士、悲歌未徹。啼鳥還知如許恨，料不啼清淚長啼血。誰共我，醉明月？

結構分析表

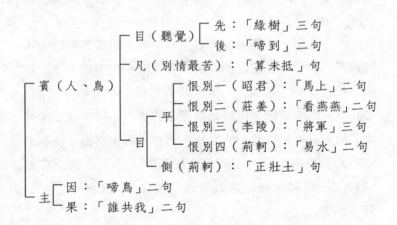

賞 析

此詞題作「別茂嘉十二弟」，鄧廣銘《稼軒詞編年箋注》

以為「茂嘉之『如北』必在稼軒起廢之前，其赴調或即在由北邊歸來之後」，所以這首詞當是作於稼軒隱居鉛山瓢泉期間。開篇「綠樹」四句，詞人以重複的形式連用了聲聲啼叫著「行不得也」、「不如歸去」的鵜鴂、鷓鴣、杜鵑，鋪墊一層深似一層的淒迷離情，以凸顯最苦的「人間別情」，故「算未抵」句承接上文的「啼鳥」而開啟下文的「別恨」。「馬上琵琶」四句，先暗用了王昭君出塞事，再以一「更」字，帶出陳皇后失寵退居長門宮這一件史事，抒寫「王昭君自冷宮出而辭別漢闕」的遺恨，這是離別之恨一；再藉《左傳‧隱公》「衛州吁弒桓公而立」，莊姜送戴嬀回陳（見《詩‧國風‧邶風‧燕燕》）的史事，抒寫離別之恨二。

下片「將軍百戰」三句，是取投降匈奴的李陵，與蘇武在異域相逢又訣別的事件，抒寫離別之恨三。「易水瀟瀟」二句，則是抒寫荊軻刺殺秦王，在易水之上，太子及賓客「皆白衣冠以送之」、「士皆垂淚涕泣」（《史記‧刺客列傳》）這一史實，以西風襲捲下一片冷寂的易水河畔為底色，凸出身著白衣冠的人影來，抒寫離別之恨四。詞人先平提了昭君、莊姜、李陵、荊軻等四人，層層堆積以鋪染離情，再以「正壯士」三句作收，「側注」在荊軻一人身上，留下無限的餘韻。雖然詞題名為「別茂嘉十二弟」，但直至篇末「誰共我」二句，方才表出自己的送別之意。

鄧廣銘《稼軒詞編年箋注》在箋注這首詞時，曾引用劉永濟〈讀辛稼軒送茂嘉十二弟之賀新郎詞書後〉的話，說明前人「談此詞者多以〈恨賦〉或〈擬恨賦〉相擬，以予考之，實本之唐人賦得詩，與李商隱詠〈淚〉之七律尤復相似」。然而，觀看詞中所羅列的昭君出塞、莊姜送歸妾、蘇

武河梁別李陵、荊軻別易水等事象，彼此之間似乎沒有什麼必然的聯繫，與茂嘉十二弟更無關涉。況且兄弟之間的暫時分手，又怎及得上中原淪陷、百姓流離、小人掌權的家國大悲？因此，這首詞實在不應視為一般送別之作。

但劉氏以李商隱詠〈淚〉詩中的「朝來灞水橋邊過，未抵青袍送玉珂」二句，來狀擬稼軒淪為朝中小人之下的那一股有志而難伸的深沉感慨，卻是十分貼切。稼軒英偉磊落，主戰於金，卻又不見容於當朝，既廢退於上饒帶湖，又廢退於鉛山瓢泉，冤憤悲壯，無以言表。故細悟全詞，稼軒隱隱然寄有以昭君出使和番，喻指當權主和派的「公然媚敵」之意。而莊姜送戴媯回歸陳國，結果「州吁如陳」，「陳人執之，而請蒞于衛」，「衛人使右宰醜蒞殺州吁于濮」（《左傳·隱公四年》）等史事，又暗暗指向偏安求和派的「暗中通敵」之意。故繼而收筆一轉，改以深受北方義勇軍愛戴的李陵、與慨然刺秦的荊軻，再度申明自己矢志不移的興復中原、整頓乾坤的宏願大志，與沉痛的家國興亡之悲。[49]

因此，在這首詞中，稼軒善於運用「典故」、利用象徵物與被象徵的內容的特定聯繫，以構成藝術形象，然後在象、意之間，存「有曖曖之致」，供予讀者審美跳躍的補白空間，從而獲致韻外之致。這也就是王國維《人間詞話》推崇：「稼軒〈賀新郎〉詞（送茂嘉十二弟），章法絕妙，且語語有境界，此能品而幾於神者」[50]的原因吧。

4、方孝孺〈指喻〉

浦陽鄭君仲辨，其容闐然，其色渥然，其氣充然，未嘗有疾也。他日，左手之拇有疹焉，隆起而

粟，君疑之，以示人。人大笑，以為不足患。既三日，聚而如錢，憂之滋甚，又以示人。笑者如初。又三日，拇之大盈握，近拇之指，皆為之痛，若劇刺狀，肢體心膂無不病者，懼而謀諸醫。醫視之，驚曰：「此疾之奇者，雖病在指，其實一身病也，不速治，且能傷生。然始發之時，終日可愈；三日，越旬可愈；今疾且成，已非三月不能瘳。終日而愈，艾可治也；越旬而愈，藥可治也；至於既成，甚將延乎肝膈，否亦將為一臂之憂。非有以禦其內，其勢不止；非有以治其外，疾未易為也。」君從其言，日服湯劑，而傅以善藥。果至二月而後瘳，三月而神色始復。

余因是思之：天下之事，常發於至微，而終為大患；始以為不足治，而終至於不可為。當其易也，惜旦夕之力，忽之而不顧；及其既成也，積歲月，疲思慮，而僅克之，如此指者多矣！蓋眾人之所可知者，眾人之所能治也，其勢雖危，未足深畏；惟萌於不必憂之地，而寓於不可見之初，眾人笑而忽之者，此則君子之所深畏也。

昔之天下，有如君之盛壯無疾者乎？愛天下者，有如君之愛身者乎？而可以為天下患者，豈特瘡痏之於指乎？君未嘗敢忽之；特以不早謀於醫，而幾至於甚病。況乎視之以至疏之勢。重之以疲敝之餘，吏之戕摩剝削以速其疾者亦甚矣！幸其未發，以為無虞而不知畏，此真可謂智也與哉！

余賤，不敢謀國，而君慮周行果，非久於布衣者也。傳不云乎：「三折肱而成良醫。」君誠有位於

時，則宜以拇病為戒！

結構分析表

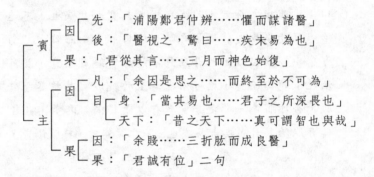

```
        ┌   ┌ 因 ┌ 先：「浦陽鄭君仲辨……懼而謀諸醫」
        │ 賓│    └ 後：「醫視之，驚曰……疾未易為也」
        │   └ 果：「君從其言……三月而神色始復」
    ┌───┤
    │   │   ┌ 因 ┌ 凡：「余因是思之……而終至於不可為」
    │   │   │    └ 目 ┌ 身：「當其易也……君子之所深畏也」
    │ 主 │   │         └ 天下：「昔之天下……真可謂智也與哉」
        └   └ 果 ┌ 因：「余賤……三折肱而成良醫」
                 └ 果：「君誠有位」二句
```

賞 析

〈指喻〉全文以「指之病」為「賓」，以「治天下」為「主」，形成「先賓後主」結構，說明「禍患常積於忽微」的道理；因為人身之病、國政之失皆起於細微，唯有防微杜漸才能國治而身安。

「賓」的部分，以因果、先後等多層結構，描述浦陽鄭仲辨發疾、求醫、用藥的經過。「浦陽鄭君」五句，泛敘鄭君充然渥然的容、色、氣，繼而以「他日」、「既三日」、「又三日」等先、中、後的次序，具寫鄭君左拇指隆起如粟米、如銅錢、如盈握的發病經過。「醫視之」以下，由淺而深，從「始發」、「三日」、到「今疾且成」三個時序，申論因為醫治時段的不同，而有痊癒所需時間不同與醫治手法不同的區別。

「慮天下者，常圖其所難，而忽其所易；備其所可畏，而遺其所不疑。然而禍常發於所忽之中，而亂常起於不足疑之事」（方孝儒〈深慮論〉）。故「主」的部分，以「身」與「天下」並舉，從「指病」過渡推演至「天下事」，說明世人「當其易」時，多輕忽而不顧，「及其既成」時，就算是狂瀾奮挽也難有所為的通病，拈出「發於至微，終為大患」，「始以為不足治，而終至於不可為」的一篇主旨來。篇末以期許作結，期勉慮周而行果的鄭君，非「久於布衣」之人，當有朝一日居於高位時，能夠時時刻刻以「指病」為戒，慮患於未形，治亂於始發。

（七）從情景法來看

藉外在的具體的景物，來襯托內在的抽象的情思，自來是「作家之常」。「情、景相觸而成詩」（明、謝榛《四溟詩話》），因此當人生懷抱有所感悟時，「偶與風景相會」，自然地會「借以抒其情思」。[51]

王國維就曾借用西方美學的概念對「情」與「景」作了明確的解釋[52]，並且闡述唯有「能寫真景物、真感情者，謂之有境界，否則謂之無境界」（王國維《人間詞話》）[53]的見解。也就是說，唯有「在外者物色，在我者生意」的「物色」（景）與「生意」（情），二者相摩而相盪，才有真文學的產生。

值得注意的是，詞章家在面對外在的景物之際，經由內在情思的一番辨別，挑出與一己內在情思緊密相應的部分，

並形諸文字時，會因直接用「情語」融入「景語」之中、或完全省去「情語」的不同，而產生主觀或客觀的兩種寫景法。

主觀的寫景法，是主觀地將外在的景物予以擬人或譬喻，將感情融入的一種寫景法。由於直接把內在的情思化為具體的語句來形容外在的景物，使景物生情，所以這種方法最容易收到情景相符的效果。如李白〈登金陵鳳凰臺〉詩中「總為浮雲能蔽日，長安不見使人愁」二句，「浮雲能蔽日」寫的本是自然景象，作者卻用陸賈《新語・慎微》篇：「邪臣之蔽賢，猶浮雲之障日月也」的句意，賦予人事意義，托出自己懷才不遇的無限「愁懷」。

客觀的寫景法，是客觀地將外在的景物直接加以描述的一種寫景法。因為這種方法依然是經過主觀情思的選擇，以求兩兩相應，而又不留下任何痕迹，更需講求運用的技巧。如杜審言〈和晉陵陸丞早春遊望〉詩，採用客觀的寫景法，依次以「雲霞」、「梅柳」、「黃鳥」、「綠蘋」等寫「物」；以「曙」、「春」、「淑氣」、「晴光」等寫「候」；以「出海」、「渡江」、「催」、「轉」等寫「新」，使「物候新」由抽象化為具體，生發更大的觸發力，加強一篇主旨「歸思」的感染力。[54]

情與景，關係密切，也是詩詞韻文裡常常採用的章法。「寓義於情而義愈至」，「寓情於景而情愈深」（劉熙載《藝概》），不管是主觀或客觀的寫景手法，都同樣來自於主觀情感的揀擇。寫景僅是手段，抒情才是目的，因此唯有能「立主御賓」，才能做到情景交融，才能使「賓主歷然，情景合一」，也才有利於主旨的鮮明凸出。

1、李白〈送友人〉

　　　　青山橫北郭，白水遶東城。此地一為別，孤蓬萬
里征。浮雲遊子意，落日故人情。揮手自茲去，蕭蕭
班馬鳴。

結構分析表

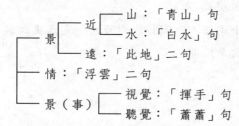

```
      ┌ 景 ┌ 近 ┌ 山：「青山」句
      │    │    └ 水：「白水」句
      │    └ 遠：「此地」二句
─────┼ 情：「浮雲」二句
      │
      └ 景（事）┌ 視覺：「揮手」句
               └ 聽覺：「蕭蕭」句
```

賞析

　　這是一首送友遠行的詩，形成「景、情、景」結構。
起、頷、結三聯，都是寫景的部分，先點出送別的地點、所
見的靜態景物；接著設想兩人此地一別以後，有如孤蓬萬里
飄零的孤單情愁。青山、白水，一青一白的山水色彩，與北
郭、東城，一東一北所形構出來的最大視覺空間，加上隨風
飄零的「孤蓬」、難有定所的「浮雲」、以及不可挽留的「落
日」，這些雖是寫景，卻也隱喻了遊子的心情，讓一股濃濃
的「離情別意」，在此蘊蓄了最飽滿、最大的審美張力，終
而在「蕭蕭」的班馬鳴聲中整個兒迸放出來。「景物無自
主，惟情所化」（清、吳喬《圍爐詩話》），故雖不言離情，
而深情已見。

　　頸聯是「情」的部分，它襲用了陳後主樂府詩句：「自君之出矣，塵網暗羅帷；思君如落日，無有暫還時」，凸出「遊子意」、「故人情」的一篇主旨來。沈德潛《唐詩別裁》曾評此詩：「蘇李贈言，多唏噓語而無蹶聲，知古人之意在不盡矣，太白猶不失斯旨。」也就是說，李白〈送友人〉猶存古詩遺風，言有盡而意無窮。[55]

　　2、張祜〈題金陵渡〉

　　　　　金陵津渡小山樓，一宿行人自可愁。潮落夜江斜月裡，兩三星火是瓜洲。

　　| 結構分析表 |

```
     ┌── 景 ┬─ 底：「金陵」句
     │       └─ 圖：「一宿行人」
─────┼── 情：「自可愁」
     │       ┌─ 近：「潮落」句
     └── 景 ┴─ 遠：「兩三」句
```

　　| 賞 析 |

　　這一首詩是作者夜宿金陵渡時所見到的景色，並寄託了淡淡的羈旅愁思，也是形成「景、情、景」結構。首句點出今夜泊船的地點，從最近的渡口小山樓寫起，凸出夜宿的主角「一宿行人」來。次句的「自可愁」，明確道出一個「愁」字，作為統契全詩的主旨。第三句是近景，寫站在山樓上的旅人，視線隨著潮水落入江中，下望在波濤中飄浮不定的斜

月的倒影。第四句是遠景,寫隔岸瓜洲中的星火,我們由「兩三」一詞,可以推知此時人籟俱寂,夜已深沉。三、四兩句,由近及遠,依次敘來,金陵渡口的夜景,幾為道盡,[56]也喚起一種可望而不可及的朦朧美感,恰與第二句中「愁」字所塑造出來的情調統一。

「情景雖有在心在物之分,而景生情,情生景」(王夫之《薑齋詩話》),「情」必然得通過「景」來表現,也就是所謂「悲喜亦於物顯,始貫乎詩」的道理。紅花雖好,還仗綠葉扶持,張祜藉著景、情的相互幫襯,令全詩散發出幽微而動人的羈旅之愁。

3、秦觀〈踏莎行〉

霧失樓臺,月迷津渡。桃源望斷無尋處。可堪孤館閉春寒,杜鵑聲裡斜陽暮。　　驛寄梅花,魚傳尺素。砌成此恨無重數。郴江幸自繞郴山,為誰流下瀟湘去。

結構分析表

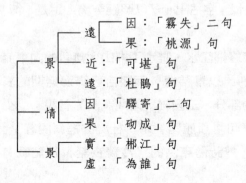

```
        ┌─遠─┬─因:「霧失」二句
        │    └─果:「桃源」句
   ┌─景─┼─近:「可堪」句
   │    └─遠:「杜鵑」句
───┼─情─┬─因:「驛寄」二句
   │    └─果:「砌成」句
   └─景─┬─實:「郴江」句
        └─虛:「為誰」句
```

賞析

　　宋哲宗紹聖四年（1097），秦觀謫徙至郴州，途中在郴州旅館寫下了這一首充滿了羈旅之愁的詞。

　　「霧失樓臺」三句，藉著視覺由遠而近、再由近而遠的挪移中，細述旅程中所見到的淒迷之景。在濃霧中、月色下失去了踪影的樓臺與津渡，正如君主為小人所遮蔽，「總為浮雲能蔽日，長安不見使人愁」，引得詞人興起了去國懷鄉、無處歸隱的憂患，心中飽蘊著難以言宣的怨悱之情與身世之感。「可堪孤館」二句，接著以「孤館」的「孤」字，暗點旅愁，以「閉春寒」的「閉」與「寒」，暗寫內心的淒苦；然後在層層景物的鋪墊烘染之下，在一片斜陽的昏黃底色中，凸出啼叫著「不如歸去」、「不如歸去」的杜鵑聲來，勾起了還鄉不得的無限憾恨。這是「景一」的部分。

　　下片「驛寄梅花」三句，化用了南朝陸凱〈寄范曄詩〉：「折花逢驛使，寄與隴頭人；江南無所有，聊贈一枝春」，及古詩〈飲馬長城窟行〉：「客從遠方來，遺我雙鯉魚，呼童烹鯉魚，中有尺素書。長跪讀素書，書中竟何如？上言加餐飯，下言長相思」的詩意，以寄梅花、傳鯉書為媒介，將一篇主旨的「恨」字拈出，[57]以照應全篇。這是「情」的部分。

　　末兩句，又引悠悠郴江水，辭別了郴山，無言的向東流去，來比喻人的離別，以景結情，反襯自己歸鄉無期的哀淒，這是「景二」的部分。王國維《人間詞話》曾說：「少游詞最為淒婉，至『可堪孤館閉春寒，杜鵑聲裡斜陽暮』，則變而為淒厲矣。」[58]詩僧惠洪的《冷齋夜話》也記載有

「東坡絕愛其尾兩句，自書於扇」的軼聞。凡此種種，都道
出了眾人對這一首詞一致的喜愛。

4、溫庭筠〈酒泉子〉

　　　　羅帶惹香，猶繫別時紅豆。淚痕新，金縷舊。斷
　離腸。　　　一雙嬌燕語雕梁。還是去年時節。綠樹
　濃，芳草歇，柳花狂。

> **結構分析表**

```
        ┌─ 因：「羅帶惹香」二句
    ┌景─┤
    │   └─ 果：「淚痕新」二句
    ├情：「斷離腸」句
    │   ┌─ 內：「一雙嬌燕」句
    └景─┤
        └─ 外：「綠樹濃」三句
```

> **賞析**

　　這是一首傷春懷人之詞，以「景、情、景」結構呈現。
上片開頭四句，是「景一」的部分。羅帶可結同心，是定情
的象徵，是情人常用以贈別的物件，故詞人見了羅帶猶然繫
著別離時情人所贈的相思紅豆，而有「淚痕新」二句的發
生。進而以淚痕之新與金縷之舊，一新一舊，暗寓離別之久
與相憶之深。

　　「斷離腸」緊承著前四句，由景物興發憶別的情味，是
統一全詞的主旨所在。[59]下片又轉入景語，「一雙嬌燕」二
句，是室內之景；「綠樹濃」三句，是室外之景；視覺在由

近而遠、由內而外的移動中，形成空間延伸的效果。而梁間嬌燕，成雙成對，映照出滿室的孤寂；芳草方「歇」，柳花又「狂」，愁情才下眉頭又飛上了心頭。語言精妙，寓情於景，意境十分深沉，也分外凸顯「言有盡而意無窮」的哀怨之情。宋代詩僧惠洪在《冷齋夜話》中即曾贊嘆說：「天下清景」，「吾特疑端為我輩設」。所謂「端為我輩設」，是因為唯有擁有「遷想妙得」之能、唯能把藝術想像的內容凝聚成為具體生動的形象的詩人，才能窺見天機。

此外，〈酒泉子〉與前面幾首詩詞，都一致地形成了「景、情、景」結構，在情景轉位之際，添增了辭章的變化美與靈動美。中間凸出的「情」，起著領契全文的作用；而「景一」與「景二」兩者之間，因性質的類似而產生「調和」效果，整體風格偏近於陰柔形態，形成陰柔之美。

5、辛棄疾〈菩薩蠻〉

鬱孤臺下清江水，中間多少行人淚。西北望長安，可憐無數山。　　青山遮不住，畢竟東流去。江晚正愁余，山深聞鷓鴣。

結構分析表

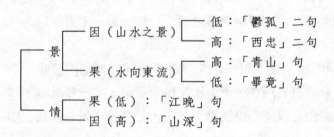

賞析

　　鬱孤臺即望闕臺，在今江西贛縣西南，是稼軒任江西提刑時常常經行之地。這闋詞又題作「書江西造口壁」，故鄧廣銘以為當是作於淳熙二、三年間（1175－1176）。稼軒本是「正則可以為郭李、為韓岳，變則即桓溫之流亞」（陳廷焯《白雨齋詞話》）的人物，卻因秉性剛直、任事負責，以致奉表南歸後，屢遭排擠打壓，不得一展雄才，因而滿腔忠憤抑鬱之情，唯有託寄於詞。開篇首句，就藉用了唐朝李勉登鬱孤臺北望的故事，慨然寄託「長安不見使人愁」、「心在魏闕」之意。「濤頭寂寞打城還，章貢臺前暮靄寒。倦客登臨無限思，孤雲落日是長安」（蘇軾〈虔州八景圖〉），而滾滾向東流去的「清江水」，又寄託了不盡的離愁。

　　由此可知，「行人淚」，就是詞人一己之淚；「西北望長安」，實乃「東北望臨安」。「望長安而青山無數，傷朝士之蔽賢也」，故「青山」二句，實是抒寫「贛江不受青山之遮，畢竟東流；己則終難東歸，置身十八灘頭」的蹙蹙靡騁之感。這就是所謂的「象外」，以寄託非語言所能解、潛而深的「言外之意」。故篇末「江晚正愁余」兩句，詞人藉用了鷓鴣「行不得也」（《本草綱目·禽部·鷓鴣》）的鳴叫聲，在江晚、山深、鳥聲中，烘襯詞人「回朝晉用之志未必即得遂行」的深層憂愁。[60]

　　全詞「惜水」而「怨山」，採由水而山、由山而水、復由水而山的安排，鋪陳詞意，不僅產生「內容頂真」的連綿效果；讀者的視線更在由低而高、由高而低、復由低而高的不停轉換中，營生循環反復的生命律動，託寓溢於言外、隱

而不顯的家國興亡之慨，使讀者在「言」、「象」、「意」之外，獲致綿遠深長的美的韻致。

（八）從論敘法來看

敘論法，是「即事以明理」的一種謀篇方式。其中，「論」是「虛」，「敘」是「實」；「事」是「實」，「理」為「虛」。[61]也就是說，敘事雖是文章主體，但議論才是「點睛」之筆，才是文章的結穴之處。

「敘」，可以是敘述事件發生的時間、地點和發展過程，可以是敘述人物的經歷和事跡，也可以是敘述人物的活動背景，用以揭示事理或為議論說理提供充足的事實。「論」，則是經由推理、證明、反駁等邏輯手段，對客觀事物進行分析和綜合，以探索闡述真理。因此，「說理之文，以論事出之，則無微不顯；論事之文，以說理出之，則無小非大」；唯有理、事相足，「而後詞達，詞達而後詞之能事畢」。[62]

「篇中有引據，有議論，方見學識兼到」，[63]尤其是先敘述具體事實，然後議從敘出，最後引出結論、提示題旨的「先敘後論」法，最常運用於史傳，如《史記》的本紀、世家、列傳與《漢書》的列傳，就一律採用這種方式。它可以進一步凸出文章主題，擴延文章內涵，增強文章的說服力和感染力，使人讀後餘味無窮。

1、杜甫〈秋興〉之三

千家山郭靜朝暉，日日江樓坐翠微。信宿漁人還

汎汎，清秋燕子故飛飛。匡衡抗疏功名薄，劉向傳經
心事違。同學少年多不賤，五陵衣馬自輕肥。

結構分析表

賞析

〈秋興〉八首，是一組結構嚴密、抒情深摯的七言律
詩，大歷元年（766）杜甫五十五歲時作於夔州。這是第三
首，寫夔州的朝景。敘論法一般多見於敘事說理的議論文，
較少出現在詩詞中。但當它以詩的形式呈現，並飽蘊情感的
精闢議論時，不僅動人以情，更昭人以理。此外，在敘寫景
物中寄託個人身世感慨的詩，若採以敘論形式謀篇運材，則
往往以警句的形式在詩中出現，具有深韻情致，給人以深刻
的美的印象。例如杜甫這一首寄託個人身世感慨的詩，就罕
見地運用了「先敘後論」結構。

前四句是「敘」的部分，依先遠後近的次序，敘寫沐浴
在晨曦中的滿城蒼翠景色，以及詩人此時所坐的江樓。然後
隨著時間的向前推移，再帶出泛舟於江上的漁夫，與清秋時
節群燕飛舞的情景。「舟泛燕飛，此人情物性之常，旅人視
之，偏覺增愁」（王嗣奭《杜臆》），因而生出許多感嘆來。

　　五、六句以下，是「論」的部分。據《漢書・匡衡傳》記載，漢元帝時「有日蝕地震之變，上問以政治得失，衡上疏，上說其言，遷衡為光祿大夫、太子少傅」。杜甫雖然也曾上疏不減於匡衡，可是卻「近侍移官一斥不復」（錢謙益《杜詩詳註》），因此說自己「功名薄」。《漢書・劉向傳》也記載漢成帝即位後，詔請劉向典校五經，而杜甫自己卻是「白頭幕府，深愧平生」，所以說是「心事違」。杜甫在此借用了匡衡抗旨上書、劉向傳經授業的史事，抒發自己仕途失意、事與願違的感嘆，並再三申明「望京華」之意，全詩主旨在此「逗出」（浦起龍《讀杜心解》）。

　　所謂「長安卿相多少年」，少年多「不賤」，穿輕裘而乘肥馬，這種富貴奢豪的景況，與日日滯留江樓的主人翁的枯索形象恰恰形成對比，更深一層地彰顯了強烈的身世之感。因此，「結句出場，興會陡入，如有神助」。[64]

2、張潮《幽夢影》（選）

　　　　有地上之山水，有畫上之山水，有夢中的山水，有胸中之山水。地上者妙在邱壑深邃，畫上者妙在筆墨淋漓，夢中者妙在景象變幻，胸中者妙在位置自如。

結構分析表

```
      ┌─ 敘 ┬─ 天（自然）：「有地上」句
      │     └─ 人（人文）：「有畫上」三句
      │
      └─ 論 ┬─ 天（自然）：「地上者」句
            └─ 人（人文）：「畫上者」三句
```

賞 析

　　《幽夢影》是一部清新可愛的隨筆小品文，林語堂讚美它「是那樣的舊，又是這樣的新」，尤其「多格言妙論，言人之所不能言，道人之所未經道。展味低徊，似餐帝漿沆瀣，聽鈞天廣樂，不知此身之在下方塵世」。[65]本文所選的這一則，採用「先敘後論」結構，先以類疊、並列的句式，敘述地上、畫上、夢中與胸中等山水之別，再綜論這四種山水的美妙之處。無論是妙在於邱壑深邃、筆墨淋漓，或是妙在景象變幻、位置自如，都是觀察力、創造力、與想像力的展現。幽人夢境，細細讀來，清新雋永，全書「非名言，即韻語」，皆是從胸次體驗中自然流洩而出。整部作品「舒性情而為著述，緣閱歷以作篇章，清如梵室之鐘，令人猛省，響若尼山之鐸，別有深思」（原序三），詩言雋旨，片玉碎金，令人讀來不禁色舞眉飛，這也正是《幽夢影》一書深愛眾人喜愛的原因。

3、陶淵明〈五柳先生傳〉

　　　　先生不知何許人也，亦不詳其姓字。宅邊有五柳樹，因以為號焉。

　　　　閑靜少言，不慕榮利。好讀書，不求甚解，每有會意，便欣然忘食。性嗜酒，家貧，不能常得。親舊知其如此，或置酒而招之。造飲輒盡，期在必醉，既醉而退，曾不吝情去留。環堵蕭然，不蔽風日；短褐穿結，簞瓢屢空──晏如也。常著文章自娛，頗示己志。忘懷得失，以此自終。

贊曰：黔婁之妻有言：「不戚戚於貧賤，不汲汲
於富貴。」極其言，茲若人之儔乎？酣觴賦詩，以樂
其志。無懷氏之民歟！葛天氏之民歟！

結構分析表

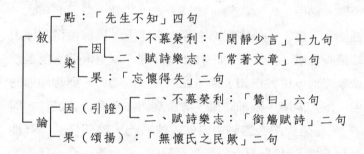

```
     ┌敘┬點：「先生不知」四句
     │  │   ┌因┬一、不慕榮利：「閑靜少言」十九句
     │  └染┤   └二、賦詩樂志：「常著文章」二句
──┤     └果：「忘懷得失」二句
     │  ┌因（引證）┬一、不慕榮利：「贊曰」六句
     └論┤          └二、賦詩樂志：「銜觴賦詩」二句
        └果（頌揚）：「無懷氏之民歟」二句
```

賞析

吳楚材《古文觀止》云：「淵明以彭澤令辭歸後，劉裕
移晉祚，恥不復仕，號五柳先生。此傳乃自述其生平之行
也。瀟灑澹逸，一片神行之文。」[66]全文採「先敘後論」結
構，全就「揚」的一面來敘寫，頌揚五柳先生「忘懷得失」
的高尚志行，並藉此表明自己的志趣情懷。

首段四句是一個引子、橋樑，先說他「不以地傳」，再
說他「不以名傳」，再點明所以得號為「五柳先生」的原
因。劉禹錫在此特以山水、仙龍為喻依，形成一反一正、一
抑一揚的行文變化，正面襯起陋室、引出喻體「德馨」。[67]
次段，先以「閑靜少言」二句，寫他的性情；再以「好讀書」
十二句，分讀書與醉酒兩節，寫他的嗜好；接著以「環堵蕭

然」五句，就住、衣、食等方面，寫他的修養。「陋室之可銘在德之馨，不在室之陋也。惟有德者居之，則陋室之中，觸目皆成佳趣」。[68]先分述五柳先生「不慕榮利」、「賦詩樂志」的高尚志行，然後再歸結出「忘懷得失」的一篇主旨來。

贊語就是「論」的部分，作者在此，仿史傳之例，以「贊曰」二字冠首，引出頌贊的一段文字來。先以「黔婁之妻有言」五句，呼應上段的「不慕榮利」，並藉黔婁之妻的話來加以印證；然後以「銜觴賦詩」二句，呼應上段的「賦詩樂志」，並從五柳先生的嗜好、志趣上頌揚他是個上古人物作結。

需要特別注意的是，後半的贊語，完全是依據前面的敘事內容而產生。一般而言，一篇主旨通常也多會出現在這種帶有評論性與總結性的文字裡。但由於本文中的末兩句，它是以譬喻的方式發出讚美之聲，並未出現真正的情語或理語。而情語或理語，才是一篇文章的主旨所在。因此，必須順著文章的內部呼應，回到前半段「敘」的部分，才能抓出呈現主要核心成分的「忘懷得失」的一篇主旨來。[69]這種主旨安排的方式，可說是相當特殊而少見。

4、蘇軾〈放鶴亭記〉

熙寧十年秋，彭城大水，雲龍山人張君之草堂，水及其半扉。明年春，水落，遷於故居之東，東山之麓。升高而望，得異境焉，作亭於其上。彭城之山，岡嶺四合，隱然如大環，獨缺其西十二，而山人之亭適當其缺。春夏之交，草木際天；秋冬雪月，千里一

色；風雨晦明之間，俯仰百變。

山人有二鶴，甚馴而善飛，旦則望西山之缺而放焉。縱其所如，或立於陂田，或翔於雲表，暮則傃東山而歸，故名之曰放鶴亭。

郡守蘇軾，時從賓客僚吏往見山人，飲酒於斯亭而樂之。挹山人而告之，曰：「子知隱居之樂乎？雖南面之君，未可與易也。《易》曰：『鳴鶴在陰，其子和之。』《詩》曰：『鶴鳴于九皋，聲聞于天。』蓋其為物，清遠閒放，超然於塵垢之外，故《易》、《詩》人以比賢人君子、隱德之士，狎而玩之，宜若有益而無損者。然衛懿公好鶴則亡其國。周公作〈酒誥〉，衛武公作〈抑戒〉，以為荒惑敗亂無若酒者；而劉伶阮籍之徒，以此全其真而名後世。嗟夫！南面之君，雖清遠閒放如鶴者，猶不得好；好之，則亡其國。而山林遯世之士，雖荒惑敗亂如酒者，猶不能為害，而況於鶴乎！由此觀之，其為樂未可以同日而語也。」山人欣然而笑曰：「有是哉！」乃作〈放鶴〉、〈招鶴〉之歌，曰：

「鶴飛去兮，西山之缺。高翔而下覽兮，擇所適。翻然斂翼，宛將集兮，忽何所見，矯然而復擊。獨終日於澗谷之間兮，啄蒼苔而履白石。

鶴歸來兮，東山之陰。其下有人兮，黃冠草履葛衣而鼓琴。躬耕而食兮，其餘以飽汝。歸來歸來兮，西山不可以久留！」

結構分析表

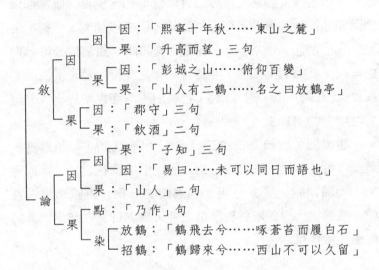

賞析

　　本文以「子知隱居之樂乎？雖南面之君，未可與易也」三句樹立論點，拈出一篇「主意」，[70]採「先敘後論」結構寫成。「敘」的部分，以多層因果形式，寫因水災而遷居、因遷居而得異境、因得異境而作亭、因亭而有鶴的先後經過，記興建放鶴亭的緣起、命名由來，與放鶴亭的地理方位、四季景致。其次以「飲酒於斯亭而樂之」一句，聯繫起「亭」與「酒」，引出一番議論來。

　　「論」的部分，也是以多層因果形式呈現，先以「子知隱居之樂乎」三句總提下文，然後引《易·中孚·九二》爻辭、《詩·小雅·鶴鳴》中的「賢人君子」、「隱德之士」以比鶴。再引《左傳·閔公二年》「衛懿公好鶴，鶴有乘軒

者」，結果「戰於熒澤，衛師敗績，遂滅衛」，招致亡國的典故；及周公作〈酒誥〉、衛武公作〈抑戒〉，劉伶、阮籍卻以酒而聞名後世的事典。引經以論鶴，引古以論酒，「鶴」是「主」，「酒」是「客」，「清閒者莫如鶴，然衛懿公好鶴則亡其國；亂德者莫如酒，然劉伶阮籍之徒反以酒全其真而名後世」，[71] 以「酒」對「鶴」，對映出「南面之樂豈足以易隱居之樂」的主旨來。

最後借〈放鶴〉、〈招鶴〉歌，以放鶴始，以招鶴終，寫盡作者的心境，寄託自己對隱居生活的嚮往之情。綜觀全文，玲瓏跳脫，賓主分明，透過鶴的形象，處處寫人、寫情、寫意境，思想超然於塵垢之外，極盡行文之能事，氣勢縱橫，清暢自然。

（九）從知覺轉換法來看

「詩人感物，聯類不窮，流連萬象之際，沉吟視聽之區，寫氣圖貌，既隨物以宛轉，屬采附聲，亦與心而徘徊」（劉勰《文心雕龍》）。[72] 於是文人善於運用耳、目、口、鼻等各種感官，去捕捉大自然的形形色色，然後形諸文字，以「灼灼」狀桃花之鮮，以「依依」盡楊柳之貌，以「漉漉」擬雨雪之狀，以「喈喈」逐黃鳥之聲，以「喓喓」學草蟲之韻。最後再由五官之覺，提昇至「心覺」，在心覺中獲得內在的統一。

1、王維〈鳥鳴澗〉

　　　　人閑桂花落，夜靜春山空。月出驚山鳥，時鳴春澗中。

結構分析表

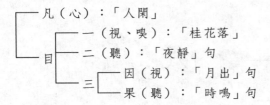

賞 析

　　首句以「人閑」二字，直接拈出詩人恬適的心境，是一篇主旨所在。正因為「內心閑靜」，不受人事的紛擾，故能覺察到細微桂花從枝頭上飄落而下的景象。而這一「落」字，極細緻地描摹了桂花飄落的姿態，不僅是視覺的享受，更經由視覺帶出嗅覺來，引領讀者嗅聞到桂花淡雅之清香；再以一「空」字，為這一片春夜春山，鋪染了空寧靜謐的氣氛。三、四句，詩人更以「月出」、「鳥鳴」之「動」，凸顯出上句的「靜」字，烘托春澗的幽靜與盎然的生機。綜觀全詩，王維善用各種知覺的挪移，以「桂花落」寫桂花之閑，以「夜靜」寫山之閑，以「鳥鳴山更幽」寫澗谷之閑，藉皇甫嶽雲溪別墅的閑景，將主人翁的閑心作最有力的烘托。

2、范仲淹〈蘇幕遮〉

碧雲天，黃葉地。秋色連波，波上寒煙翠。山映斜陽天接水，芳草無情，更在斜陽外。　　黯鄉魂，追旅思。夜夜除非，好夢留人睡，明月樓高休獨倚。酒入愁腸，化作相思淚。

結構分析表

```
        ┌─ 視（景）┬─ 近：「碧雲天」二句
        │         ├─ 中：「秋色」二句
        │         └─ 遠：「山映」三句
        │
        └─ 心（情）┬─ 因：「黯鄉魂」四句
                  ├─ 果：「明月」句
                  └─ 因：「酒入」二句
```

賞析

上片七句，在詞人巧心的羅織下，以一連串的頂真手法，自上及下，自近及遠，天連秋色，秋色連水，水連山，山連芳草，芳草帶出斜陽，一環套一環，寫盡了倚樓所見的一片寥落的秋日「景致」。下片七句，經由視覺的作用帶出心覺，以「黯鄉魂，追旅思」兩句，明白點出一篇主旨「鄉思」；「黯」字與「追」字，又引帶出緩重的、暗沉的、不可追的鄉思，為全詞濛上濃重的愁緒。繼而又以一枝思鄉之筆，鉤勒自己倚樓醉酒、對月思鄉的景況，情中含景，使「鄉思」之情，得以具象化，也使得整闋詞呈顯著一種「即畫亦難到」，純是一片空靈的境界。全詞採用了黃葉、芳

草、碧雲、波寒、斜陽、明月、天、地、山、等自然性物
材，與高樓等人工性物材，在「視（景）、心（情）」、「近
遠」、「因、果、因」等多重結構的組織下，以「鄉思」之
情貫串全篇，形成整體的和諧統一。

3、辛棄疾〈西江月〉

　　　　明月別枝驚鵲，清風半夜鳴蟬。稻花香裡說豐
年，聽取蛙聲一片。　　七八箇星天外，兩三點雨山
前。舊時茆店社林邊，路轉溪橋忽見。

結構分析表

```
        ┌── 鵲驚：「明月別枝驚鵲」
   ┌ 聽 ─┼── 蟬鳴：「清風半夜鳴蟬」
   │    └── 蛙聲：「稻花香裡說豐年」二句
 ──┤    ┌── 遠：「七八箇星天外」
   └ 視 ─┼── 中：「兩三點雨山前」
        └── 近：「舊時茆店社林邊」二句
```

賞析

　　本詞題作「夜行黃沙道中」，是稼軒第一次廢退於江西
上饒時的作品。上片主要是從聽覺角度，描寫夜行黃沙道時
依次聽到的鵲聲、蟬聲、與蛙聲，以此凸顯「蟬噪林逾靜，
鳥鳴山更幽」，大地一片靜寂的深沉況味。值得一提的是，
「說豐年」的聲音，應不是來自農夫或作者的友朋。因為在
寂靜的深夜裡，人類的話語聲反而會破壞了全詞所營造出來

的寧靜意味，故「說豐年」的應是擬人化了的蛙鳴。至於下片則是從視覺的角度，由天外的疏星、而山嶺前的雨點、至溪橋後的茅店，由遠而近有次序地連綴起夜行所見的各種景物，形成了極為遼闊的空間層次感；「忽見」二字，則是將詞人的驚喜之情，表露無遺。全詞以農村生活、山鄉景色為題材，在靈動輕快、韻趣盎然的筆調鋪陳下，交織成一幅恬靜的鄉村夜景，予人身臨其境的感受，並抒發了閒適之情，一點也嗅不出稼軒被迫閒居後的悲鬱氣息。[73]

4、李慈銘《越縵堂日記》（選）

> 庭中紫豆一叢，作花甚繁；芭蕉展葉，綠滿窗戶，紫薇久花，離離散紅。每晴晝晚陰，徒倚其下，此亦余之三友也。

結構分析表

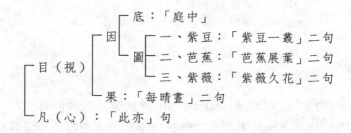

賞析

人的各種知覺，可從這一種知覺轉換為另一種知覺，然後經由「心覺」的聯繫、統一，營造出共鳴的美感效果。例

如這一篇清麗雅致的性靈小品文，即全是建立在視覺摹寫上，以「庭中」為「底」，凸顯出花朵繁盛的紫豆、綠葉滿窗的芭蕉、與紅花披垂的紫薇來，為庭園鋪染出一片蓊綠森然、千紅萬紫的繽紛景象。無論是晴晝或晚陰，獨步徘徊其間，都可獲得性靈上最佳的舒解與調劑。文末以「余之三友」一句，由「視覺」轉為「心覺」，作一總括，一筆兜裹，手法極佳。

註 釋

1　參見許恂儒：《作文百法》（臺北：廣文書局，1989年8月再版），頁39-40。
2　參見曹冕：《修辭學》（上海：商務印書館，1934年4月），頁255。
3　本詩的賞析，參見高步瀛：《唐宋詩舉要》（臺北：明倫出版社，1971年10月），頁503。
4　劉熙載《藝概》云：「馮正中詞，晏同叔得其俊，歐陽永叔得其深。」馮煦〈唐五代詞選序〉言：「吾家正中翁，鼓吹南唐，上翼二主，下啓歐晏。」見王國維著、馬自毅注譯：《新譯人間詞話》（臺北：三民書局，1994年3月初版），頁41。
5　見吳楚材選注、王文濡評校：《古文觀止》（臺北：華正書局，1998年8月），頁311。
6　見吳楚材選注、王文濡評校：《古文觀止》，頁160。
7　此詩的賞析，皆參見高步瀛：《唐宋詩舉要》，頁592、596。
8　參見陳滿銘：《章法學新裁》（臺北：萬卷樓圖書公司，2001年1月初版），頁206-207。
9　見〔清〕楊倫：《杜詩鏡銓》（臺北：藝文印書館，1998年12月初版3刷），頁353-354。
10　同上註，頁353。
11　同上註。
12　此詞的賞析，主要是參見鄧廣銘：《稼軒詞編年箋注》（臺北

市：華正書局，1980年8月初版），頁166；《宋詞鑑賞辭典》（北京：北京燕山出版社，2000年11月北京第7刷），頁780-782。

13 見陳滿銘：《蘇辛詞論稿》（臺北：文津出版社，2003年8月初版1刷），頁136。

14 以凡目法來組合詞章材料，年代久遠，應用深廣，有許多異名而同指的別稱；直至陳滿銘於民國八十一年「第一屆臺灣地區國語文教學學術研討會」發表論文，始正式以「凡目」法定名。參見陳滿銘：《國文教學論叢・續編》（臺北：萬卷樓圖書公司，1998年3月初版），頁65；《章法學新裁》，頁251-262。

15 高步瀛云：「感時句逼出作詩本旨。」參見《唐宋詩舉要》，頁252。

16 此首的賞析與結構表，皆參見陳滿銘：《詞林散步》（臺北：萬卷樓圖書公司，2000年1月初版），頁172。

17 此詞的賞析與結構表，皆參見陳滿銘：《蘇辛詞論稿》，頁251。

18 見吳楚材選注、王文濡評校：《古文觀止》，頁288。

19 林雲銘云：「篇首『田園』兩字，是通篇綱領。」見《古文析義合編》（臺北：廣文書局，1997年9月8版），頁198。

20 參見林雲銘：《古文析義合編》，頁199；吳楚材選注、王文濡評校：《古文觀止》，頁290。

21 參見曾忠華：《作文津梁》（中）（臺北：學人文教出版社，1991年10月1日新版），頁132。

22 參見宋文蔚：《評註文法津梁》（高雄：復文圖書出版社，1993年2月修訂2版），頁109。

23 參見仇小屏：《篇章結構類型論》（臺北：萬卷樓圖書公司，2000年2月初版），頁519。

24 參見喻守真：《唐詩三百首詳析》（臺北：臺灣中華書局，1995年1月臺23版4刷），頁243。

25 參見魏飴：《散文鑑賞入門》（臺北：萬卷樓圖書公司，1999年6月再版），頁98。

26 參見史塵封：《漢語古今修辭格通編》（天津：天津古籍出版社，1995年12月初版4刷），頁21-22。

27 見〔漢〕司馬遷著、瀧川龜太郎注：《史記會注考證》（臺

北：洪氏出版社，1985年9月），頁1033。

28 參見曾忠華：《作文津梁》（中），頁135-136。

29 本文的賞析，參見王更生：《蘇軾散文研讀》（臺北：文史哲出版社，2001年2月初版），頁232-237。

30 本文的賞析，參見王更生：《歐陽脩散文研讀》（臺北：文史哲出版社，2001年2月初版），頁186-191。

31 周振甫：「點染是畫家手法，有些處加點，有些處渲染」。見《詩詞例話》（臺北：學海出版社，1984年1月初版），頁284-285。

32 劉熙載：「詞有點、有染。柳耆卿〈雨淋鈴〉云：『多情自古傷離別，更那堪冷落清秋節。今宵酒醒何處？楊柳岸，曉風殘月。』上二句點出離別冷落，『今宵』二句乃就上二句意染之。點染之間，不得有他語相隔，隔則警句亦成死灰矣。」見《藝概》（臺北：金楓出版社，1998年），頁161。

33 可參見陳滿銘：《章法學論粹》（臺北：萬卷樓圖書公司，2002年7月初版），頁75-76。

34 〔清〕吳見思註、潘眉評：《杜詩論文》（清康熙十一年吳郡寶翰樓刊本，臺北：大通書局印行），頁327。

35 本詩中所引評語，皆見於〔清〕楊倫：《杜詩鏡銓》，頁216-217。

36 此詞賞析的部分資料，乃參見唐圭璋主編：《唐宋詞鑑賞辭典》（南京：江蘇古籍出版社，1994年），頁373-375。

37 鄭文焯《手批東坡樂府》評此首：「健句入詞，更奇峰特出，此境非稼軒所能夢到。不飾雕琢，字字蒼寒，如空巖霜幹，天風吹墮頗黎地上，鏗然作碎玉聲」。見鄒同慶、王宗堂：《蘇軾詞編年校註》（北京：中華書局，2002年9月北京第1次印刷），頁473。

38 參見袁行霈主編：《歷代名篇鑑賞集成》（上）（臺北：五南圖書出版公司，1995年5月初版2刷），頁99。

39 參見劉熙載：《藝概》，頁22。

40 見吳楚材選注、王文濡評校：《古文觀止》，頁392-393。

41 同上註。

42 參見陳滿銘：《作文教學指導》（臺北：萬卷樓圖書公司，1997年10月初版2刷），頁154。

43 見唐彪：《讀書作文譜》（臺北：偉文圖書出版社，1976年11

月），卷七，頁85。

44　見許恂儒：《作文百法》，頁26、34。

45　見唐彪：《讀書作文譜》（臺北：偉文圖書出版社，1976年11月），卷七，頁83。

46　參見劉衍文、劉永翔：《文學鑑賞論》（臺北：洪葉文化事業公司，1995年9月初版1刷），頁564-565。

47　此詩的賞析，參見袁行霈主編：《歷代名篇鑑賞集成》（上），頁648-650。

48　參見陳滿銘：《章法學新裁》，頁477-488。

49　此詞的賞析，主要參見鄧廣銘：《稼軒詞編年箋注》，頁430-431；及《宋詞鑑賞辭典》，頁785-788。

50　見王國維著、馬自毅譯：《新譯人間詞話》（臺北：三民書局，1994年3月初版），頁184。

51　參見宋文蔚：《評註文法津梁》，頁18。

52　參見葉朗：《中國美學的巨擘》（臺北：金楓出版公司，1987年7月初版），頁305。

53　參見王國維：《人間詞話》，頁11。

54　以上關於主觀與客觀的寫景法，皆參見陳滿銘：《詩詞新論》（臺北：萬卷樓圖書公司，1999年8月再版），頁52-74。

55　本詩的賞析，參見陳滿銘：《作文教學指導》（臺北：萬卷樓圖書公司，1997年10月初版2刷），頁139。

56　參見喻守真：《唐詩三百首詳析》，頁307；與《中國古代山水詩鑒賞辭典》（南京：江蘇古籍出版社，1989年7月第1版第1次印刷），頁463。

57　參見陳滿銘：《詞林散步》，頁210；陳弘治：《唐宋詞名作析評》（臺北：文津出版社，1988年10月5版），頁210。

58　胡仔《苕溪漁隱叢話》前集卷五十引惠洪《冷齋夜話》：「少游到郴州，作長短句。東坡絕愛其尾兩句，自書於扇曰：『少游已矣。雖萬人何贖。』」見王國維著、馬自毅譯：《新譯人間詞話》，頁63。

59　參見陳滿銘：《詞林散步》，頁134。

60　此詞的賞析，參見鄧廣銘：《稼軒詞編年箋注》，頁39；鄭騫：《詞選》（臺北：中華文化出版委員會，1954年初版），頁108。結構表則見陳滿銘：《蘇辛詞論稿》，頁62。

61　參見王凱符、張會恩主編：《中國古代寫作學》（北京：中國

人民大學出版社，1992年9月），頁285。

62 見朱任生：《古文法纂要》（臺北：臺灣商務印書館，1984年9月初版），頁209。

63 見宋文蔚：《評註文法津梁》，頁74-75。

64 參見高步瀛：《唐宋詩舉要》，頁583。

65 見張潮：《幽夢影·原序一》（臺南：漢風出版社，1994年6月3版），頁2。

66 見吳楚材選注、吳文濡評校：《古文觀止》，頁19。

67 關於這一部分的修辭解析，可參見蔡宗陽：《修辭學探微》（臺北：文史哲出版社，2001年4月初版），頁187。另外，張春榮：《修辭新思維》（臺北：萬卷樓圖書公司，2001年9月初版），頁43、57-58，針對各家見解亦有精詳的收錄與析評，值得一同參看。

68 見吳留村鑑定、吳楚材、吳調侯評註：《評註古文觀止》（臺北：廣文書局，1981年12月初版），頁19。

69 參見陳佳君：《國中國文義旨教學》（臺北：萬卷樓圖書公司，2004年2月初版），頁43-44。

70 參見王更生：《蘇軾散文研讀》，頁199。

71 參見〔宋〕李塗：《文章精義》，收錄於《四庫全書》，一四八一冊，頁806。

72 見劉勰著、王更生注譯：《文心雕龍讀本》（臺北：文史哲出版社，1985年3月初版），頁302。

73 此詞的賞析與結構表，皆參見陳滿銘：《文章結構分析》，頁91-93。

六　以中性結構呈現者

（一）從今昔法來看

　　以「時間」為依據來組織篇章，也是文人常用的手法。「追溯古事以證今事，順序歷陳以為議論」[1]的「順敘」法，它的特點是敘述事情有頭有尾，來龍去脈十分清楚，讀者很容易就能掌握。至於把事物發展過程的先後順序顛倒過來的「逆敘」法，則可以化板滯為跳脫，給人不可磨滅的深刻印象。

　　此外，文章宜活潑、生動、有變化，貴在意匠新穎，若墨守老法，陳陳相因，何足動人之欣賞？所以文章之道貴於「變」，一「變」，則句句變，段段變，音節變，境變，氣變，神變。[2]因此，在時間安排上若能善用「今昔」的交互錯綜變化，文章必如蛺蝶穿花，遊魚戲水，令人讀來不禁手之舞之、足之蹈之。

1、王維〈齊州送祖三〉

　　　　相逢方一笑，相送還成泣。祖帳已傷離，荒城復愁入。天寒遠山淨，日暮長河急。解纜君已遙，望君猶佇立。

結構分析表

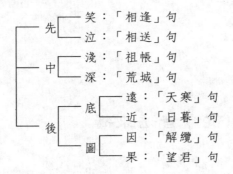

賞析

　　在時間上構成短暫的今昔關係的「先後」法，也是屬於今昔法的範疇。[3]王維謫居齊州，與老友祖三在短暫的聚首後，馬上又要分離，故全詩依尋著時間的先後順序，以白描手法抒寫離情，形成「先、中、後」結構。

　　首聯敘寫他鄉遇故知，正是欣喜歡聚的時刻，兩人卻又要別離了。詩人以一「笑」一「泣」，道出心境的轉折變化，形成強烈的對照，並托起三、四句的離愁別苦，由淺而深，點醒一篇主旨。詩末四句，以「天寒」、「日暮」為全詩畫下送行時的底色，添上「遠山」、「長河」作為襯景，

再以「急」、「淨」象徵友人船行之速與離去後的孤單寂寥。詩人在暮寒、山淒、河冷的渡口，目送著齊三的船，漸去漸遠，只剩下留在天邊的一點帆影，最後把鏡頭的焦點落在兀立江頭的詩人身上，流盪出濃濃的哀淒情調。

2、杜甫〈哀江頭〉

少陵野老吞聲哭，春日潛行曲江曲。江頭宮殿鎖千門，細柳新蒲為誰綠。憶昔霓旌下南苑，苑中景物生顏色。昭陽殿裡第一人，同輦隨君侍君側。輦前才人帶弓箭，白馬嚼齧黃金勒。翻身向天仰射雲，一笑正墜雙飛翼。明眸皓齒今何在，血污遊魂歸不得，清渭東流劍閣深，去住彼此無消息。人生有情淚沾臆，江水江花豈終極。黃昏胡騎塵滿城，欲往城南望城北。

結構分析表

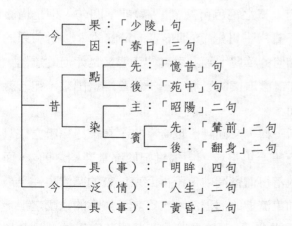

· 185 ·

賞析

　　這首詩當作於肅宗至德二年（西元757年），「公在賊中時，覩江水江花哀思而作。因帝與貴妃常遊幸曲江，故以哀江頭為名」。[4] 全篇分「今、昔、今」三大部分，抒寫詩人遭逢安史之亂以後的家國之悲。

　　開篇四句，是「今」的部分，從少陵野老潛行在曲江河畔所見的景物寫起。因為千門鎖宮殿，柳蔭四合，菰蒲蔥翠，無人可賞，到處都是安史亂後一片荒涼的景象，因而回憶起昔年明皇與貴妃「白日雷霆夾城仗」、「曲江翠幙排銀牓」（杜甫〈樂遊園歌〉）繁華熱鬧的景象。

　　在「憶昔」的部分，採「先點後染」手法，極力鋪陳昔年之盛以烘托今日之衰。我們從「昭陽殿裡」兩句中的「第一人」、「同輦隨君」等詞，可以想見當年楊貴妃權傾一時的寵幸。也難怪張戒《歲寒堂詩話》要在此寫下如此的評語：「不待云嬌侍夜、醉和春，而太真之專寵可知；不待云玉容梨花，而太真之絕色可想。」「輦前」四句，則是借賓顯主，詩人不直說「貴妃」，卻形容「輦前才人」所騎乘的黃金白馬是如何的華麗，翻身射雲的姿態又是如何的矯健，把當年在曲江尋歡取樂的景況，一一從筆端畫出來，宛若就在讀者的眼前。

　　筆調繼而一轉，又回到「現今」來，直筆抒寫唐玄宗避安史之亂、行軍至馬嵬坡，「縊貴妃於佛堂梨樹之前」，而唐玄宗自己也落得滯留蜀中、不得回京城來的悲慘事件。最後，詩人以向東流逝的滔滔江水，寄託了無窮的家國之恨，與「黍離麥秀之悲」。尤其是以「黃昏胡騎塵滿城，欲往城

南望城北」二句，把一個在日暮時分，因為傷感國事而悲痛
至極、而忘城之南北，那一種心迷而目亂、不知何去何從的
少陵野老的形象，摹寫得十分傳神，令人不禁發出「其詞婉
而雅其意，微而有禮，真可謂得風人之旨」這樣的讚語來。

全詩「苦音急調，千古魂消」（蔣弱六語），「純以唱嘆
出之，筆力高不可及」（王西樵語）。[5]而且，「今」與「昔」
放在一塊兒一同比較、衡量，加強時空流變的感受，使得全
詩不僅具有歷史的縱深度，更使得審美特點更為凸出，藝術
變化也更為鮮明。

3、杜甫〈解悶〉

一辭故國十經秋，每見秋瓜憶故邱。今日南湖采
薇蕨，何人為覓鄭瓜州。

結構分析表

```
      ┌ 昔 ┌ 因：「一辭故國」句
      │    └ 果：「每見秋瓜」句
──────┤
      │ 今 ┌ 因：「今日南湖」句
      └    └ 果：「何人為覓」句
```

賞析

本詩選自〈解悶〉十二首之其二，是杜甫「即事懷人憶
故居，因而憶鄭監」之作。杜甫曾有詩作，題為〈秋日夔府
詠懷奉寄鄭監審李賓客之芳一百韻〉；「監」是官名，「鄭
監」即人稱「鄭瓜州」的鄭審。據《全唐詩話續編》記載，

鄭審乃「開元時人，大曆初，為祕書監；三年，出為江陵少尹」。全詩採「先昔後今」結構，首句以一「故」字，寫十年前的辭別；次句再以一「故」字，寫十年後的追憶。故邱有瓜州，是鄭審所居之地。鄭審在做秘監的時候，訪者絡繹於途；而今謫居在南湖，又有誰會來訪覓呢？因此，三、四句，詩人以「采薇蕨」、何人覓瓜州，點出了今日謫居的景象。炎涼的世態、冷暖的人情，在今昔榮枯的對映之下，深藏其中的寥落與感傷，自是不言可喻。詩人共用了二個「故」字、二個「秋」字、二個「瓜」字，表現出「文情游戲，天機爛漫」之妙，更見連環映帶的巧思。**6**

4、楊喚〈日記——詩的噴泉之七〉

昨天，曇。關起靈魂的窄門，
夜宴席勒的強盜，尼采的超人。

今天，晴。擦亮照相機的眼睛，
拍攝梵·谷訶的向日葵，羅丹的春。

結構分析表

```
      ┌ 昔 ┬ 點：「昨天，曇」
─┤      └ 染：「關起靈魂的窄門……尼采的超人」
      └ 今 ┬ 點：「今天，晴」
              └ 染：「擦亮照相機的眼睛……羅丹的春」
```

賞析

最能代表楊喚思想的註腳，也最為大家所津津樂道的，
莫過於〈詩的噴泉〉系列了。其中，〈日記〉尤其令人擊
賞。

昨日的陰天，經由時間慢慢的推移，轉換為今日的晴
朗，這首詩正是以「先昔後今」結構來鋪排。「關起靈魂的
窄門」，一語雙關，既寫出了陽光被烏雲遮蔽的景象，又同
時指向「靈魂之窗」，將心情的沉鬱暗暗點出。這個意象的
運用，頗有雲影徘徊在天光之下，往而復來的流動美。接
著，詩人雖然一口氣用了席勒、尼采、梵谷、羅丹四個世界
名人，但由於安排得宜，文字精鍊，反而使人樂於咀嚼蘊含
在其中的盎然興味，與充滿童話般的魔幻。

席勒（1759—1809），是德國大詩人、戲劇家、文學理
論家，與萊辛、歌德，同為德國古典文學的創始人。他在
「狂飆突進」運動時期創作了《強盜》（1781）、《斐愛斯柯》
（1783）、《陰謀與愛情》（1784）等劇作，表達了維護尊
嚴、渴望自由、揭露封建制度的醜惡與黑暗的意念。尼采
（1844—1900），則是德國哲學家，著有《超人論》，提倡人
要發揮創造力的潛能，要不斷地創新、超越自我，要憑藉著
「超人」精神來實踐真理。由此可推，楊喚面對現實生活中
的不如意與挫折時，所抱持的正如席勒、超人一般，是一種
永不繳械的戰士姿態。

到了第二小節，詩的色彩由暗沈轉為明亮，令人的心眼
為之一亮。「照相機的眼睛」又恰與「靈魂的窄門」相輝
映，一開一闔，生動活潑。於是，詩人藉由梵谷筆下色調厚

重濃麗的向日葵，與被尊為「現代雕刻之父」的羅丹所創作的「永遠的青春」雕像，表達了生命的奔放與希望。因此，這是一篇充滿了青春與希望的「日記」。

（二）從遠近法來看

詩文裡常常可發現遠近法的存在，如宋郭熙〈林泉高致〉中所說的「高遠」、「深遠」、「平遠」，即具體展現了近山濃抹、遠樹輕描之妙，也說明遠近法融進了繪畫技巧的實證。它跳出了焦點透視的限制，在構圖布局上依據主題、虛實、與節奏的規律來組織畫面，延長或縮短各個空間的距離，產生疏密變化，產生「三遠」的不同變化美感。[7]

因此，善用遠近法，既可以顯示主要對象所處的社會背景和自然環境，從而加深主要對象的社會蘊含和生活實感；又可以渲染氣氛、襯托鋪墊，更加凸出整體背景中的主要對象，營造空間上虛虛實實的變化，湧現出奇之趣與空靈之美。

1、杜甫〈曲江三章章五句〉其一

曲江蕭條秋氣高，菱荷枯折隨風濤。游子空嗟垂二毛。白石素沙亦相蕩，哀鴻獨叫求其曹。

結構分析表

```
┌─ 遠（天）┬─ 底（曲江）：「曲江」句
│          └─ 圖（菱荷）：「菱荷」句
├─ 近（人）：「游子」句
└─ 遠（天）┬─ 底（曲江）：「白石」句
           └─ 圖（哀鴻）：「哀鴻」句
```

賞析

　　〈曲江三章章五句〉，當作於天寶十一年（752），這是第一首，採「遠、近、遠」結構。「遠」的部分，都是以「先底後圖」的次序來描寫曲江河畔的景物。一、二句，以秋意蕭瑟的曲江為「底」，凸出「菱荷枯折」這一個「圖」來。秋氣已高，枯荷隨著風濤的擺弄而斷折，雖然只是描寫曲江一片荷枯沙冷的景象，卻已暗點身世之愁。結尾二句，也是以江邊白茫茫一片的沙石天地為底色，凸出失群孤鴻的哀鳴聲。「哀鴻」語出《詩經・小雅・鴻鴈》：「鴻鴈于飛，哀鳴嗷嗷。」在此用來比喻在長年征戰中流離失所的詩人自己，以增強身世之感。然後在前、後的夾逼下，以「游子」一句，刻劃一個鬢髮已斑、獨步江頭的主人翁形象，強化個人的身世感懷。「二毛」一詞，語出《左傳・僖公二十二年》：「君子不重傷，不禽二毛」，及《禮記・檀弓下》：「古之侵伐者，不斬祀、不殺厲、不獲二毛」，表達自己年華虛度、年歲已高的哀感。

　　「前後四句寫景，將自己一句插在中間，章法錯落」，[8]有節奏地轉換空間的遠近，令畫面依由遠而近、再由近而遠的順序推移，以提供觀賞者一種閃耀動人、新鮮凸出的變化

美感，閃射出動人的光彩。

2、李益〈同崔邠登鸛雀樓〉

　　鸛雀樓西百尺檣，汀洲雲樹共茫茫。漢家簫鼓空流水，魏國山河半夕陽。事去千年猶恨速，愁來一日即知長。風煙併起思歸望，遠目非春亦自傷。

結構分析表

賞析

　　鸛雀樓上的唐人留詩極多，宋、沈括《夢溪筆談》以為只有「李益、王之渙、暢諸三篇，能狀其景」。「迥臨飛鳥上，高出世塵間；天勢圍平野，河流入斷山」，這是暢諸登鸛雀樓所見到的景象，筆力雄渾，氣勢壯闊。李益則是中唐邊塞詩的代表詩人，擅長絕句，尤工七絕，〈同崔邠登鸛雀樓〉也是他的代表作之一。

　　開篇四句，是「遠一」的部分。詩人登樓極目遠眺，以「鸛雀樓」兩句，純就空間寫起，船檣之高百尺長，沙渚雲樹多而密，勾勒出一片蒼茫雄渾的景象。「漢家簫鼓」與

「魏國山河」，不僅是空間的描寫，還帶出了歷史流逝的縱深感，「空流水」與「半夕陽」，又給人濃厚的興亡衰替之感。

「事去」二句，視線拉回到詩人身上，抒寫觀見此景而生的愁懷。「千年」之速與「一日」之長，時間的「久」與「暫」之間轉換迅速，形成極大的審美張力，拈出一篇主旨「愁」來。詩末，詩人的眼光又追隨著風煙的動態腳步，將視線飄向遠方，在如煙似霧、緊緊淒風的夾逼下，以望鄉而思歸作結，呈現調和之美。

3、李白〈菩薩蠻〉

平林漠漠煙如織，寒山一帶傷心碧。暝色入高樓，有人樓上愁。　玉階空佇立，宿鳥歸飛急。何處是歸程？長亭更短亭。

結構分析表

```
┌─ 遠：「平林」二句
│         ┌─ 底：「暝色」句
├─ 近 ┼─ 圖：「有人」二句
│         └─ 底：「宿鳥」句
└─ 遠 ┬─ 問：「何處」句
          └─ 答：「長亭」句
```

賞析

這首詞旨在抒寫閨怨之情，也是形成「遠、近、遠」結

構。篇首二句，寫薄暮時分煙靄濃密，遠處寒山一帶的林木，羅列如織一片孤淒清寒的景象。詞中的「碧」字與「寒」字相互照應，既指山色之碧，又用來形容佳人內心的憂鬱感傷。

「暝色」四句，是「近」的部分。一個「暝」字點出了時間，隨著暮色掩入了高樓，詩人的視線從遠方拉回到近處，落在佇立於高樓上的主人翁。「玉階」的「玉」字，使這一個空閨獨守的佳人染就一種高潔美好的特質，宿鳥歸急而佳人空等，把幽微怨悱的「閨愁」，9整個兒興發出來。

結尾二句，詞人的視線又隨著歸鳥望向遠方，將空間由「平林」、「寒山」推向無窮處。問「歸程」，卻答以十里五里的長亭短亭，遊子遲遲未歸的無限哀愁，不言自明。

4、晏殊〈蝶戀花〉

> 檻菊愁煙蘭泣露，羅幕輕寒，燕子雙飛去。明月不諳離恨苦，斜光到曉穿朱戶。　　昨夜西風凋碧樹，獨上高樓，望盡天涯路。欲寄彩箋兼尺素，山長水闊知何處？

```
┌ 結構分析表 ┐
```

```
      ┌─ 遠：「檻菊」三句
      │        ┌─ 因：「明月」句
   ┌─ 近 ─┤
   │        └─ 果：「斜光」句
   │        ┌─ 實（時間）：「昨夜」三句
   └─ 遠 ─┤
            └─ 虛（設想）：「欲寄」二句
```

賞析

晏殊一向善以纖緻精巧的字眼，刻劃出為離情所苦的複雜心緒。這是一首傷離念遠之作，「檻菊愁煙」三句，從遠處起筆，以主觀的擬人手法，移情入景，使客觀的事物也染上了主觀的色彩。「秋露墜，滴盡楚蘭紅淚」（晏殊〈謁金門〉），「雁子歸飛蘭啼露」（晏殊〈清平樂〉），於是菊花之愁、蘭草之泣、羅幕之寒、雙燕之去，為新秋的清晨鋪染了一層又一層輕寒而孤淒的意味。這是「遠一」的部分。

「明月」二句，時間從今晨反溯回到昨夜，我們從「到曉」一語，可以推知，深受離愁之苦的主人翁，竟是徹夜未眠。明月本無情，詞人卻責怪它「不諳離愁」，偏偏穿進紅色的門戶，徹夜斜照在閨房裡。「轉朱閣，低綺戶，照無眠」，這一責備，將正為離情所苦的心理整個兒反映了出來。

下片是「遠二」的部分，先以「昨夜西風」三句，實寫昨夜獨上高樓望盡天涯，那種望眼欲穿的孤寂深情。西風凋碧而良人遠遊未歸，於是「欲寄彩箋」二句，以設想之筆，寫閨人欲寄彩箋尺素卻又無處可寄的深沉苦悶，只能在水闊山又長的深遠空間裡，發出一串串的嘆息聲，加重了愁的份量。[10]

5、寇準〈江南春〉

波渺渺，柳依依。孤村芳草遠，斜日杏花飛。江南春盡離腸斷，蘋汀滿洲人未歸。

結構分析表

```
        ┌─ 遠 ┌─ 遠：「波渺渺」三句
        │    └─ 次遠：「斜日」句
   ─────┼─ 近：「江南」句
        └─ 遠：「蘋汀」句
```

賞 析

　　這首詞，寇準明顯地化用了南朝梁柳惲〈江南曲〉：「汀洲采白蘋，日暖江南春。洞庭有歸客，瀟湘逢故人。故人何不返，春華復應晚。不道新知樂，只言行路遠」的詩意，寫閨中佳人不斷如春水的柔情，與對遠方良人的思念。

　　前四句從遠方的景物寫起，寫「煙波渺渺一千里，白蘋香散東風起」，渺渺春水、依依楊柳的春深景象，拉開了無限寬廣的空間。「孤村」與「芳草」本身又帶有豐富的意涵，「離恨恰如春草，更行更遠還生」，把佳人孤寂的心境、與綿綿不絕的萋萋離思，隨著芳草蔓延到天涯。加上斜陽春暮裡杏花紛飛的淒美景象，一道又一道地點染出屬於江南式的暮春殘景。

　　「江南春盡」一語，承續上文所鋪墊的氣氛，進而道出觸目「離腸斷」的深摯情意，點破一篇題旨。閨人的視線最後落在汀洲上郁郁菁菁的白蘋上，心中雖然也興起了想學古人采蘋以贈情人的念頭，可嘆春將盡、花將殘、而人未歸，只能獨自在孤寂落寞中虛擲年華。 **11**

（三）從高低法來看

　　周明《中國古代散文藝術》在討論「山水散文」的寫景法時，曾說：「自然景物雖美，如不著意組織，寫入散文中，則雜亂無章，無美可言。」[12]故有心的作者，以空間的變換安排層次時，或依東西南北，或按前後左右，或點、線、面依次展開，或「上中下順勢寫起」，[13]筆筆敘來，絲毫不亂，既可使景物的位置分明，又符合人類視覺觀察的順序。

1、劉方平〈月夜〉

　　　　更深月色半人家，北斗闌干南斗斜。今夜偏知春氣暖，蟲聲新透綠窗紗。

結構分析表

```
    ┌─高┌─因：「更深」句
    │   └─果：「北斗」句
────┤
    │   ┌─因：「今夜」句
    └─低└─果：「蟲聲」句
```

賞 析

　　劉方平雖不是盛唐中有名的詩人，但他的詩風清麗雋永，充滿恬靜幽美的意境，在當時獨具一格。他尤其善畫，

「墨妙無前，性生筆先」（皇甫冉〈劉方平壁畫山水〉），因此詩中前兩句就充滿了濃濃的畫意，寫仰觀所見的景象。首句從「更深月色」寫起，扣緊詩題，描寫夜半人家一半籠罩在明亮的月光下，一半籠罩在黑夜的陰影中的景象，凸顯了月夜的深永寂寥。次句承起，詩人因月色而望向隨著時序的推移，高高斜掛在天邊的星象。

此時紗窗外，隱隱傳來陣陣的蟲鳴聲，聲聲洋溢著春氣初暖的喜悅。由「新透綠」一詞，我們可以推知這應是乍暖還寒的時節，連春氣捎帶而來的勃然生機都是簇新的；而且是由春蟲「偏知」，頗有「春江水暖鴨先知」的意味，更與翁森〈四時讀書樂〉中「昨夜庭前葉有聲，籬豆花開蟋蟀鳴；不覺商意滿林薄，蕭然萬籟涵虛清」的清新意境，呈現出相類的聽覺效果，別緻新穎，不落俗套。

2、黃景仁〈新安灘〉

一灘復一灘，一灘高十丈。三百六十灘，新安在天上。

結構分析表

```
┌── 低：「一灘復一灘」二句
└── 高：「三百六十灘」二句
```

賞 析

從浙江東部的桐廬到安徽西南的屯溪，沿著新安江溯迴

而從之，沿途可以見到淺灘棋布的險境，小舟得仰賴竹篙與
縴繩的力挽才能上行。於是黃景仁採用了仰視的角度，運用
了長距離全景式的鏡頭，由低往上一層一層又一層地拉高，
將空間拓展的明白有序，一灘一轉，愈轉愈上，直至三百六
十轉，把人的視線從水面直轉到高高的天上去。**14**

　　詩人巧妙地運用了「由低而高」的結構布局法，加上
「一」、「十」、「三百六十」等數量詞的運用，和疊字形容
詞所產生的連綿反復的節奏效果，出色地表現了灘行之險和
自己一路驚絕不置的主觀感受。使讀者一望而知這種空間高
下的懸絕比例，也自然而然地聯想到新安灘的險峻，水勢的
湍急，與此行航路的艱難。莎士比亞曾在《仲夏夜之夢》中
說：「詩人的眼睛在神奇的狂放的一瞬中，便能從天上看到
地下，從地下看到天上。」憑著「想像」這一個神性的視
力，**15**加上高低法的運用，自能像此詩一般，將天上人間所
有的浮雲變幻，盡覽於胸中。

3、祖詠〈終南望餘雪〉

　　　　終南陰嶺秀，積雪浮雲端。林表明霽色，城中增
暮寒。

結構分析表

```
    ┌─ 高 ┌─ 最高：「終南」二句
    │     └─ 次高：「林表」句
    └─ 低：「城中」句
```

賞析

　　據《全唐詩話續編》記載：「此詠應試賦此題，纔得四句，即納於有司。或詰之，詠曰：『意盡。』」也就是說，這首詩是祖詠在長安應試時所作，本應是十二句的五言排律，但祖詠只寫了四句就交卷，旁人問他，他卻答詩意已足，意氣灑脫而神色自如，如此神色自然也洋溢於字裡行間。

　　全詩採用「由高而低」結構，前三句是「高」的部分。喻守真《唐詩三百首詳析》[16]在析評這首詩時，就指出首句是寫終南山的秀色，山北水南為陰，山北易於積雪，因此詩人特別拈出「陰嶺」這兩個字。唯其「陰」，才能有「餘雪」，因此「陰」字下得很精確，再以一個「秀」字，頌贊終南山給人的整體印象。次句是寫終南山的高峻，切合詩題中的「餘雪」二字，而一個「浮」字，又賦予山嶺上的積雪一種流動的姿態。此時雨雪初晴，夕陽的餘暉為林表染上一層明亮的色彩，而終南山上的積雪，只有在「霽色」中才能見到；因此，「霽」字在此也就顯得十分重要。

　　第四句，借「寒」字帶來了的觸覺感受，引領詩人的視線回到長安城來。這是正逢雪融的時節，天氣特別清冷，暮色漸掩，城中也因而憑添了幾許寒意。為了傳達心靈的波動，塑造獨特深刻的氣氛，於是祖詠採用了「雪」、「雲」、「明霽色（藍色）」等屬於寒色系的字眼，[17]由色彩帶出主觀聯想，表現詩人敏銳而特殊的感觸，來加強渲染的效果，為全詩經營出一種冷靜、疏離、虛靈的情調。

4、歐陽脩〈豐樂亭記〉（節選）

　　修既治滁之明年夏，始飲滁水而甘。問諸滁人，得于州南百步之近。其上豐山聳然而特立，下則幽谷窈然而深藏，中有清泉瀇然而仰出。俯仰左右，顧而樂之，於是疏泉鑿石，闢地以為亭，而與滁人往遊其間。

結構分析表

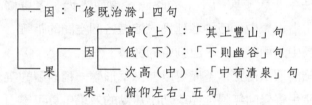

```
        ┌ 因：「修既治滁」四句
        │          ┌ 高（上）：「其上豐山」句
        │    ┌ 因 ┼ 低（下）：「下則幽谷」句
        └ 果 │     └ 次高（中）：「中有清泉」句
             └ 果：「俯仰左右」五句
```

賞 析

　　〈豐樂亭記〉與〈醉翁亭記〉，同屬歐陽脩在於滁州所作的登亭文章，典雅而深湛。就這段文字而言，是以「先因後果」結構組成。因為發現泉水於城南，引發遊興，遊而心喜，於是鑿石闢地、疏泉建亭，與民同遊其間。其中「其上豐山」等三句，就是運用了「高、低、高」的表現手法。它利用了仰觀、俯瞰、平視，利用了「由高而低而高」視覺推移的效果，看盡了全空間，將聳然特立的豐山、窈然深藏的幽谷，依「由上而下」的次序道出，再點出中間瀇然而仰出的清泉，拉開一層又一層的空間景觀，有視覺延伸的特殊效果，營造出立體的空間層次感。而這種變換空間的安排方

式，與中國繪畫的布局構圖透露出一致的意圖，他們都是跳脫了焦點透視的限制，巧妙地延長或縮短各個空間上下的距離，疏密相間，節奏相應，於小小尺幅中，顯豁文人一己胸中的塊壘，更能凸顯出整體背景中的主體，進而營造更多的空間美感義涵。

<h2>（四）從大小法來看</h2>

大小法中「大」與「小」的映照，會使「大」者更擴散，「小」者更集中，巧妙地延長或縮短各個空間的距離，於小小尺幅中，顯豁文人一己胸中的塊壘。[18]

大小結構運法得宜，不僅可以為文章形醸一種漸層的空間美感，產生視覺向無限延伸或凸出焦點的效果，更可經由與四季景觀的結合，極力描繪景物四時不同的變化，使山水更增添一份多彩多妍的光鮮。在順序的時間結構中，四季更迭，春夏秋冬依序敘述的情形，十分常見。尤其是景觀記文，寫景時比較可以不受到具體時間的限制，文人大可以立於亭臺之上，眺望四方之遠，仰觀宇宙之大，遙想天地四時的變化，在有範圍的時空裡體悟天道運轉的意味。這是由於自然總與天道相通，人在自然裡，自然就會喚醒了一種形而上的超越性；這也是為何在寓情於景的作品中，悟道的感受總是屢見迭出的緣故。在情景交融裡，心靈與天地四時交相感應，相應相融，以致渾然「不知何者為我，何者為物」了。[19]

1、盧綸〈塞下曲〉之一

　　　　鷲翎金僕姑，燕尾繡蝥弧。獨立揚新令，千營共
一呼。

結構分析表

```
        ┌ 最小（箭羽）：「鷲翎」句
   ┌ 小 ┤
   │    └ 次小：「燕尾」句
───┤
   │    ┌ 次大：「獨立」句
   └ 大 ┤
        └ 最大：「千營」句
```

賞　析

　　這是一首邊塞詩，採「由小而大」的結構來鋪陳詩意。
首句，詩人把鏡頭定焦在一支鑲著鷲羽「金僕姑」（一種箭
名）的翎尾上，讓它佔滿了整個的畫面。次句將詩中的鏡頭
又拉開一些，讓一面繡有燕尾旗飾的「蝥弧」（一種旗子的
名稱）旗，在翎尾旁邊迎著風飄揚。第三句，又再次向更大
的空間拉開，讓鏡頭聚焦於獨立在帥旗旁，正在發號「新令」
的將軍身上。最後，鏡頭拉到了極遠處，由聽覺帶出了千軍
萬馬昂揚的聲勢。黃永武《中國詩學‧設計篇》在分析這首
詩時，就指出「短短四句，由一根鳥羽展開至成千的營帳，
由一根美麗的羽毛引出了莊嚴的軍容」。[20]這種由於懸殊的
比例所營生的美感效果，正是大小法獨特的空間設計美學。

2、劉禹錫〈春詞〉

　　　　新妝宜面下朱樓，深鎖春光一院愁。行到中庭數

花朵，蜻蜓飛上玉搔頭。

結構分析表

```
      ┌─ 大 ┌─ 最大（朱樓）：「新妝」句
      │     └─ 次大（庭院）：「深鎖」句
  ────┤
      │     ┌─ 次小（花徑）：「行到」句
      └─ 小 └─ 最小（玉簪）：「蜻蜓」句
```

賞析

　　這是一首宮怨詩，全詩的樞紐在於一個「愁」字。第一句，寫少婦新妝初成，由立體的朱樓步下到平面的春院裡來，詩中的鏡頭是如此的廣而深。第二句是寫少婦獨自面對著一院的春光爛縵，卻只能暗暗發愁的情景。第三句的範圍更縮小了，變成少婦兀立在中庭的花徑上，百無聊奈的數著花朵。第四句將範圍縮到最小，將特寫的鏡頭整個兒凝聚在少婦髮上所戴的玉簪上頭。

　　全詩由樓而院、由院而徑、由徑而蜻蜓、由蜻蜓而玉搔頭，在「由大而小」的包孕式空間裡，讓滿腔深鎖的愁情，獲得了最大的蘊釀與逼發。尤其末句，詩人以一隻款款飛舞的蜻蜓，劃出一道美麗的流動的弧線，最後讓牠停在美人的玉搔頭上，在這沉靜而短暫的一剎那之間，那種「人比花嬌」、「見賞無人」的愁情，[21]溢於言外，傳達出一種細膩而幽微的興發力量，讓讀者的心獲得了最大的感動。

3、許渾〈秋日赴闕題潼關驛樓〉

　　　紅葉晚蕭蕭，長亭酒一瓢。殘雲歸太華，疏雨過中條。樹色隨關迴，河聲入海遙。帝鄉明日到，猶自夢漁樵。

結構分析表

```
      ┌ 聽：「紅葉」句
  ┌ 小┤
  │   └ 視：「長亭」句
  │   ┌ 山：「殘雲」二句
──┼ 大┤
  │   └ 河：「樹色」二句
  └ 小：「帝鄉」二句
```

賞 析

　　潼關是從洛陽進入長安的必經之地，山河表裡，形勢險要，景色動人，歷代詩人路經此地，往往都會題詩記勝。許渾離鄉至此，也被此地的山川形勢和自然景色深深吸引，於是揮筆寫下了這首「高華雄渾」的詩作。

　　開頭兩句，是「小一」的部分。由於此詩題作「行次潼關，逢魏扶東歸」，故詩人先點出了他與友人乍逢又別離的時間、地點，紅葉在晚秋的微風中蕭蕭作響，為長亭飲酒餞別的兩人鳴奏出最哀婉的驪歌。

　　「殘雲」四句，筆勢陡轉，一掃離愁，大筆勾勒四周的景色，這是「大」的部分。詩人的眼光在四合的山河之間瀏覽，此時只見高聳的西嶽華山，與蒼茫起伏的中條山環繞在左右；「殘雲」與「疏雨」，讓原本偉岸而聳峻的華山與中

條山，注入了一股靈動的氣韻。而隨著蒼蒼鬱鬱的樹色再向前望去，便是咆哮奔湧的黃河了，它在潼關外頭猛地一轉，逕向三門峽直衝而去，奔騰入海。

詩末兩句，視線又回到了詩人目前所站的地方來，這是「小二」的部分。[22] 長安是唐朝京師所在，繁華富庶，歷來多少有志之士都冀望能在此直上青雲、一展壯志，可是詩人卻說自己還懷著「漁樵」之夢呢，委婉道出了自己此行並非專為追求功名而來之意。

4、辛棄疾〈酒泉子〉

> 流水無情，潮到空城頭盡白。離歌一曲怨殘陽，斷人腸。　　東風官柳舞雕牆。三十六宮花濺淚，春聲何處說興亡。燕雙雙。

結構分析表

```
        ┌ 淺 ┬ 大（潮水）：「流水」二句
        │    └ 小（人）：「離歌」二句
────────┤
        └ 深 ┬ 大（花柳）：「東風」二句
             └ 小（雙燕）：「春聲」二句
```

賞析

這是一闋感慨興亡的詞作，由淺而深，形成「大小迭用」的結構。上片起二句，寫潮打空城的景象，視野是空闊的，白頭的浪花、荒冷的空城、寂寞的回音，日復一日在離人的耳畔迴響著，也預為下半闋的興亡感慨鋪上一層黯然蕭

索的底色。「離歌一曲」二句，凸出了賦離歌、斷人腸的情
景來，人因為自己的離情無處宣洩而怨起殘陽來，場景是縮
小的。

下片首二句，寫的是金陵古城的無邊春色，場景又是遼
闊的。三十六宮的宮花正紅豔，官柳也在東風中舞動著枝
條，撫弄著雕飾華麗的宮牆，正是一片春來時草木欣欣向榮
的景致，可是詞人卻說是「花濺淚」，一語點出了宮花無人
賞的淒涼景象。於是「春聲何處」二句，藉由棲於金陵城中
的小小雙燕的呢喃聲，道出了「說興亡」的一篇主旨。細觀
全詞的空間安排，作者有意地將或大或小的情景與事物互相
間錯起來，藉由「潮水」（大）而「人」（小）、由「花柳」
（大）而「雙燕」（小）的場景變換，給人一種視覺上連綿深
遠的美感效果，令無窮的興亡感慨，溢於篇外。[23]

（五）從視角變換法來看

空間中的「長」、「寬」、「高」三維，可以相互搭配，
作出更多變的視角轉換，使空間更寬闊、更富有立體感。因
此，黃永武《中國詩學‧設計篇》談到「空間的角度變化」
時，就直接指出「前後遠近上下的轉向，則造成空間角度的
轉換，詩人常將這種多角的視點複合在一首詩裡」，使得整
首詩所能蘊含的義涵更豐富，空間設計也更生動、活潑。這
種利用視角的多重變化所設計出來的美感空間，李元洛《歌
鼓湘靈》認為是來自於傳統繪畫中的散點透視法，極具雕塑
性，能使讀者在欣賞中不禁產生「山隨萬轉」的美感效果。[24]

1、岑參〈與高適薛據登慈恩寺浮圖〉

塔勢如湧出，孤高聳天宮。登臨出世界，磴道盤
虛空。突兀壓神州，崢嶸如鬼工。四角礙白日，七層
摩蒼穹。下窺指高鳥，俯聽聞驚風。連山若波濤，奔
湊如朝東。青槐夾馳道，宮館何玲瓏。秋色從西來，
蒼然滿關中。五陵北原上，萬古青蒙蒙。淨理了可
悟，勝因夙所宗。誓將掛冠去，覺道資無窮。

結構分析表

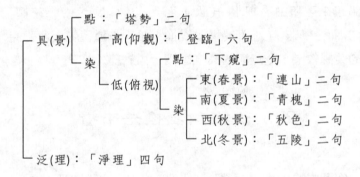

賞析

岑參與高適、薛據等友人，同登長安城慈恩寺寶塔（俗
稱大雁塔），因登塔而了悟佛道，於是寫下了此詩。這首詩
與杜甫作於天寶十一年（752）秋的〈同諸公登慈恩寺塔〉
詩所寄託的興亡之感，有著截然不同的興味，高步瀛《唐宋
詩舉要》則讚美其「氣象闊大，幾與少陵一篇並立千古」。[25]

「具寫」的部分，先點後染，「塔勢」二句，是作為全

詩引入下文的橋梁，詩人立在塔外，抬頭仰視拔地而起、高入雲霄的佛塔；再依「由高（仰觀）而低（俯視）」的次序，鋪染慈恩寺佛塔的雄偉大勢。沿著盤繞的石階登塔而上，高高地矗立在大地上的慈恩寺佛塔，漸漸地逼顯到眼前來，詩人別出心裁地以「出世界」、「盤虛空」、「壓神州」、「如鬼工」等語詞來描摹佛塔，再以「四角礙白日，七層摩蒼穹」等極其誇張的口吻，形容四個如翼斯飛的簷角，可以遮礙白日，可與蒼穹娑摩，帶給人一種直接的、壓迫性的雄偉。

　　在「低（俯視）」的部分，「下窺」兩句，是承上啟下的關鍵句，由這一個點，將視線向四面八方輻射出去。從塔上望向下方，可以「窺指」高鳥，可以「俯聽」驚風，再次表達了塔勢之高。至於「連山若波濤」等八句，則從虛處著筆，每兩句包羅一個季節和一個方位，「東寓春景」、「南寓夏景」、「西寓秋景」、「北寓冬景」，將四方景色盡收眼底，並暗寓四季的不同氣象。因此顧亭鑑《學詩指南》說：「於登臨之景，兼上下四方言之，雄渾悲壯，層次井然不紊」，[26]這種高低、四方的視角變化，使得景色更加豐富明亮，可說是全詩最出色的地方。至於詩末四句，因景抒感，表達自己因了悟佛道，誓擬「掛冠」而求去的心意。

2、杜甫〈登高〉

　　　　風急天高猿嘯哀，渚清沙白鳥飛回。無邊落木蕭蕭下，不盡長江滾滾來。萬里悲秋常作客，百年多病獨登臺。艱難苦恨繁霜鬢，潦倒新亭濁酒杯。

結構分析表

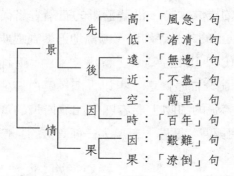

賞析

　　〈登高〉是大曆二年（767）秋，杜甫流寓夔州時重九登高的所見所感，形成「先景後情」結構。開篇四句點明時令與四周景致，即是運用了視角變換手法，一氣噴薄而出，令筆法錯落有致。詩人的視角由高處向江鳥飛回處流轉，繼而橫向遠方的無邊落木，再藉由滾滾江水帶回到眼前來，描繪出淒冷而清寒的秋天景象。「萬里」二句，以一個「秋」字，總括了前四句景語，「悲」情是緣「秋」而生，引出了後半篇的詩意，這也是全詩的主旨所在。第七句承續「常作客」而來，第八句則是上頂「百年多病」，將山河破碎、時事艱難、久客異鄉的無限悲涼意，溢於言外。因為羈旅在外，因為衰疾多病，因為適逢慘淡的暮秋，時間與空間上，產生了種種相近的關聯，於是當作者登高而望遠，自然要生出這許多聯想，因而興起「悲秋」的千古慨嘆了。全詩「四句景，後四句情」，「而筆勢雄駿奔放，若天馬之不可羈」，[27]

故楊倫《杜詩鏡銓》稱讚此詩「高渾一氣，古今獨步，當為杜集七言律詩第一」。[28]

3、張衍懿〈進峽〉

峽自夷陵束，江從白帝懸。兩崖如劍立，百丈入雲牽。石出疑無路，雲開別有天。往來頻涉險，千里正茫然。

結構分析表

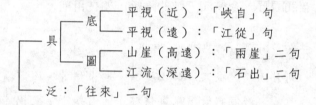

```
        ┌ 底 ┬ 平視（近）：「峽自」句
        │    └ 平視（遠）：「江從」句
    ┌ 具┤
    │   └ 圖 ┬ 山崖（高遠）：「兩崖」二句
────┤        └ 江流（深遠）：「石出」二句
    └ 泛：「往來」二句
```

賞析

這首詩利用了多種視角的變換，頗具有「全面視境」的美學效果。[29]前六句依「先底後圖」的次序，運用平遠、高遠、深遠等角度變化，具寫長江進入三峽以後所形成的險絕景象。最後兩句，以「往來」、「千里」收束全詩，是「泛寫」往來三峽的驚厄險悸。

首聯從「峽」、「江」入手落筆，為這一幅長江三峽長卷圖的大輪廓畫下底色。「夷陵」就是現今的宜昌，是西陵峽的入口處，所以第一句是平視的近景。白帝城高，下臨瞿塘峽，長江就從它的山腳下浩浩蕩蕩向東流去，所以第二句

是平遠之景。「兩崖如劍立」，分寫左右群山的險峻，「百丈入雲牽」，集中表現群山的高聳，兩句都是採由低至高的仰視角度來描寫，形成「高遠」之景。「石出疑無路」，寫江流之狹，緊扣首句的「束」字；「雲開別有天」，表示地勢之高，呼應第二句的「懸」字，形成「深遠」之感。

北宋畫家郭熙〈林泉高致〉認為「山有三遠」：「自山下而仰山巔謂之高遠，自山前而窺山後謂之深遠，自近山而望遠山謂之平遠。」[30]張衍懿〈進峽〉主要是寫山，也是採用了「三遠」法來描繪三峽的險峻；而且「高遠之勢突兀，深遠之意重疊，平遠之意衝融而縹縹緲緲」，為全詩營造了最寬闊的空間視野，令長江三峽的險絕，如在目前。

4、汪藻〈點絳唇〉

　　　新月娟娟，夜寒江靜山銜斗。起來搔首。梅影橫窗瘦。　　　好個霜天，閒卻傳杯手。君知否？亂鴉啼後。歸興濃如酒。

結構分析表

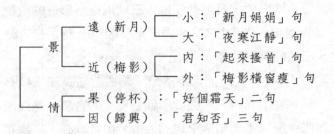

·212·

賞析

　　這首詞採「先景後情」結構，在「景」的部分，就運用了由遠而近、由小而大、由內而外等視角旳轉換，令視覺在上下左右的移動中，開拓出最為遼闊的空間感。

　　首句是仰視所見之景，以一枚精巧的娟娟新月，在天空中畫下一道淺淺的弧線，帶給人一種清新雅淨的感覺。第二句，視線向遠方的山與水推移，詞人以「山銜斗」一詞，點明夜已深沉，加上「寒」字、「靜」字的烘襯，把秋夜妝點得份外寂靜沁涼。「起來搔首」句，詞中的鏡頭整個凝注在作者身上，尤其作者「搔首」的這一個姿態，顯得十分俏皮，格外引人注目，令讀者發出詼諧的一笑。鏡頭很快地隨著作者的眼光，落在窗上的梅影上，我們從「梅影」、「瘦」等字，可以推出作者必也是個不俗的雅士。下片「好個霜天」二句，正式點出了季節，「閑卻」兩字，又透顯了作者此時的心境，是靜靜觀賞了新月、梅影之後的恬靜安然，與上片緊緊呼應。然後在呱呱噪啼的亂鴉鳴叫中，從聽覺帶出了濃濃的「歸興」，收束全篇。

（六）從時間的虛實法來看

　　要打破靜止、呆板，使作品顯得生動，就得有變化，而「時間」就是變化的第一種形式。[31]時間的流逝，永不停歇，發生於前的無法錯後，發生於後的無法提前，因此時序的打破之處，同時也是最醒目、最值得注意之處。時間的倒

撥或提前，令現在與過去同在、令現在與將來同在，產生時差變異，能同時收到強調與設置懸念的雙重作用。

「寂然凝慮，思接千載」（劉勰《文心雕龍》），經由記憶，時間可以向過去延伸；透過期望，未來可以奔赴到眼前。記憶、直觀與期望這三種精神活動，使得時間呈現出綿延的性質。[32] 將這種特質運用在謀篇布局上，除了可以對「實」時間中出現的人、事、景、情作充分的描繪；還可以將時間無限地向前延伸，一方面對未來作出種種「設想」，一方面又可以藉著「虛」時間的延展，[33] 將所蘊蓄的情感無限地發酵。

1、杜甫〈聞官軍收河南河北〉

劍外忽傳收薊北，初聞涕淚滿衣裳。卻看妻子愁何在，漫卷詩書喜欲狂。白日放歌須縱酒，青春作伴好還鄉。即從巴峽穿巫峽，便下襄陽向洛陽。

結構分析表

賞析

唐代宗廣德元年（763）春天，史思明的義子史朝義兵

敗自縊，唐軍打了一場勝仗，收復了洛陽、鄭、汴等州，此時流寓梓州的杜甫，聽到了這個消息，以欣喜激昂的筆調寫下了這一首詩，抒發「聞官軍收河南河北」後「喜欲狂」的心情。前五句是就「實時間」（今日）而言，「青春」三句則是就「虛時間」（未來）而言，[35]全詩形成「先實後虛」結構。

我們從詩人此時的所在地「劍外」，與官軍的收復地「薊北」（今河北東北部一帶），可以推想為了避安史之亂，帶著家人一路顛簸到了梓州（今四川）的杜甫，忽然聽到了官軍勝利的消息時，心中是如何的驚喜交集。故起聯藉「忽傳」、「初聞」等語，寫事出突然、與自己喜極而泣的情形。領聯改採設問語氣，詩人巧妙地以「卻看」二字，使讀者的焦點由自身移轉至妻子身上，再以「漫卷詩書」四字作具體的描寫，寫妻子聽聞官軍收復山河後狂喜的情狀，拈一篇主旨「喜欲狂」。頸聯則是由實轉虛，以「放歌縱酒」上承「喜欲狂」，以「青春作伴」上承「妻子」，寫春日攜伴還鄉的打算。末聯則緊接上聯「好還鄉」而來，一口氣道出了巴峽、巫峽、襄陽、洛陽四個地點，虛寫了還鄉所需經過的路程。如此由「忽傳」而「初聞」、「卻看」而「漫卷」、「即從」而「便下」，一氣奔注，將「喜欲狂」之情渲染得精彩極了。

2、張炎〈解連環〉

　　楚江空晚，悵離群萬里，恍然驚散。自顧影、欲下寒塘，正沙淨草枯，水平天遠。寫不成書，只寄得、相思一點。料因循誤了，殘氈擁雪，故人心眼。

誰憐旅愁荏苒，謾長門夜悄，錦箏彈怨。想伴
侶、猶宿蘆花，也曾念春前，去程應轉。暮雨相呼，
怕驀地玉關重見。未羞他、雙燕歸來，畫簾半捲。

結構分析表

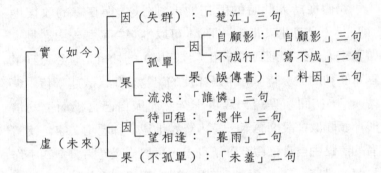

賞析

　　此詞題作「孤雁」，所以全篇緊扣住「孤」字，層層展
開，烘托渲染，以抒發國破家亡到處流浪的哀痛，採用「先
實後虛」結構寫成。「實時間」的部分，先因後果，「楚江
空晚」三句，是寫獨飛於楚江之上的「失群孤雁」。詞人細
膩地嵌上了「空晚」、「驚散」等字眼，令這一隻離群有萬
里之遙的孤雁，在向晚的昏黃色調裡，與一片遼闊的淒迷天
地，上下浮沉，更凸顯了孤雁的渺小。

　　於是「自顧影」十一句，接著抒寫孤雁映照在寒塘上的
寂寞身影，沙淨而草枯，水平而天遠，本應是雁群南渡避寒
的季節，可是卻「寫不成書」，無法成行，只能徒自發出

「殘氈擁雪」的喟息。詞人在此把失群的孤雁排不成雁陣和《漢書‧蘇武傳》雁足傳書的故事巧妙地融而為一，進一步點出雁的孤單。「誰憐旅愁荏苒」三句，又技巧地藉取漢武帝幽居陳皇后於長門宮的典故，極致地渲染被棄而流浪的悲愁，歸結一篇主旨「旅愁」來。

「想伴侶」七句，是「虛時間」的部分，依待回程、望相逢、不孤單這三個層次來鋪寫，藉著蘆花、暮雨、雙燕等自然性物材，來反襯雁的孤單，使眼前的孤單之情更趨於深濃，也曲折表達了國破家亡後的自己，南北奔走，羈旅飄泊的生涯與無限的傷感。[36]整闋詞是咏雁也是咏人，為讀者留下了無限的低迴。

3、王沂孫〈眉嫵〉

漸新痕懸柳，淡彩穿花，依約破初暝。便有團圓意，深深拜，相逢誰在香徑？畫眉未穩，料素娥、猶帶離恨。最堪愛、一曲銀鉤小，寶簾掛秋冷。　　千古盈虧休問。歎漫磨玉斧，難補金鏡。太液池猶在，淒涼處、何人重賦清景？故山夜永。試待他、窺戶端正。看雲外山河，還老桂花舊影。

結構分析表

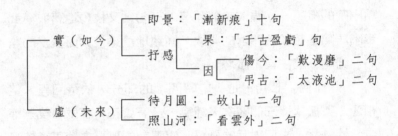

賞析

　　王沂孫，曾與周密、張炎等人同結詞社，相與唱和。他的詞講究章法、層次，深婉雅致，多是詠物之作，以寄託身世之感。這首〈眉嫵〉題作「新月」，約作於南宋滅亡前夕，上片側重寫新月之美，下片藉新月以寄託亡國之痛，也是形成「先實（如今）後虛（未來）」結構。

　　「實（如今）」的部分，自篇首至「何人」句止。先以「漸」字領起開篇三句，藉著「懸柳」、「穿花」、「破初暝」等動作，將新月初升時的景象，描寫得極其細緻婉約。其次寫拜新月，「開簾見新月，即便下階拜；細語人不聞，北風吹群帶」（李端〈新月〉），才剛剛顯露出那麼一點「團圓意」，月下的人影立即「深深拜」，傳達了殷切的期待之意；但一句「相逢誰在香徑」，點出了空等無人的景況，又使人蒙上了一層深深的惆悵，帶出下句的「離恨」來。「畫眉未穩」二句，化用了李商隱〈嫦娥〉「嫦娥應悔偷靈藥，碧海青天夜夜心」的詩意，以設想之筆，把淺淺一彎的新月，比擬為月裡嫦娥畫眉未妥的模樣，直接拈出「離恨」來，也暗

暗指向國愁家恨。「最堪愛」二句，又將新月比喻成一彎閒掛在寶簾上的小銀鉤，高高地掛在秋冷的夜空裡，令人愛其美，又憐其高寒，再隱約地由「愛」生出「恨」來。

於是「千古盈虧」五句，承接上文轉而「抒感」，以「千古盈虧休問」句，「忽將上半闋意，一筆撇去，有龍跳虎臥之奇」（陳廷焯《白雨齋詞話》），抒寫山河已破的悲憤。再引用了《酉陽雜俎》中玉斧修月的故事，發出就算磨平了玉斧，也難以補圓「金鏡」（月亮）的感嘆。而今荒冷的「太液池猶在」，可是又有誰能「重賦清景」？詞人在此以反問的口吻，流露出昔盛而今衰、山河破碎的深沉感慨。

「故山夜永」四句，是「虛（未來）」的部分，詞人以「試待」二字，表達了等待月圓（「端正」）、重照山河的心願，燃起了一線的希望；但「看雲外山河，還老桂花舊影」，語氣又驟轉而下，讓詩中的鏡頭凝注在未來月圓時的舊山河與老月桂上頭，「樹猶如此，人何以堪」，深沉表達了詞人已老、山河收復卻遙遙無期的悲痛。[37] 全詞明寫新月，暗點故國，由望新月而拜月、由拜月而盼月圓，月的盈虧與人事的盛衰，相映而相生，洋溢出一種深沉的悲曠意味。

4、周邦彥〈蘇幕遮〉

　　　　燎沉香，消溽暑。鳥雀呼晴，侵曉窺簷語。葉上初陽乾宿雨，水面清圓，一一風荷舉。　　　故鄉遙，何日去？家住吳門，久作長安旅。五月漁郎相憶否？小楫輕舟，夢入芙蓉浦。

結構分析表

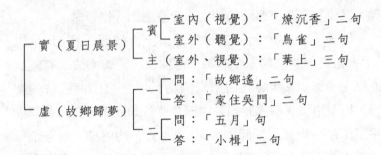

賞析

　　〈蘇幕遮〉一詞採時間上的「先實後虛」結構，抒寫鄉
心之切。上片是「實時間」的部分，由室內而室外、由近而
遠，抒寫雨後的夏日晨景：「燎沉香」二句，描寫室內的爐
香，並點明季節（溽暑）；次以「鳥雀呼晴」二句，讓視線
由室內推向屋外，從聽覺的角度來摹寫屋簷下的鳥雀，正欣
喜於夜雨初晴而吱喳噪啼；再以「葉上初陽乾宿雨」三句，
讓視線由屋外又推向更遠處的荷塘，初陽下清圓高舉的荷
葉，一一挺立在水面上，風一吹，詞人的視線很自然地就隨
著萬頃風荷望向了遠方，而興起了對故鄉的思念。其中，爐
香、鳥雀，是「賓」，風荷才是「主」。因為經由此地（汴京）
的風荷，作者就能與故鄉（錢塘）的「芙蓉浦」相連在一
起，預為下片鋪墊一條歸鄉之夢。

　　下片是「虛時間」的部分，先以「故鄉遙」句，抒寫思
鄉之情，拈明一篇主旨，統一全詞，再以問答的形式，道出
了旅居的所在地與故鄉，相距竟是如此的遙遠，寄託了濃濃

的身世之感。「五月漁郎相憶否」三句，也是以一問一答的形式，回應上片的「風荷」，作者不說自己思念家鄉，卻問漁郎是否思念自己，讓鄉思之情又推深了一層，全詞就在輕舟小楫滑入芙蓉浦、夢歸故鄉中作收。[38]

夏日如年，以香消之，此中的寂寞自然可知。全詞用語含蓄，典雅精工，「若有意，若無意，使人神眩」（《宋四家詞選》），而「風致絕佳，亦見先生胸襟恬淡」（陳世焜《云韶集》），可說是一首值得細細把玩的小詞。

（七）從空間的虛實法來看

以「空間」的轉移來謀篇布局，也是文人常用的手法。文人描寫空間時，視線多是由立足之處向遠處綿延；但因為天地之大，非目力所能及，於是當文人「悄焉動容，視通萬里」（劉勰《文心雕龍·神思》），透過「想像」以表現一種悠遠的、虛實相生的空間感受時，就會形成「空間的虛實」。[39]它可以把在同一時間內的不同地點和場合所發生的美感信息同時反映出來，產生一種因壓縮空間而獲致的審美張力，使得「咫尺而有萬里之勢」。

這種獨特的創造手法也貫串於各門藝術裡，不論是音樂的聲音、節奏，繪畫的色彩、線條，或是文學的語言、文字，戲劇的布景、動作，大至於建築，小至於印章，都常常運用了虛實相生的審美原則，表現出飛舞生動的氣韻。

空間虛實結合的藝術表現，突破了現實生活的局限性，充分發揮「實」的部分，則可以通過視覺、聽覺等感覺，具

體地看到、聽到，使人從看到和聽到的部分中，很自然地領
會出看不到和聽不到而存於意想之中（虛）的那一部分。若
充分發揮「虛」的作用，則除了能使藝術作品運用具體形象
來表達抽象情思，同時還能引導和喚起人們對還沒有表現出
來、或是無法用具體形象表現出來的部分的想像和聯想，使
創作者和欣賞者達到默契意會的境地。40

1、王維〈九月九日憶山東兄弟〉

獨在異鄉為異客，每逢佳節倍思親。遙知兄弟登高
處，遍插茱萸少一人。

結構分析表

```
        ┌ 實（空間） ┌ 因：「獨在異鄉」句
        │            └ 果：「每逢佳節」句
─┤
        │            ┌ 先：「遙知兄弟」句
        └ 虛（空間） └ 後：「遍插茱萸」句
```

賞析

這是一首思親之作，王維善於運用當時的所見、所感做
為寫作的材料，又為讀者留下一片想像的藝術再創造的天
地。「賦以象形，按實肖象易，憑虛構象難；能構象，象乃
生生不窮矣」。41因為沒有虛筆的藝術作品，往往容易流於
單調板滯、擁塞淺露、意境狹窄；因此虛靈之處，才是啟動
聯想、催發想像的最活躍之處，理性的認知可以在這裡得到
啟迪，感情的噴湧也可以在這裡得到昇華，意境得之於它更

顯深邃曠遠，情趣得之於它更覺盎然無窮。[42]

因此，「獨在異鄉」二句，詩人從現在所處的位置寫起，點明在異鄉為異客而思親人的原因，並提出「思親」的主旨，這是屬於空間上的「實」。「遙知」兩句，透過設想，寫目力所不能及的遠方，兄弟登高插茱萸的景況，是「虛空間」的部分。全詩以「憶」字為線索，貫串首句的作客異鄉，貫串了第二句的「思親」二字，再貫串到三、四兩句，從對面寫兄弟憶己，來反襯自己相憶之深。[43]虛實相映，章法渾然。

2、岑參〈春夢〉

> 洞房昨夜春風起，遙憶美人春江水。枕上片時春夢中，行盡江南數千里。

結構分析表

```
┌─ 實（空間）：「洞房」句
│        ┌─ 彼地：「遙憶美人」句
└─ 虛 ──┤        ┌─ 小：「枕上」句
         └─ 夢中 ┤
                  └─ 大：「行盡」句
```

賞析

第一句，是就現實情況而言，寫昨夜春風吹入了洞房，詩人的心因而揚起陣陣的波紋。第二句以一個「憶」字，將空間轉換到美人現在所處的遠方，這是「虛空間」。此外，值得一提的是，借夢境來寄情遙志，也是詩人常採用的謀篇

手法。它可以突破現實的束縛，言不便明言者，道平時難道
者，創造出耐人尋味的含蓄意境與出人意料的藝術效果。[44]
這是因為「非自控型的美感騰飛」在睡夢中更為酣暢，意識
更能自由流動，充分展開想像，不受任何主觀因素的約制，
善用空間的虛實，從而在象外構成一個虛的境界，形成了更
豐富更生動的藝術形象。[45]因此，三、四句，寫夢中的景
象，也是屬於「虛空間」。詩人透過夢境，一下子就行盡了
江南數千里路，[46]奔向了美人，空間遠近的約束於是不存
在，現實中不得實現的思念之情，在夢中也得圓滿的結果。

3、賈島〈尋隱者不遇〉

> 松下問童子，言師採藥去。只在此山中，雲深不
> 知處。

結構分析表

```
    ┌─ 實 ┌─ 問：「松下」句
    │      └─ 答：「言師」句
    └─ 虛：「只在」二句
```

賞 析

黃永武《中國詩學‧設計篇》賞析這首詩時指出，就空
間而言，對話的地點只在一棵松樹下，然而由採藥的去路，
引出了一座山，由一座山再引出雲霧迷漫高深莫測的無限空
間，形成「先實後虛」的空間結構。

「實空間」的部分，採用了「先問後答」的形式，問者

是賈島，答者是童子。問句在松樹下，答句已在松樹外，由
「松下」這一個明確的「定點」，推向雲霧縹緲的無限空間。
善用問答法，除了可以使內在的意脈，自然地連結成為一個
統一體，更有推深情意的功能。於是仔細推敲，可以發現詩
中情感有起有伏，如「松下問童子」好像是「可遇」，「言
師採藥去」則是「不可遇」；「只在此山中」好像還「可
遇」，「雲深不知處」則直是「不可遇」了。再從「松」字
推敲，則這必是一位詩人十分欽慕的隱者。可惜，尋而不
遇，悵惘之情不言而喻，平淡中見深沉。[47]

4、蘇軾〈行香子〉

　　　一葉舟輕，雙槳鴻驚。水天清、影湛波平。魚翻
藻鑑，鷺點煙汀。過沙溪急，霜溪冷，月溪明。

　　　重重似畫，曲曲如屏。算當年、虛老嚴陵。君臣
一夢，今古空名。但遠山長，雲山亂，曉山青。

結構分析表

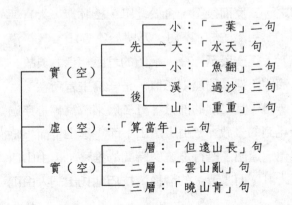

```
                      ┌─ 小：「一葉」二句
              ┌─ 先 ─┼─ 大：「水天」句
              │      └─ 小：「魚翻」二句
  ┌─ 實（空）─┤      ┌─ 溪：「過沙」三句
  │           └─ 後 ─┤
  │                  └─ 山：「重重」二句
──┼─ 虛（空）：「算當年」三句
  │           ┌─ 一層：「但遠山長」句
  └─ 實（空）─┼─ 二層：「雲山亂」句
              └─ 三層：「曉山青」句
```

賞析

　　此詞題作「過七里灘」，熙寧六年（1073）癸丑二月，東坡任杭州通判，自新城放櫂到浙江桐廬，經過嚴陵瀨時所作。因此，開篇五句，依「小、大、小」的次序，寫一葉輕舟將下七里瀨時，所見到的水清、波平、藻魚、汀鷺的一片水天景致；次以「過沙溪急」五句，寫過七里瀨時，水急、霜冷、月明的溪中景色，與岸上如屏似畫的遠山景致。尤以「急」、「冷」、「明」等字，強化了旅途中變化豐富的感受。這是「實一」的部分。

　　實然的世界容易使人苦悶厭倦，容易使人感到乏趣，因此人多希望能從這個沉重而空虛的實空間中跳脫出來，尋求生氣蓬勃的瞬間，尋求生活的豐富和圓滿。再加上由於情感本身具有某種程度上的模糊性和不確定性、非理性和隨意性，可以將時空關係等客觀性聯繫統統被打破，激發無盡的聯想和想像，從而對現實生活中所沒有的的形象進行藝術補充，[48]增加美感，給人以興味。故「算當年」三句即景抒情，遙想當年嚴子陵「披羊裘釣澤中」，漢光武帝「備安車玄纁，遣使聘之，三反而後至，舍於北軍，給牀褥，太官朝夕進膳」，「除為諫議大夫，不屈，乃耕於富春山」（《後漢書・逸民列傳》），這一段至今令人稱頌的君臣相遇的典故，來抒發自己「懷才不遇」的無限感慨，是一篇主旨所在。

　　結尾三句，是「實二」的部分，分三層來敘寫輕舟穿過嚴陵瀨時，所見到的景致。[49]由「遠山」而「雲山」而「曉山」的山景變化，道出了船行之速與時間的推移；再由山色的由「長」而「亂」而「青」的轉換，技巧地托出詞人由沉

重漸漸轉為清明的心境，以景結情。

（八）從時空交錯法來看

時空交錯，它創造了比生活中的真實時空更豐富的美的色彩。這種經過主體心靈映照出來的藝術化的時空，充分表達了主體對客體的感受。因為心理本身具有流動性、聯想性、跳躍性、虛幻性、和假定性，能打破現實的時空秩序，帶有強烈的主觀色彩，從而超出現實的限制，創造出現實中不存在的人、事、時、地，以呈現出審美主體無限的創造力。[50]

此外，藝術欣賞的本身，也是一個時空過程。如同一切物質形態都得存在於時間與空間之中，文學藝術也離不開與時間與空間的聯繫。因此，善用時空交錯法，可以觀古今於須臾，撫四海於一瞬，在過去、現在、未來中，來去自如，看見全世界。

1、孟浩然〈宿建德江〉

移舟泊煙渚，日暮客愁新。野曠天低樹，江清月近人。

結構分析表

```
┌── 實（空間）──┬ 先：「移舟」
│               └ 後：「泊煙渚」
│
├── 虛（時間）──┬ 底：「日暮」
│               └ 圖：「客愁新」
│
└── 實（空間）──┬ 遠：「野曠」句
                └ 近：「江清」句
```

賞 析

　　孟浩然長安落第還歸之後，曾在江、浙一帶漫遊，這首宛如一幅淡彩素墨的山水畫，抒寫行旅情思，就是開元十八年秋，孟浩然溯浙江西遊至建德縣境內時所作。首句點出了地點及江渚上的景色，「移舟」與「泊煙渚」這兩個動作，呼應了詩題「宿建德江」。次句「日暮客愁新」的意蘊，同「客心愁日暮」，寫詩人被此時此地的日色黃昏所勾起的愁懷，明點「愁」字；這一個「新」字，表明這一趟的旅程又因為日暮而再次誤了歸期，憑添許多愁悶。繼而撇開愁情，翻出「野曠天低樹」兩句，一寫遠景，一寫近景，因為「野曠」，所以「天低樹」，因為「江清」，所以「月近人」，遠者清曠，近者清幽，流漾著一股清雅閑淡的意境。

2、杜甫〈洞房〉

　　洞房環珮冷，玉殿起秋風。秦地應新月，龍池滿舊宮。繫舟今夜遠，清漏往時同。萬里黃山北，園陵白露中。

結構分析表

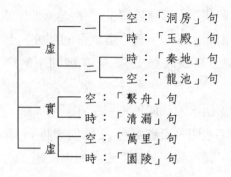

賞析

　　這首詩是杜甫在夔州巫江舟中，「因秋夜舟中見月感宮掖凄涼」（楊倫《杜詩鏡銓》），看見新月、聽到清漏，「追憶長安時事，以警當時君臣圖善後之策也」（王嗣奭《杜臆》），並以首句「洞房」二字作為詩題。因此黃永武《中國詩學・鑑賞篇》在分析這首詩時，特別指出詩中的地點包含有夔州與長安兩地，在時間上又有今夜與往昔的不同。夔州與長安，今夜與往昔，這四者是構成這首詩的要素。

　　〈洞房〉形成時空交錯的「虛、實、虛」結構，開篇四句是「虛一」的部分，「洞房環珮冷」寫空間，「洞房」是在目力所不能及的長安城，「環珮」在此用以指稱楊貴妃，一個「冷」字暗暗點出了妃子死後的清冷寂寥，再由「玉殿」帶出「秋風」來，點出時節。「秦地應新月」寫時間，「龍池滿舊宮」寫空間，指長安古城。頸聯是「實」的部分，「繫舟今夜遠」寫詩人此時所在的空間，以「今夜」呼應上

文的「新月」；「清漏往時同」寫時間，詩人此時耳中聽到了與舊時相同的沙漏聲，故「往時」呼應了上文的「舊宮」。月雖新而宮已舊，興起了「心存魏闕」、「物是人非」[51]的無限感觸。「萬里黃山北」兩句，是「虛二」的部分，上寫空間，下寫時間，使「物是人非」、「心存魏闕」的感觸，達到了最高潮。

全詩寫秋風、秋月、秋水、秋露，將「時」與「空（景）」交糅得十分自然，「語不迫切，而意獨到」（劉須溪語），所以自能產生「意思沉鬱，詞旨淒涼，讀之令人感傷欲絕」的興衰悲感。[52]

3、杜牧〈題宣州開元寺水閣〉

六朝文物草連空，天淡雲閒今古同。鳥去鳥來山色裡，人歌人哭水聲中。深秋簾幕千家雨，落日樓台一笛風。惆悵無因見范蠡，參差煙樹五湖東。

結構分析表

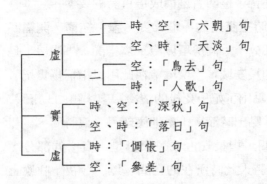

賞析

這首詩是唐文宗開成年間，杜牧任宣州團練判官時所作，表達了物是人非、弔古傷今的淒愴感受，也是形成時空交錯的「虛、實、虛」結構。

開篇四句，是「虛一」的部分，「六朝文物」寫時間，「草連空」又帶有空間的意味；「天淡雲閑」寫空間，「今古同」又帶有時間的意味。這兩句詩在時空交錯的處理上極為靈活，「草連空」、「今古同」等字，或以空間去承接上面四字的時間，或以時間去承接上面四字的空間，打破了時空交換的習慣，產生耐人尋味的情趣。「鳥去鳥來山色裡」寫空間，主要是表現自由自在的自然世界；「人歌人哭水聲中」寫時間，一歌又一哭，道盡了人事滄桑的變幻。

頸聯是「實」的部分，寫詩人眼前所見的景色，也是時空交融成一片。「深秋」點出了季節（時間），「簾幕千家雨」寫此時在潺潺細雨籠罩下的千郭人家（空間）；「落日」點出了時間，「樓台一笛風」是寫晚風將一陣陣的笛音送到了詩人所佇立的樓台上（空間）。最後兩句，是「虛二」的部分。此時，詩人的心中充滿了千古興亡的感觸，因而轉出「惆悵無因見范蠡」這種前不見古人的惆悵意，這是從時間上著眼；既想起了幫助越王句踐興復家國的范蠡，詩人也自然地聯想起范蠡歸隱山林後所泛遊的五湖煙樹來，因此「參差煙樹五湖東」主要是從虛空間上著眼。

黃永武《中國詩學‧鑑賞篇》認為：「就空間上說，六朝的文物只賸下荒草，風流的范蠡只賸下煙樹。就時間上說，深秋是一年的晚景，落日是一日的晚景，時間的遲暮與

空間的荒涼，交叉成一個眾感所集的坐標，遂令一座小小開元寺的水閣上，所見的不止是天光山色、鳥飛人影而已，即古往今來，或興或廢，縱橫千里，或歌或哭，河山的遼闊，歷史的縱深，無不盡收筆底」，[53]故不須多言感慨，而深沉的感慨自在其中。

4、蘇軾〈陽關曲〉

　　　　　暮雲收盡溢清寒，銀漢無聲轉玉盤。此生此夜不長好，明月明年何處看。

結構分析表

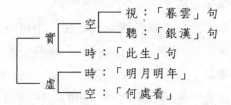

賞析

　　這一闋詞題作「中秋作」，熙寧十年（1077）中秋，東坡作於徐州（彭城）。一、二句從「實空間」切入，首句採用了仰觀的視覺角度描寫天上的「暮雲」，再由視覺帶出「清寒」的觸覺感受。這一個「溢」字用得十分貼切，把秋氣漸濃、寒氣日深的心理感受，精準地呈現出來。月到中秋份外明，此時，浩瀚的星河與一輪皎皎明月（玉盤），正無聲的隨著夜的腳步向前推移。於是第三句自然而然地從「實

空間」轉入「實時間」，寫一如往年「不長好」的「此夜」，道盡了從政以來的辛酸與寂寞。然後由實轉虛，以「明月」句，上承「不長好」，說自己明年此時（「時間」）不知會在何處度中秋（「空間」）呢！強烈地表達了仕途的不如意，與對未來的憂心。我們觀看東坡的一生，知道此時烏臺詩案正在成形，他也將因此而蒙受一生以來最大的冤屈與磨難。因此，東坡自是極其自然的把這種憂慮流露在詞作中。

5、蘇軾〈南鄉子〉

　　　　東武望餘杭。雲海天涯兩杳茫。何日功成名遂了，還鄉。醉笑陪公三萬場。　　　不用訴離觴。痛飲從來別有腸。今夜送歸燈火冷，河塘。墮淚羊公卻姓楊。

結構分析表

```
        ┌─ 空間（密州）：「東武」二句
    ┌ 虛 ┤
    │   └─ 時間（未來）：「何日」三句
    │   ┌─ 反：「不用」句
  ──┤ 實 ┤
    │   └─ 正：「痛飲」句
    └ 虛（未來）：「今夜」三句
```

賞 析

　　這首〈南鄉子〉，題作「和楊元素，時移守密州」，當是熙寧七年甲寅（1074）九月，東坡作於離杭赴任時。[54]通判杭州三、四年間，東坡為杭州百姓做了一些，監試鄉舉、相

度堤岸工程、雨中督役、開運鹽河，驅除蝗害、賑濟災民，並疏濬錢塘六井，立下不少的政績。但據蘇轍〈超然臺賦〉云：「子瞻既守餘杭，三年不得代，以轍之在濟南也，求為東州守」，所以東坡上書，請改知密州。

全詞形成「虛、實、虛」結構，上片是「虛一」的部分。「東武望餘杭」二句，先點出東坡離開杭州時，遠眺密州時所見的一片蒼海雲天的景象，預為下文鋪墊出濃濃的離情別意。接著「何日功成名遂了」三句，化用了李白〈襄陽歌〉「百年三萬六千日，一日須傾三百杯」的詩意，抒寫自己渴盼能早日功成還鄉、與君酣醉三萬場的想望（虛）。

下片「不用訴離觴」二句，寫眼前餞別酒席上痛飲離觴的情景，這是「實」的部分。「今夜送歸燈火冷」三句，再以虛筆設想送歸後的楊元素，回到了燈火清冷的河塘，身單影孤的情景。詞末則以《晉書》「羊祜墮淚碑」的典故，[55] 盛贊楊元素之深得民心作結，含蘊不盡的情意。這是「虛二」的部分。

陳滿銘《章法學新裁》析賞這首詩時說：「上片，透過設想，將空間移至『密州』，時間推向未來，虛寫別後之相思與重會。下片『不用』二句，藉眼前之醉酒寫離腸，為全詞主旨所在。末三句，將時間移後，虛寫『送歸』時鐙火之冷，與主人之淚，以推深送別之情。」[56]分析十分精到。

（九）從假設與事實法來看

美感的騰飛，追求的並不是理性的、明白的和單一的，

它追求的是精神的、隱寓的、和多樣性，重寫意而不重寫實，重神似而不重形似，重心理時空而不重物理時空。因此，不能得到滿足的欲望，在通往現實的道路被阻塞的情況下，往往會通過幻想、假設的途徑，[57]衝破現實的限制，創造一個更為完整豐滿的藝術形象，讓美感情緒在其中盡情流洩奔騰，傳達「言有盡而意無窮」的韻外之味。[58]

1、張籍〈沒蕃故人〉

前年伐月支，城下沒全師。蕃漢斷消息，死生長別離。無人收廢帳，歸馬識殘旗。欲祭疑君在，天涯哭此時。

結構分析表

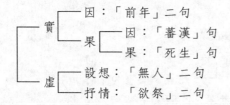

賞析

本詩旨在抒寫懷念之情。起篇三句從前年漢軍伐月支失利，導致全軍覆沒，故人音訊全無，不知何處查探生死這一件事寫起，拈出「死生長別離」句做為全詩旨意。五、六句則針對當年「沒全師」慘狀所做的想像之詞，想像沙場上到處散置著無人收的廢帳殘旗，想像故人羈留邊域、有家歸不

得的景況。七、八句，以「欲祭疑君在」道盡了自己兩難的
景況，最後只能望向無涯的天際，流下最深沉的淚水，遙寄
思念之情。全詩通過有形的實的描寫，藉助於藝術的比喻、
象徵，引導啟發一種必然的聯想，產生美感情緒的騰飛，從
而創造出時間、空間、假設、願望等種種虛的境界，創造了
更為完整而豐滿的藝術形象，傳達了言有盡而意無窮的不盡
之味。

2、王維〈送平澹然判官〉

不識陽關路，新從定遠侯。黃雲斷春色，畫角起
邊愁。瀚海經年別，交河出塞流。須令外國使，知飲
月氏頭。

結構分析表

```
          ┌ 實（現今）┬ 事：「不識」二句
          │          │     ┌ 視覺：「黃雲」句
          │          └ 景 ┤
          │                └ 聽覺：「畫角」句
          │
          └ 虛（設想）┬ 未來：「瀚海」二句
                     └ 設想：「須令」二句
```

賞析

　　平澹然判官跟隨節度使要到西域去，王維寫了這首詩為
他送行。「不識陽關路」二句，先從西出陽關、出使西域這
一件事談起，點出送行的原因。接著「黃雲斷春色」兩句，
從視覺、聽覺分寫邊疆塞外風滾沙塵與畫角聲起悲涼的蒼茫

景色，引起主客雙方無限的離愁，點出主旨。「瀚海經年別」以下四句，則是設想此地一別之後得要經年才能再相見的情景，最後全詩在希望平澹然判官能立功邊疆、威服鄰國的期許中作結。全詩採「先實後虛」結構，可以放縱思維和想像，可以不受時空的限制，海闊天空，自由馳騁，寄深意於一瞬之中，寓豐富於片斷之內，以個別表現一般，以局部顯示全體，在有限中創造出無限的廣闊深遠的藝術天地。

3、李白〈子夜吳歌〉其三

　　　　長安一片月，萬戶擣衣聲。秋風吹不盡，總是玉關情。何日平胡虜？良人罷遠征。

結構分析表

賞 析

　　李白〈子夜吳歌〉共有四首，描寫春夏秋冬四時，這是第三首，為少婦思念征人之作。首四句是「實（現今）」的部分，先景後情。「長安一片月」兩句，從視覺、聽覺兩方面分寫長安城月夜裡的一片擣衣聲，見月而懷人，秋來又是

趕征衣的季節，「玉戶簾中卷不去，擣衣砧上拂過來」，引起了少婦無限的相思之情。「秋風吹不盡」句中的「秋」字，既點明了季節，又帶有「何處合成愁，離人心上秋」的離愁意味，加強了「玉關情」的感染力，點出一篇的主旨來。[59]「秋風入窗裏，羅帷起飄揚」，秋月、秋聲、與秋風，交織成一片渾然的意境，難怪王夫之《唐詩評選》會發出「是天壤間生成好句，被太白拾得」如此的贊語來。

　　五、六兩句，是「虛（設想）」的部分，上承「玉關情」而來。先因後果，設想良人何日才能遠征歸來的情景。全詩形成「先實後虛」結構，因為心理本身具有流動性、聯想性、跳躍性、虛幻性、和假定性，從而超出現實的限制，通過幻想的途徑獲得一種替代的滿足，呈現出審美主體無限的創造力。

4、柳永〈八聲甘州〉

　　　　對瀟瀟暮雨灑江天，一番洗清秋。漸霜風淒緊，關河冷落，殘照當樓。是處紅衰翠減，苒苒物華休。惟有長江水，無語東流。　　　不忍登高臨遠，望故鄉渺邈，歸思難收，歎年來蹤跡，何事苦淹留？想佳人、妝樓顒望，誤幾回、天際識歸舟。爭知我、倚闌干處，正恁凝愁！

結構分析表

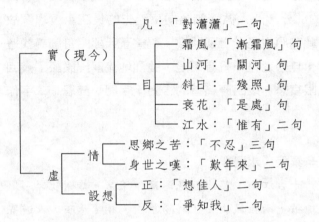

```
            ┌ 凡:「對瀟瀟」二句
      ┌ 實（現今）┤   ┌ 霜風:「漸霜風」句
      │      │   ├ 山河:「關河」句
      │      └ 目 ┤ 斜日:「殘照」句
      │         ├ 衰花:「是處」句
      │         └ 江水:「惟有」二句
      │   ┌ 情 ┌ 思鄉之苦:「不忍」三句
      └ 虛 ┤   └ 身世之嘆:「嘆年來」二句
          └ 設想 ┌ 正:「想佳人」二句
                └ 反:「爭知我」二句
```

賞析

　　這是一首秋日懷鄉之作。上片一、二句，以一個「對」字領起全詞，點出了暮秋黃昏時分的秋江秋雨，以鋪染濃濃的離情別意。暮雨瀟瀟，帶出了聽覺的效果，「一番洗清秋」的「洗」字，又令這一場初秋的景致，增添一股清新的意味。次以「漸霜風淒緊」七句，續寫雨後餘暉殘照下，一片風淒、河冷、日斜、紅衰、水寒的寂寥景象。「行人莫聽宮前水，流盡年光是此聲」（韓琮〈暮春滻水送別〉），意境高遠雄渾，「不減唐人高處」（東坡語）。這是「實」的部分。

　　下片是「虛」的部分。「不忍」五句，由景轉情，寫登樓望遠，以抒發身世之嘆與淹留在外之苦，並拈出「歸思」作為一篇主旨。「嘆年來」二句，以反問手法，直逼情感的核心，更強化了心中的淒楚與苦悶。苦悶起於人對於「有限」的厭倦，幻想就是人生對於「無限」的尋求，於是詞人選擇

了思維的放縱形式，充分調動天生本具的想像力，讓美的感受也隨之活躍飛騰。因此，自「想佳人」句直至篇末，就是「設想」的部分。詩人循著無語向東流去的長江水，想像故鄉的佳人此刻應也是登上了妝樓，凝望著天際歸舟，尋找遊子的踪影，無奈過盡千帆皆不是，強烈地流露出誤識了幾回歸舟的無限哀愁，以回應篇首的「對」字與「歸思」二字作收。[60]

5、辛棄疾〈永遇樂〉

> 千古江山，英雄無覓，孫仲謀處。舞榭歌台，風流總被，雨打風吹去。斜陽草樹，尋常巷陌，人道寄奴曾住。想當年，金戈鐵馬，氣吞萬里如虎。　　元嘉草草，封狼居胥，贏得倉皇北顧。四十三年，望中猶記，烽火揚州路。可堪回首，佛貍祠下，一片神鴉社鼓。憑誰問，廉頗老矣，尚能飯否。

結構分析表

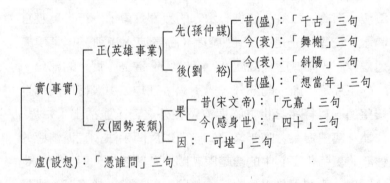

賞 析

嘉泰三年（1203），執掌大權的韓侂冑起用稼軒知紹興府兼浙東安撫史，作為號召北伐抗金的旗幟，以鞏固自己的權位。第二年，稼軒起為鎮江知府，提出唯有充分的準備、唯有委任於元老重臣，北伐才能得勝等建議，結果引起朝中韓侂冑等人的疑忌不滿，於是在開禧元年（1205）被調離鎮江，不再參與北伐大計。本詞題為「京口北固亭懷古」，就是作於此時。

根據顧祖禹《讀史方輿紀要》記載：「北固山在鎮江城北一里，下臨長江，三面濱水，迴嶺斗絕，勢最險固。晉蔡謨起樓其上，以貯軍實，謝安復營葺之，即所謂北固樓，亦曰北固亭。」緣於此，稼軒登上北固亭，自然要從曾在京口創下一番功業的英雄人物孫仲謀與劉裕（字寄奴）聯想起。因「京口英雄，仲謀之後，當推宋武；宋武一生事業，自以北伐為首，稼軒亦主恢復之議，且自信有恢復之才」（鄭騫《稼軒詞校注》）。然昔盛而今衰，雨打風吹又斜陽，形成強烈對比，無一字道及感慨，而感慨自生。因此「前章乃專寫此二人，望古遙集，聲情激越，此中蓋有歆羨與感慨兩種情調交織於懷也」（《稼軒詞校注》）。

「封狼居胥」，是指漢名將霍去病戰勝匈奴，「封於狼居胥山，禪姑衍，臨翰海而還」（《史記・匈奴列傳》）這一件史事。故下片「元嘉草草」三句，是記敘劉宋文帝於元嘉年間，「聽信王玄謨諸人之議」，而有「狼居胥意」，故「出師北伐，國力未集，致遭敗衂」，「文帝登石頭城，北望敵軍甚盛，頗有懼色，遂悔北伐之草草」的戰敗事蹟。由於「侂

胄用人既不當,軍事之佈置、財貨之徵集,亦欠周密」,稼軒「隱憂事之不濟」,以為若鹵莽出兵,必遭致大敗。因而在此特以宋文帝「草草」北伐終招致慘敗的史實,「以劉喻趙,諷諭當局」。

「四十三年」三句,則是抒發個人身世之感。因為自紹興三十二年(1162)稼軒率眾南歸,到開禧元年(1205)出守京口,恰好是四十三年。而「登北固山可望揚州,其地為金主亮與宋對峙處,亦即稼軒率兵渡江處」,自然會引發稼軒生此感慨。至於「佛貍祠」,則是北魏太武帝拓跋燾繫敗王玄謨大軍後,於瓜步山所建的行宮,當地百姓年年在此迎神賽會。因為南宋朝廷之中,「主和者泄沓,主戰者輕躁,軍備財力,外強中乾,迥不相侔」;雖然金國此時漸趨衰亂,「餘勢尚盛」,故稼軒以「可堪回首」三句,暗寄內心對國事日非、倉皇北伐的深層隱憂。篇末「憑誰問」三句,以設想之筆,舉「一飯斗米,肉十斤,被甲上馬,以示尚可用」(《史記‧廉頗藺相如列傳》)的廉頗以自比,表達自己尚可為國效力的耿耿忠心。[61]

可惜的是,以老廉頗自喻的稼軒,雖有烈士暮年、壯心未已,「據鞍顧盼以示可用」之意;但他也深知,由於接受了賄賂的趙使的一番話:「廉將軍雖老,尚善飯,然與臣坐頃之,三遺矢矣」,結果使得「趙王以為老,遂不召」(《史記‧廉頗藺相如列傳》)。因此受到小人的陷害、不復起用的老廉頗,正是詞人一己的寫照啊!而這一個言外之「意」,唯有調動讀者的想像力,針對「象」不能盡「意」的「空白」部分,進行補充與創造,才能一窺稼軒對於家國興亡的深層隱憂。

（十）從天人法來看

當文人在寫景或說理的時候，往往會涉及「天」與「人」，多會藉外在的自然景物，來襯托人事。然後在人與自然的同構中，由於自然常與天道的感通，人與自然就染上了一種形而上的超越性，進而使一己的生命和宇宙眾生合而為一。[62]

1、杜甫〈曲江對雨〉

> 城上春雲覆苑牆，江亭晚色靜年芳。林花著雨燕支溼，水荇牽風翠帶長。龍武新軍深駐輦，芙蓉別殿謾焚香。何時詔此金錢會，暫醉佳人錦瑟旁

結構分析表

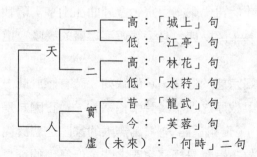

```
         ┌─ 一 ┌─ 高：「城上」句
    ┌─ 天 ┤    └─ 低：「江亭」句
    │    └─ 二 ┌─ 高：「林花」句
    │         └─ 低：「水荇」句
    │    ┌─ 實 ┌─ 昔：「龍武」句
    └─ 人 ┤    └─ 今：「芙蓉」句
         └─ 虛（未來）：「何時」二句
```

賞析

　　「城上春雲覆苑牆」兩句，是全詩的綱領，形成了「苑牆」、「江亭」雙軌。於是次聯的「林花乃苑牆所見，水荇乃江亭所見」（見元、楊仲弘《杜律心法》），以呼應首聯。這四句，經由一高一低、一高一低的視覺轉換，分寫春雲、江色、林花、與水荇，將日暮春晚的江邊景致全盤托出。這是「天」的部分。

　　因芙蓉苑與曲江相接，「對雨則景益寂寥，故回首繁華不堪俯仰」（浦起龍《讀杜心解》），自然地帶出「龍武新軍深駐輦」二句來，並以「龍武」句呼應「苑牆」，以「芙蓉」句呼應「江亭」。詩人回想起當年玄宗「以萬騎平韋氏，改龍武軍，出則扈從，入則宿衛」（仇兆鰲《杜詩詳注》）的英武事蹟，恰與今日玄宗幸蜀後宮殿深鎖的淒苦景象，形成強烈的對比。對酒感嘆之中，「何時」二句，以設想之筆，興起何日能再現開元年間，「宴王公百寮，令左右於門下撒金錢，許中書五品以上及諸司三品以上官爭拾之」（《舊唐書》）的盛況，以及何日才能再「賜宴臣寮，會於曲江山亭，賜教坊聲樂」（《舊唐書》），醉臥佳人身旁等遊宴之盛的感嘆。這是「人」的部分。

　　全祖望云：「肅宗惑於悍婦，承歡缺如。詩有感於此，而含毫邈然，真溫柔敦厚之遺」（《詩學指南》）。也正因為是以「麗句寫其哀思」（全祖望語），[63]寓無限的家國之悲於篇外，委婉而含蓄，故主旨雖是抒寫家國之悲，但呈現的卻是剛柔互濟的情調。

2、杜甫〈曲江陪鄭八丈南史飲〉

雀啄江頭黃柳花，鵁鶄鸂鶒滿晴沙。自知白髮非春事，且盡芳樽戀物華。近侍即今難浪跡，此身那得更無家。丈人才力猶強健，豈傍青門學種瓜。

結構分析表

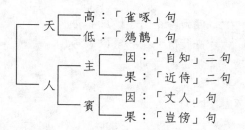

```
    ┌ 天 ┌ 高：「雀啄」句
    │    └ 低：「鵁鶄」句
    │      ┌ 主 ┌ 因：「自知」二句
    └ 人 │    └ 果：「近侍」二句
         └ 賓 ┌ 因：「丈人」句
              └ 果：「豈傍」句
```

賞析

開篇二句是「天」的部分，以江頭黃柳、沙邊水鳥等物華春事，點出曲江一片春意，「起語妙絕」（邵子湘語），[64] 雀啄黃花的「啄」字，也用得十分生動。「自知」六句，是「人」的部分，語氣直轉而下，先言自己年華已老、無家可歸的景況，唯有聊盡芳樽以解憂，凸出一個「白髮」形象來，與前文所形塑的美好春日，恰成一種對照的效果。繼而以「青門種瓜人，舊日東陵侯」（李白〈古風詩〉）的典故，勉勵鄭氏勿以歸隱為志。全詩「先天後人」，雖是陪鄭八丈飲酒之作，細細讀來，自我傷春懷感之意也甚為濃厚，呈現出「偏剛」的風格。

3、王褒〈渡河北〉

秋風吹木葉，還似洞庭波。常山臨代郡，亭障繞
黃河。心悲異方樂，腸斷《隴難歌》。薄暮臨征馬，
失道北山河。

結構分析表

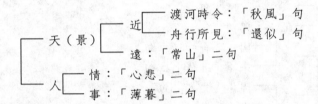

賞析

　　這首詩主要是在抒寫愁懷。發端「秋風」句，點醒渡河
的時令，「還似」句，借洞庭湖的波水來比喻河水的湍急，
雖不言「渡」字，卻全都是舟行所見。秋風、秋葉、秋水，
為全詩鋪染一層濃濃的蕭瑟秋意。「常山臨代郡」兩句利用
聯想，引用了《後漢書‧王霸傳》「詔霸將弛刑徒六千餘
人，與杜茂治飛狐道，堆石布土，築起亭障，自代至平城三
百餘里」的典故，極力描寫此地山勢險峻、江河蒼莽遼闊的
景致。前四句完全是自然景物的描寫，屬於「天」的部分。
　　五、六句，即景抒情，轉入心理描寫，點出全篇主旨。
先言「心悲」，繼言「腸斷」，情感的波瀾一層翻入一層，步
步進逼，令人倍感壓抑。最末兩句，以日暮而途遙，欲歸而
不得，征馬迷路在北山河道作收。這是「人」的部分。王褒

稱揚這首詩起調甚高，景情交融，虛實換形，跌宕多姿，至收束處，再放開一步，由渡河轉入山行，征途迢迢，不言淒苦而其情自見。

4、辛棄疾〈鷓鴣天〉

　　　　一榻清風殿影涼，涓涓流水響回廊。千章雲木鉤輈叫，十里溪風䅉稏香。衝急雨，趁斜陽，山園細路轉微茫。倦途卻被行人笑：只為林泉有底忙。

結構分析表

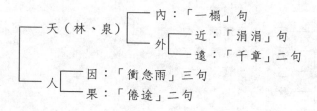

```
          ┌─ 內：「一榻」句
  ┌ 天（林、泉）         ┌─ 近：「涓涓」句
  │          └ 外┤
──┤                └─ 遠：「千章」二句
  │   ┌ 因：「衝急雨」三句
  └ 人┤
      └ 果：「倦途」二句
```

賞析

　　此詞題作「鵝湖寺道中」，記遊寫景，詞意清新自然。「一榻清風」四句，分從視覺、聽覺、觸覺、嗅覺等角度，來寫鵝湖寺道周遭的林泉勝景；先是清風中的涼殿，其次是回廊外的潺潺流水，以及遠處的千章雲木、十里稻香。因為風清、影涼、水徹，還有十里的溪風與雲木，為全詞鋪墊出一股蔭涼清雅之基調。這是「天」的部分。

　　「衝急雨」以下，是「人」的部分。詞人以一「衝」字、一「趁」字，托出人之「忙」；再以「轉微茫」一語，

道出旅途中時空的轉移。然後以「倦途卻被」一句，承上啟下，借路人之口引出「只為林泉有底忙」一句來，以總括文意，令全詞洋溢著一股清新高雅的意境。

5、關漢卿〈大德歌〉

> 風飄飄，雨瀟瀟，便做陳摶也睡不著。懊惱傷懷抱，撲簌簌淚點拋。秋蟬兒噪罷寒蛩兒叫，淅零零細雨灑芭蕉。

結構分析表

```
        ┌ 天 ┬ 風：「風飄飄」句
        │    └ 雨：「雨瀟瀟」句
        │
  ──────┼ 人 ┬ 果：「便做陳摶」句
        │    └ 因：「懊惱」二句
        │
        └ 天 ┬ 秋蟲鳴叫：「秋蟬兒」句
             └ 雨打芭蕉：「淅零零」句
```

賞析

關漢卿〈大德歌〉共有春夏秋冬四首，這是第三首。〈春〉、〈夏〉兩支小令，都是寫少婦因「人末歸」而引發的煩憂。這首〈秋〉曲，應也是承續上兩首的煩憂而來，抒寫秋思。開篇二句，從秋景寫起，「秋風秋雨愁煞人」，藉自然界的風聲雨聲，點出「便做陳摶也睡不著」句，以作為下文的橋樑。「懊惱傷懷抱」一句，是抒情的主體所在，「俏冤家，在天涯」，主人翁只能「困坐南窗下，數對清風想念

他」（〈夏〉），愁苦滿懷而「撲簌簌淚點拋」。結尾三句，以
景襯情，藉蟬鳴、蛩音和雨打芭蕉聲，「蟲聲唧唧，如助余
之嘆息」（歐陽脩〈秋聲賦〉），成功地凸出一個孤居獨處、
「蛾眉淡了教誰畫」的閨中怨婦形象來，以呼應首二句，使
抽象的「傷懷抱」之苦得以具象化。全曲由物及人、由人及
物，轉換自然，情景相生，更凸顯了人物形象的真實感，形
成了「天、人、天」結構。中間「人」的部分，作為統一全
文的主旨所在，兼具了凸出與統一的美感效果；而居於兩側
的「天」與「天」之間，又因性質的相類而產生了對稱的調
和之美。

（十一）從圖底法來看

　　創作者在行文之際，他所採用的「時」、「空」（包括
「色」）等材料，有一些是用來作為「焦點」，有一些則是用
來充當「背景」，為主旨作有力的烘托、映襯、與凸顯。
「圖」與「底」的寫作材料，若呈相反性質時，容易產生對
比美；若是較為類似的性質，就會產生調和美。而且，在透
過背景的烘托，使焦點凸出的同時，平面中特別容易產生一
種躍升的立體美。[65]

1、王維〈寒食汜上作〉

　　　　廣武城邊逢暮春，汶陽歸客淚沾巾。落花寂寂啼
　　山鳥，楊柳青青渡水人。

結構分析表

```
        ┌── 空：「廣武城邊」
    ┌ 底┤
    │   └── 時：「逢暮春」
    │   ┌── 事：「汶陽歸客」
 ───┤ 圖┤
    │   └── 情：「淚沾巾」
    │   ┌── 山：「落花」句
    └ 底┤
        └── 水：「楊柳」句
```

賞析

　　這是一首抒寫愁懷的詩作，以「底、圖、底」結構呈現。首句是寫廣武城邊一片暮春景色，以「廣武城邊」點出空間，呼應詩題中的「汜上」二字；以「逢暮春」點出時間，呼應詩題中的「寒食」二字。第二句是全詩焦點，「汶陽歸客」道出了這是送別的場景，再由「汶陽歸客」過渡到「淚沾巾」這一個特寫鏡頭上，拈出一篇主旨。末二句，形成工整的對仗句型，以「落花寂寂」對「楊柳青青」，描寫送行時天地一片寂寥的景色；以「啼山鳥」對「渡水人」，山鳥陣陣的啼叫聲，啼出了心中的離愁別恨。然後渡口行人與落花啼鳥，在蒼茫暮色的襲掩下，漸去漸遠，只留給讀者無限的想像。

2、柳宗元〈江雪〉

　　　千山鳥飛絕，萬徑人蹤滅。孤舟簑笠翁，獨釣寒江雪。

結構分析表

```
        ┌─高（山）：「千山」句
    ┌─底┤
    │   └─低（徑）：「萬徑」句
────┤
    │   ┌─小（舟、翁）：「孤舟」句
    └─圖┤
        └─大（江、雪）：「獨釣」句
```

賞　析

　　柳宗元的山水詩，往往在描寫山川景物之中，展現了一種「寂寥無人，淒神寒骨，悄愴幽邃」（〈小石潭記〉）的藝術境界，深受眾人的喜愛。一、二句，形成「底」的部分，詩人的視線流連於千山與萬徑之間，在一高一低、一仰一俯的動作裡，窺見了整個宇宙；再經由「鳥飛絕」、「人蹤滅」句中「絕」、「滅」等字的著意點染，為全詩染上一層天地寥廓而寒寂的底色，然後趁勢凸出「簑笠翁」這一個「圖象」來。

　　「孤」、「獨」二字，可說是一篇的旨趣。這首詩寫於柳宗元被貶謫到永州時，當時柳宗元「既竄斥，地又荒癘，因自放山澤間，其堙厄感鬱，一寓諸文」（《新唐書・本傳》）。因此，「簑笠翁」這一個形象，實際上也是詩人的自我寫照，是詩人既不得志於世轉而放浪於山水之間的人生追求。「孤舟」、「笠翁」與空濛遼遠的「江雪」，又形成了大小映照的對比效果。茫茫江雪之中，唯有笠翁一竿獨釣，萬籟無聲，一塵不染，漁翁清高孤傲的形象，整個兒浮現在讀者眼前。

3、溫庭筠〈更漏子〉

玉爐香，紅蠟淚。偏照畫堂秋思。眉翠薄，鬢雲殘，夜長衾枕寒。　　梧桐樹，三更雨，不道離情正苦。一葉葉，一聲聲，空階滴到明。

結構分析表

```
         ┌ 室內 ┌ 物：「玉爐香」三句
    ┌ 底 ┤      └ 人：「眉翠薄」三句
    │    └ 室外：「梧桐樹」二句
────┤ 圖：「不道離情」句
    └ 底（室外、聽覺）：「一葉葉」三句
```

賞析

　　「玉爐香」三句，是以美人在閨房內獨對爐香、蠟淚而悲秋的情景，作為敘寫的開端；再以「眉翠薄」三句，針對美人悲秋之情，用眉薄鬢殘而輾轉無眠，作初步的描繪。「眉薄」、「鬢殘」、「枕寒」等形象，與上句的「秋思」形成絕佳的呼應效果。下片「梧桐樹」六句，上承「夜長衾枕寒」，寫美人獨聽梧桐夜雨，「一葉葉、一聲聲，空階滴到明」的情景，將徹夜不眠的悲秋之情，也就是「離情」，整個兒全盤托出，凸出「不道離情正苦」這一篇主旨來。全詞形成「底、圖、底」結構。

　　美人的視線由室內的玉爐、紅蠟、美人，轉向室外的梧桐、雨聲，以內外空間的相映對照，將全詞主旨「離情」，作細膩深刻的表出。特別值得一提的是，一內一外移動的律

動感，有助於詩中空間深度感覺的形成，因為足迹或視線的移動而造成景物的改變、空間的改變，可以達成曲折幽深的感覺，營造出其他章法難以企及的深邃幽微的空間感。

4、馬致遠〈天淨沙〉

枯藤、老樹、昏鴉。小橋、流水、平沙。古道、西風、瘦馬。夕陽西下，斷腸人在天涯。

結構分析表

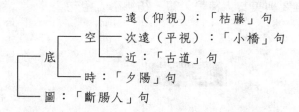

賞析

〈天淨沙〉雖題為「秋思」，卻不在「情」字落筆，作者只是以簡單的句法、精煉的語意，鋪排了一連串的靜態景物，自然營生出一股高曠的悲涼之情。全曲由景入情，層次分明。前三句屬於空間的鋪敘，首句是仰望所見的遠方景物，第二句則是平視所見之景，第三句的視點則落到了主人翁所騎乘的「瘦馬」，這一「瘦」字，恰與「斷腸人」形成相互呼應的效果。在九個平列的形象中，「枯藤」、「老樹」是靜的，「昏鴉」是動的；「小橋」、「平沙」是靜的，「流水」是動的；「古道」是靜的，「西風」、「瘦馬」是動

的。一動一靜的狀態變化中，又可產生色彩的交替，整齊中有錯落之美；而枯、老、古、瘦等字，又為全曲點染出一片秋意蕭瑟，烘托無限的孤獨悲感；也因為此三句皆採用了「二、二、二」的重複句式，明寫景物，暗點鄉愁，頗具一波三折之美。「夕陽西下」一句，「西下」既點出時間，又上承「昏鴉」的「昏」字，將前三句中的九個景物，統一於黃昏的色調中，「夕陽」則下啟「斷腸人在天涯」一句。而「斷腸」二字，更有畫龍點睛、拈出一篇主旨之效。

全曲「景中帶情，其情自見」，正是所謂「言在耳目之內，情寄八方之表」。難怪元人周德清要譽之為「秋思之祖」，王國維要稱美其「純是天籟，彷彿唐人絕句」。

註　釋

1　見許恂儒：《作文百法》（臺北：廣文書局，1989年8月再版），卷二，頁5。

2　曹冕：「古之善於論文者，以為一集之中，篇篇變；一篇之中，段段變；一段之中，句句變；能如是，則能盡變化之至妙矣。」參見《修辭學》（上海：商務印書館，1934年4月），頁46。

3　參見仇小屏：《篇章結構類型論》（臺北：萬卷樓圖書公司，2000年2月初版），頁18-42。

4　〔清〕楊倫：《杜詩鏡銓》（臺北：藝文印書館，1998年12月初版3刷），頁280。

5　《歲寒堂詩話》、蔣弱六、王西樵等人的評語，皆收錄於〔清〕楊倫：《杜詩鏡銓》，頁280-282。

6　本詩的賞析，參見黃永武：《中國詩學·鑑賞篇》（臺北：巨流圖書公司，1976年10月初版），頁62-63。

7　參見《中國畫研究》（臺北：丹青圖書公司，1988年再版），頁29。

8　見〔清〕楊倫：《杜詩鏡銓》，頁184-185。

9　參見陳滿銘：《章法學新裁》，頁131。

10　參見陳弘治：《唐宋詞名作析賞》（臺北：文津出版社，1988年10月5版），頁99；《唐宋詞鑑賞辭典》（唐、五代、北宋卷）（上海：上海辭書出版社，1999年1月第15刷），頁413-414。

11　此詞的賞析，參見《唐宋詞鑑賞辭典》（唐、五代、北宋卷），頁292-230。

12　參見周明：《中國古代散文藝術》（南京：江蘇教育出版社，1994年12月第1刷），頁166-167。

13　參見劉錫慶、齊大衛：《寫作》（北京：北京師範大學出版社，1994年3月第4刷），頁78。

14　參見黃永武：《中國詩學‧設計篇》（臺北：巨流圖書公司，1978年6月1版4刷），頁57。

15　參見李元洛：《詩美學》（臺北：東大圖書公司，1900年2月初版），頁274。

16　參見喻守真：《唐詩三百首詳析》（臺北：臺灣中華書局，1995年1月臺23版4刷），頁269。

17　顏色是有類別的，如紅（赤、朱、彤、緋、絳）、橙、黃（金）、黑（玄、黝、烏、皁）屬暖色系；綠（青、蒼、翠、碧、黛）、藍、靛、紫、白（素、縞、玉）屬於寒色。顏色同時是有意義的，暖色系令人感覺興奮、強烈、充沛、渲染擴散、沉重等；寒色系列令人感覺冷靜、輕柔、疏離、內斂、收縮、虛飄等。參見張春榮：《一把文學的梯子》（臺北：爾雅出版社，1993年7月初版），頁175-183。

18　「大小」，在章法中指的是空間的大小，它可以是由大空間凝聚至小空間的「包孕式」的空間變化，也可以是由小空間擴張至大空間的「輻射式」的空間變化。「大中取小，小中見大，巨細結合，點面相映」，顯示的正是「空間的大小映照」的美感效果。參見陳滿銘：《國文教學論叢》（臺北：萬卷樓圖書公司，1994年9月初版3刷），頁28；李元洛：《詩美學》，頁414；仇小屏：《篇章結構類型論》，頁105-201。

19　參見張法：《中西美學與文化精神》（臺北：淑馨出版社，1998年10月1刷），頁268。

20　參見黃永武：《中國詩學・設計篇》，頁56。

21　同上註，頁31。

22　此詩的結構表，參見仇小屏：《篇章結構類型論》，頁117。

23　此詞的賞析，參見陳滿銘：《國文教學論叢》（臺北：萬卷樓
　　圖書公司，1994年9月初版3刷），頁394。

24　參見黃永武：《中國詩學・設計篇》，頁63；李元洛：《歌鼓
　　湘靈》（臺北：東大圖書公司，2000年8月），頁468。

25　參見高步瀛：《唐宋詩舉要》（臺北：明倫出版社，1971年10
　　月），頁83。

26　參見顧亭鑑、葉葆銓輯注：《學詩指南》（臺北：廣文書局，
　　1979年5月初版），頁109。

27　見高步瀛：《唐宋詩舉要》（臺北：明倫出版社，1971年10月
　　出版），頁591-592。

28　見楊倫：《杜詩鏡銓》，頁1169-1170。

29　李元洛指出「空間的角度變化」，可從「單一的角度」表現空
　　間景物，也可以採用「複合的角度」表現空間景物。參見《詩
　　美學》，頁420-422。

30　郭熙〈林泉高致〉收錄於俞崑編：《中國畫論類編》（臺北：
　　華正書局，1984年10月初版），頁639。

31　黃永武指出，在時間上求變化，可以今日與昔日對映，以今日
　　與來日對映；或由短而漸長，由長而漸蹙，變化不一。參見
　　《中國詩學・鑑賞篇》，頁62。

32　參見錢谷融、魯樞元主編：《文學心理學》（臺北：新學識文
　　教出版，1990年9月台初版），頁123；陳清俊：《盛唐詩時空
　　意識研究》（臺灣師大國研所博士論文，1996年6月），頁12。

33　時間的「實」與「虛」，「實」指的是過去與現在，也就是我
　　們實際經歷過的時間；「虛」指的是伸向未來、只憑設想得知
　　的時間。參見仇小屏：《篇章結構類型論》，頁18。

34　此詩的賞析，參見陳滿銘：《文章結構分析》，頁38-39。

35　此詩的賞析與結構表，參見陳滿銘：《詞林散步》（臺北：萬
　　卷樓圖書公司，2000年元月初版），頁380-382。

36　同上註，頁371-373。

37　此詞的賞析，參見陳滿銘：《文章結構分析》，頁255-256。

38　凡窮盡目力，寫眼前所見的，是「實」；而透過設想，寫遠處
　　情況的，則是「虛」。參見陳滿銘：《國文教學論叢》，頁

367；仇小屏：《篇章結構類型論》，頁 309-318。

39 參見魏飴：《散文鑑賞入門》（臺北：萬卷樓圖書公司，1999
    年 6 月再版），頁 187。

40 沒有虛筆的藝術作品，往往容易使內容流於單調板滯、擁塞淺
    露、意境狹窄；而虛靈之處，則往往是啓動聯想、催發想像的
    最活躍之處，可留給讀者的無限思考與回味，因此，理性的認
    知在這裡得到啓迪，感情的噴湧在這裡得到昇華，意境得之於
    它更顯深邃曠遠，情趣得之於它更覺盎然無盡。參見金健人：
    《小説結構美學》（臺北：木鐸出版社，1988 年 9 月初版），頁
    275；張少康：《中國古代文學創作論》（北京：北京大學出版
    社，1983 年 12 月），頁 209-230。

41 見劉熙載：《藝概》（臺北：金楓出版社，1998 年 7 月革新 1
    版），頁 160。

42 「實」，是對真實生活中具體形象的描繪；「虛」，則為讀者留
    下一片想像的藝術再創造的天地。參見李元洛：《歌鼓湘
    靈》，頁 246。

43 劉坡公：「右詩全在一『憶』字。首句言作客異鄉，便含憶字
    之意；第二句『思親』二字，憶字已暗暗點明；第三四句從對
    面兄弟憶己，反託己之憶兄弟。詩境真出神入化矣。」見《學
    詩百法》（臺北：天山出版社，1988 年 10 月），頁 56。

44 參見周金聲：《中國古典詩藝品鑑》（武漢：湖北教育出版
    社，1994 年 9 月），頁 55。

45 參見張紅雨：《寫作美學》（高雄：復文圖書出版社，1996 年
    10 月初版 1 刷），頁 133-134。

46 空間感張力在中國詩裡，常常通過詩人感覺變移和幻化來實
    現；因為天地之大，非目力所到處，只得憑藉心力。參見吳功
    正：《中國文學美學》（南京：江蘇教育出版社，2001 年 9 月
    第 1 刷），頁 392。

47 此詩的賞析，參見黃永武：《中國詩學・鑑賞篇》，頁 70。

48 苦悶起於人生對於「有限」的厭倦，幻想就是人生對於「無限」
    的尋求。因此，當審美對象以引人注目的、直接的姿態作用於
    審美主體時，大腦主管審美的區域便開始活躍起來，美的感受
    也隨之升騰，想像、幻想、理想、假想等，都是思維活動的
    「放縱形態」，都是美感的騰飛。參見張紅雨：《寫作美學》，頁
    129-131；朱光潛：《文藝心理學》（臺北：臺灣開明書店，

1999年1月新排1版發行），頁189；駱小所：《語言美學論稿》（昆明：雲南人民出版社，1996年12月初版1刷），頁55、67-68。

49 此詞的賞析與結構表，參見陳滿銘：《章法學新裁》，頁469-470。

50 李元洛談「時空的交感」時指出：「所謂『交感』，就是交相感應之意，詩中的時空，不是一句寫時間一句寫空間這樣兩兩分明地安排，而是在一句詩中和全首詩裡，時空難分彼此地綜合交揉在一起。」參見《詩美學》，頁425。黃永武也指出：「這種時空混融的手法，往往能造成情思綿邈，錯綜幻化的意趣。」見《中國詩學·設計篇》，頁74。此外，仇小屏以為「時空溶合」的現象可分為三類：時間的空間化、空間的時間化、時空完全溶合者，參見《古典詩詞時空設計之研究》（臺灣師大國研所博士論文，2001年2月），頁252-273。

51 王西樵云：「諸篇俯仰盛衰，託興微婉，自是絕作。」見〔清〕楊倫：《杜詩鏡銓》，頁1145。

52 此詩的賞析，參見黃永武：《中國詩學·鑑賞篇》，頁75-76。

53 同上註，頁76-77。

54 見鄒同慶、王宗堂：《蘇軾詞編年校註》（北京：中華書局，2002年9月北京第1刷），頁90。

55 《資治通鑑·晉紀》：「羊祜疾篤，舉杜預自代。辛卯，以預為鎮南大將軍、都督荊州諸軍事。祜卒，帝哭之甚哀。是日，大寒，涕淚霑須鬢皆為冰。祜遺令不得以南城侯印入柩。帝曰：『祜固讓歷年，身沒讓存，今聽復本封，以彰高美。』南州民聞祜卒，為之罷市，巷哭聲相接。吳守道將士亦為之泣。祜好遊峴山，襄陽人建碑立廟於其地，歲時祭祀，望其碑者無不流涕，因謂之墮淚碑。」

56 參見陳滿銘：《章法學新裁》，頁557。

57 參見錢谷融、魯樞元主編：《文學心理學》（臺北：新學識文教出版，1990年9月臺初版），頁199、121-123。

58 假設，則是推翻已存的事實，另外擬設一種情況，或是逆溯推翻前人已有的定論。因為時光不可能倒流，假設的情況不可能發生；因此，假設是「虛」，事實是「實」，是指在過去的時光中確實已發生過的事。也就是說，在已經有了無可辯駁的事實的前提之下，進行假設推理，然後以假定的推理形式來論證

論點。參見王守勛主編：《寫作大觀》（瀋陽：對外貿易育出版社，1987年5月），頁317；仇小屏：《篇章結構類型論》，頁320。

59 參見陳滿銘：《作文教學指導》（臺北：萬卷樓圖書公司，1997年10月初版2刷），頁139。

60 此詞的賞析、結構表，參見陳滿銘：《詞林散步》，頁147-148；葉嘉瑩：《唐宋名家詞賞析3柳永》（臺北：大安出版社，1988年12月初版），頁32-38。

61 此詞的賞析，參見鄧廣銘：《稼軒詞編年箋注》（臺北：華正書局，1980年8月初版），頁528；鄭騫：《稼軒詞校注》（引自姜林洙：《辛棄疾傳》，臺北：臺灣商務印書館，1964年10月初版，頁129-130）。結構表則見陳滿銘：《蘇辛詞論稿》（臺北：文津出版社，2003年8月1刷），頁115。

62 參見張法：《中西美學與文化精神》，頁268。

63 本詩所引的評註，均見於〔清〕楊倫：《杜詩鏡銓》，頁355。

64 同上註，頁352。

65 參見陳滿銘：《章法學論粹》（臺北：萬卷樓圖書公司，2002年7月初版），頁90；仇小屏：〈論圖底章法的空間結構〉，收於《國文天地》17卷5期（2001年10月），頁100-104。

七　對比、調和所呈現的美感效果

　　一般而言，心理基礎所要探求的是創作者在創作背後所蘊藏的心理；而美感效果所欲探求的，則是讀者欣賞藝術創作時的心理、情緒、及其所興起的美感反應。

　　讀者情緒的振盪幅度，往往取決於文章節奏的刺激強度。因此，作品內部矛盾衝突的強弱變化與讀者欣賞時心理情緒的張弛交互之間，存在著一種對應關係。[1]閱讀文章時，由於創作者所反映的內容不同、寫作形態不同，引起大腦皮層相應區域中樞神經發生的變化也不同，因此能誘發讀者產生種種不同的情感變化。讀者的情緒隨著心理情感的變化而變化，因此，我們把這種表現於內的美感和表現於外的情緒現象，統稱為「美感情緒波動」。

　　在閱讀過程中，唯有美感情緒波動起來，才有美的享受。也就是說，作者以具體的、形象的美的情緒去撞擊讀者的美的情緒，以美的形象去誘發和鼓動讀者產生美感情緒，從而得出美感效果；也唯有昭示出這種美的本質，藝術作品才能閃射出奪目的光彩。[2]

（一）就局部而言

「美」是人類生活的要素，倘若把「美」的成分抽出，人恐怕便要活得不自在。於是當創作者在藝術創作裡，留下了一己心靈中最窈眇、最幽微的生命感發力在具有優美品質的作品中時，都足以引發起讀者心靈中某種美好的意念及聯想力。讀者聯想的力量，是對審美對象進行再創造（二度創造）的過程。[3]因此，藝術作品完成之後，讀者唯有憑藉著自己的想像與情趣來進行欣賞活動，才能有所得；也唯有讀者的想像和情趣生生不息，審美對象的生命才能生生不息。這也就是謝榛《四溟詩話》所描述：「一讀則改容，再讀則淚下，三讀則斷腸矣」的景況。讀者的「改容」、「淚下」、與「斷腸」，就是美感情緒的波動與發展，就是美感情緒的潮水在衝擊的結果。

因此，就局部而言，以「陰陽二元」為基礎而形成的篇章結構，所採用的材料因為性質和形象的相類，往往容易在知覺上產生單純而同屬一體之感，產生調和之美。兩者之間若是差異甚大，兼具整齊、對稱與靈活、錯綜之妙，則容易產生對比之美。

1、對比美

對比，是兩個極為不同的事物並列在一處，因其間相去甚遠，而形成對比形式。[4]這種對比在中國古代思想中的根

源，是「陰陽思想」，是「陰陽二元」，在對立的同時又相互
交流。[5]是太極生兩儀以後，日月、寒暑、晝夜、生死、貴
賤、貧富、高卑、長短、新舊、香臭、深淺、明暗，種種兩
端的一一應運而生。而「上下、內外、小大、遠近，恃無害
焉」(《國語‧楚語》)，故為美。

(1)變化鮮明

「物相雜故曰文」，文者，強弱相成，剛柔相形，故劉熙
載《藝概》為「文」下了一個結論：「兩物相對待故有文，
若相離去便不成文。」明確指出一切藝術都是依照矛盾、對
待的法則，都是因為人類心理愛好富於變化的刺激而產生。
[6]變化是主要的，是常態的，在生活裡，人無時無刻不受到
不同色調、不同意念、不同狀態、以及不同性質事件等等的
刺激和觸動，情緒也因而隨之作出相應的反映，產生對比之
美。

美感的表達是複雜的心理活動，當審美主體面對審美對
象時，常常會出現一種「逆態心理」，當他感受到審美對象
美得凸出鮮明，便會聯想到與審美對象相對立的其他形態，
形成大小、高低與美醜等對比效果，引起人們的審美衝動，
產生美感效果。也就是說，當審美對象以它特有的姿態作用
於審美主體時，在審美主體的腦海中就會立刻浮現與之對映
的許多新形態，來同審美對象一起比較、衡量，使審美對象
的特點更凸出，姿態更優美。[7]

對比越是強烈，變化越是豐富，印象越是鮮明。好的對
比，只須把兩極端的事實或觀點並列在一處，人們自然能從
中領略審美主體的用心，生發對比的美感情緒。因此，「紀

事之詞，莫妙於以不言言之，非不言也，寄言也。如寄深於淺，寄厚於輕，寄勁於婉，寄直於曲，寄實於虛，寄正於餘」（劉坡公《學詞百法》）；因此，所謂「以樂景寫哀，以哀景寫樂」，就是以深淺、厚輕、勁婉、直曲、實虛、正餘、哀樂為對比，以收變化鮮明之效。[8]

利用主要事物與陪襯事物相反或不同的特點，利用陪襯事物從反面彰顯主要事物，可以達成鮮明凸出、矛盾對立的效果。因為善用對比，可以極大地增強主要事物的藝術力量，使之更加鮮明，更加感人，並促使讀者由此而生起更強烈的感情、產生更深刻的印象。[9]

於是審美主體在處理和表達美感信息方面，也常常調換角度，以求變化和創新，運用多種文學樣式觸發讀者美感情緒的波動，產生種種美感。因為「文忌直，轉則曲；文忌弱，轉則健」，因為「文忌散，轉則聚；文忌鬆，轉則緊」，因為「文忌淺，轉則深；文忌澀，轉則暢」，所以「事則反復離奇，文則縱橫詭變」（參見明倫評《聊齋·葛巾》）。唯有反復離奇、縱橫詭變，唯有在對比跳躍中，文章才有變化奇巧的創新。

「天下之理，有正言之不甚動聽，而反言之則其理易正」。[10]因為行文若只說正面，即使盡力渲染，也難以產生特殊的效果；若能轉而敘述反面，反而更能促使正面的顯著、凸出。[11]故山水詩人善用遠近對比、俯仰對比、高低對比、朝夕對比、雄偉纖小的對比、四角方向對比、地勢起伏對比、聲音色貌的對比以入詩，使得山水景象在一種互立、並存的空間關係下，產生一種游離於語言表層意義之上的意境，喚起讀者的聯想，進而馳騁於這一個新的意境中，直接

參與並分享作者所感受到的整體的美感經驗。[12]

又如行文也常以開合、抑揚、承轉、正反、深淺、大小、高低等對比技巧，追求結構的曲折變化。例如運用淺深、厚輕、勁婉、直曲、實虛等對照原理所構築的對句，《文心雕龍》稱之為「反對」。[13]「反對」，是相反的旨趣的對比，是對立內容的對比，它遠比同一主旨的反復技法為高。[14]

著墨「次」以襯「主」，唯有先將「次」描摹得聲影光鮮，血肉豐滿，始能將「主」襯托得維妙維肖，神形兼具。所以當審美主體在描寫反面人物時，若將反面人物描寫得越動情、越動人，對正面人物的對比也就會越凸出，更能表現出豐富的角度變換與美感色彩。[15]因此，在相反兩極的框架中形成對照，審美效應會更為強烈，變化更為顯明，洋溢著華美、鮮活、健強及闊達等情趣，[16]表現出躍動美。

(2)豐富多樣

宇宙間的人情物態，如剛柔、晦明、苦樂、藏露、潤燥、粗細、輕重、方圓、長短、疏密等等，常須兩相比較，才能顯示出明晰的概念，形成鮮明的反差，展現情致的多樣性、豐富性，綻現美的精魄。[17]

對比引起的感覺是激動、強烈、沉重、興奮、突然，對比引起的美感是崇高、仰慕。[18]例如今昔的時空對比，可以使過去與現在兩種時空形成對比，加強了時空流變的感受，使詩文不僅具有「橫斷面的寬度」，更有「歷史的縱深」。[19]因為時間的流逝，會帶來人、事、物的變遷，撫今追昔，觸景生情，自有不勝今昔的感慨。[20]今昔對照，在讀者腦海中

也自然而然地會浮現出許多相映相對之處，一同比較、衡量，使審美對象的特點更凸出，藝術變化更鮮明。

空間的大小，有時也會形成反襯之美，例如：「吳楚東南坼，乾坤日夜浮」與「親朋無一字，老病有孤舟」，寫景如此闊大，自敘卻是如此落寞，「不闊則狹處不苦，能狹則闊境愈空」，[21]形成對比美，使讀者但見其精神，而不覺其重疊。

空間的遠近，有時也可以形成一種對比。從視覺印象與遠近距離的對應變化中，愈遠之事物愈模糊，恰與近物之清晰，形成對比，而產生「漸層」之美。漸層，加深了空間深度，標顯了景物層次，向遠方作無限的延伸與投射；漸層，在知覺上造成畫面時空漸增或漸減的等級現象，產生立體縱深的效果。因有空間上的「漸層」，形成光線明暗、遠近、動靜、大小、輕重的對比，與相應而生的美感效果。[22]

空間的虛實，有時也會形成對比。例如園林創作中的障景，可分為「滲透性障景」的「虛障」，和「隔斷性障景」的「實障」。虛，可以隔斷觀賞線，使遊者分別觀賞障景兩側的景象；實，可以處理兩組不同趣味、不同情調的景象。這一種似隔非隔、滲透關係的處理，使相鄰景象之間保持若即若離、藕斷絲連的關係，在一實一虛間，營造對比之美。[23]

除了虛實，在設計者意構心營下的園林藝術，也可以形成更多方面的對比。如體形、體量、方向、開合、明暗、色彩、質量。造園者，以假山、疊石、迴廊、漏窗、門洞等，造成景觀的藏、露、對、借、曲、幽，給遊人造成園中有園，景外有景，靜中有動，動中有靜之感，[24]追求曲折變化，給觀賞者以不盡的回味。

　　此外，王其鈞《中國傳統民居建築》也以為傳統民居中
的馬頭牆，在不斷重複、不斷出現的折線變化中，外部輪廓
層層疊降或步步高升，飽蘊一種博大與小巧、壯麗與樸雅、
規整與飛動、曲線與直線、繁複與簡單、空虛與充實，相反
的兩端互為補充、滲透、比較，也是營生綜合性的對比美
感。[25]

　　至於書法的空間設計，更善於以誇張手法處理字中的主
筆或粗狀，使主筆的突出性增加，同時也襯托出主、副筆間
較大的對比印象，表現出獨特的美感效果。疏密、參差、大
小、主次對比的運用，可以在字內、行內及通篇營造多彩多
姿的新穎的筆墨變化，形成書法獨特的風格，產生全面性的
藝術美感。[26]

　　張懷瓘〈書斷〉所提出的「抑左升右，舉左低右，促左
展右，虛左實右」等法則；笪重光〈書筏〉所論的「書亦逆
數」原則：

　　　　將欲順之，必故逆之；將欲落之，必故起之；將
　　欲轉之，必故折之；將欲掣之，必故頓之；將欲伸
　　之，必故屈之；將欲拔之，必故擎之；將欲束之，必
　　故拓之；將欲行之，必故停之。[27]

乃至於姜夔《續書譜》所談的用筆之法：「有緩有急，有有
鋒，有無鋒」，「乍徐還疾，忽往復收，緩以倣古，急以倣
古，急以出奇」的道理。他們三人也都一致地指出，唯有字
形的間架結構能符合對比照應法則，結構才得以鮮明多變，
情致才得以豐富多樣，全體才得以和諧統一。[28]

順、逆，落、起，轉、折，掣、頓，伸、屈，拔、撇，束、拓，行、停；與緩、急，有鋒、無鋒，往、收，古、奇等，都是運用對比性、相對性的動作類別和原則，以求得書體結構的多樣變化。用筆與結構變化達到靈活跌宕的極致，就是所謂的「為一字，數體俱入」，「迷離變化，不可思議」。也就是孫過庭〈書譜序〉所說的「一畫之間，變起伏於鋒杪；一點之內，殊衄挫於豪芒」的境界。[29]在對比之中，有平衡對稱的美，也有曲折變異的美；有直言突兀的美，也有婉轉含蓄的美。行行之間有變化，字字之間有變化，富含微妙的變化與豐富的情致。

2、調和美

調和，源自於接近聯想與類似聯想，而接近、類似聯想，又會引帶出「通感」。運用「通感」，可使作品的意境曲深，加強美的層次性與豐富性。因此，當審美對象對審美主體產生多種感官刺激（聯覺）時，[30]可激發讀者豐富的聯想、豐富的審美情感，因而產生簡純沉靜、與齊一反復的美感效果。

(1)簡純沉靜

情緒波動容易因感覺的挪移，引發聯想，啟動想像。但情緒並不能常常處於強烈的波動之中，唯有處於相對的穩定中才是常態。[31]

調和是靜的，對比是動的；調和有和平之感，對比則為活躍之感。調和，就是指兩個或兩個以上的事物，能夠有秩

序的協調和諧。調和的兩端，總是互相類似，不具觸目的變
化，容易引人覺得它融洽、鎮靜、深沉與優美。這是由於他
們都含有共同的因素、相同的屬性，可使變化豐富又形成協
調，變化中又有統一。[32]

一般說來，自然美以左右對稱作為最根本的要素，如對
雪的結晶美加以分析，其根源是什麼？其細緻巧妙的立體構
造的基礎就是「左右對稱」。[33]人體是左右對稱，早以對稱
為美，走路、呼吸、心跳、晝夜交替、日月循環、寒來暑
往，都存有齊一、反復的韻律，都在在顯示了穩定、統一、
韻律、平衡、井然有序的優美形象。

相類的對稱，體現在多方面，如街道兩側樹木並列的道
路、屋頂形狀成對稱的神社佛閣、盤足坐禪的尊嚴神佛，都
洋溢著對稱的、靜寂的、穩定的氛圍。街樹對稱，便有穩重
之感；屋頂對稱，便有莊重之感。對稱是靜定的，宜於表現
鎮定、沉靜等情趣，所以它帶有莊重嚴肅的神情。與「對
稱」相稱的概念是「平衡」，是「均衡」。「對稱」的本質是
「安定」，均衡的本性是「躍動」。「對稱」是左右相同，
「均衡」則不一定同一。因對稱變化較簡單，稍乏活潑趣
味，故多襯與「均衡」。均衡，是左右的形體不必相同，而
左右形體的分量卻是相等的一種形式，活潑，又不失穩定平
靜的情趣。[34]如商代鼎器上的人面紋與獸面紋，除了在獰厲
中顯示出深沉的歷史力量，又表現出對稱整齊的形式美。[35]
均衡對稱，性質相同或相類近的兩者之間，所形成的正是穩
定凝重的審美感受。

詩文中的對句，在形式上也常是整齊、對稱。劉勰《文
心雕龍·麗辭》把對句分為「事對」、「言對」、「正對」、

「反對」四類。「正對」就是相同內容的並列，是同一旨趣的並列，如杜甫的「感時花濺淚，恨別鳥驚心」、「白日放歌須縱酒，青春作伴好還鄉」，它與建築的左右對稱一樣，同具有均衡齊一之美。[36]

　　熊秉明也以為書法的美是來自一種造形的秩序法則，正如自然美也源於造形的秩序法則。從純造形的觀點來討論，則書法的結構秩序，偏重於靜態的、建築性的、美的規律；於是「理性派」的書法理論家主張「尚法」，所謂「尚法」，就是指作品完成之後，應具有均衡的美、明朗的美、秩序的美、調和的美，也就是歐陽詢〈八法〉中所說的：「點畫調勻，上下均平」。[37]例如篆文、籀文的對稱結體特多，無論相背、相向字，三分字、二分字、疊字等，均符合了對稱的原則，而對稱的原則就是調和。[38]

　　建築一如其他藝術，講求簡純沉靜的對稱調和美，它「必先定規式，自前門而廳，而堂，而樓，或三進，或五進，或七進，又自兩廂而及軒寮」（王驥德《曲律》），前後、左右，高低、遠近，無不了然於胸而後施。建築物各部分必須在構圖上取得一種「均衡、安定感」，取得這種均衡的最簡單的方法，就是運用「對稱調和」的原則，在一根中軸線的左右完全對稱，或採以一邊高起、一邊平鋪的手法，或以一邊用一個大的體積、一邊用幾個小的體積的方法，取得均衡。[39]

　　紀元前一世紀，羅馬建築家維特魯維雅斯在《建築學》中就說：「人世間的萬物均有一定的尺度，柱的比率係自人體比率中產生的」，「各部份之間的適當比例、平衡所形成的各要素之調和」，稱之為「勻稱」。於是「平衡」、「勻

稱」、「調和」的概念，遂成為藝術家的一個重要的規範，
並演變為藝術的基本原則，以作為光影、明暗、色彩、運
動、排列與構圖的基本理論，以作為形成一件藝術品的和諧
依據。[40]因此，處於相類、相近的狀態，兩者之間又相互襯
托，相互發明，左映右帶，敷粉鉤染的調和美，直接訴諸於
視覺上的形式美時，容易產生的就是簡純、沉靜之美。

(2)齊一反復

　　兩者之間因性質的相類近，所產生的均衡對稱感，也可
以形成形式中最簡單的反復之美。反復就是重複，就是齊
一，也就是同一事物的層見疊出。這種齊一、反復的法則，
是一個極簡單的形式，可以取得一種簡純的快感。[41]重現，
就是某種相同或相近的東西的重複出現，這也是「節奏運動」
的重要標誌。沒有重現，就沒有節奏；重複，不但可以從中
顯示事物按螺旋式向前發展的規律，也可以使行文更具有活
潑生動的節奏。[42]

　　節奏，是造型、線條、裝飾、或顏色有規律的反覆出
現，也就是有規律的變化、有規則的運動。如小說中的「三
顧」、「三打」、「七擒」、「七探」、「九伐」；又如詩對句
所呈現的「視覺節奏」，以及由其所引起的「聽覺節奏」，同
詩的內在感情的歡快節奏，和諧而一致。[43]從這些強度變化
的曲線圖，可以看到波峰與波峰、波谷與波谷之間的「相類
比值」，他們都是以外部事物的重現，形成一種相類的刺激
強度的重現，使欣賞者在心理上也產生一張一弛、一起一伏
的節奏感。[44]

　　同音樂藝術一樣，合院建築也具有一定的「節奏」、

「旋律」。它結合基本重覆的觀念與方法，以均衡對稱的空間
形式、樑柱門窗一定比例的重覆出現，來滿足建築空間對類
似或重覆的機能需求；而重覆的模式能用來組織一連串的空
間元素，並創造「視覺」的節奏感。如梁思成《凝動的音樂》
比喻「柱，窗；柱，窗；柱，窗；柱，窗」的連續重覆，好
似四分之二拍子的樂曲；而「柱，窗，窗；柱，窗，窗；
柱，窗，窗」的立面節奏，則好似四分之三的圓舞曲，令人
獲得愉悅的「節奏感」與「韻律美」。因此，建築物單一，
節奏就顯得平穩；各個立面變化繁複，節奏就顯得豐富而有
層次。[45]

　　合院建築成功地處理了建築個體的各部分之間，個體與
個體、個體與群體、群體與群體，以及個體、群體同周圍環
境之間的比例尺度。在審美心理上，蘊含著與音樂美相通、
由數的比例和諧為基礎的「節奏」與「旋律」。因此，當建
築形象出現在眼前時，能使原已存儲在審美主體腦中的音樂
意識隨之活躍起來，引發聯想，而生發與眼前的建築形象相
對應的節奏感，喚起一種深層的、抽象的愉悅感受。然後再
經由各個局部節奏，層層串聯，產生一定秩序的漸移，形成
建築整體的韻律，達成全體的和諧統一。

　　而且，無論自然美、造型美或音樂美，在美的現象中都
能見到對稱調和與節奏。在空間世界有對稱美，在時間世界
有節奏美，和美術、音樂一樣，人類創造的文學作品，當然
也具有對稱與節奏。[46]例如修辭學中的類疊法，它正是「淵
源於類疊的時空」，因為面對著廣大的空間，延綿的時間，
如果能用類似的文學形式使之再現，豈不甚妙？[47]於是運用
一種意象或數種意象有規律的反覆發生，與時空相應相形，

自然而然能推展出更有層次、又極為遼闊的空間感。同時由
於內容的並列、類似、對照，富於變化，形成對稱與節奏，
創造高度的表現美，[48]使人通過直觀、直覺領悟齊一反復之
美。

（二）就整體而言

對比形成陽剛，調和形成陰柔，[49]「天地之道，陰陽剛
柔而已；文者，天地之精英，而陰陽剛柔之發也」（姚鼐
〈復魯絜非書〉）。剛柔本於「情」，因此，當審美主體所抒發
的情感浩瀚、所描繪的題材壯闊，則整體所呈現出來的就是
「陽剛美」；審美主體所抒發的情感深美、所描繪的圖景纖
細，則整體所呈現出來的就是「陰柔美」。

陽剛之美，引人產生崇敬的美感心理狀態，與陰柔之美
所引起的喜愛的美感心理狀態不同。意境的最高，從「渾然
整體看，是得天之氣的全美」，就是太樸末散之先的
「道」；若從二分看，則當屬於典雅、雄渾的陽剛之美，與
沖淡、遠奧的陰柔之美。[50]

陽剛美與陰柔美是兩種最主要的美的形式，是審美的兩
個基本範疇。如《易·乾》與《易·坤》，象徵了陽剛與陰
柔的概念。又如《孟子》：「充實之為美，充實而有光輝之
為大」，「美」與「大」，就是對陽剛與陰柔的探索。劉勰
《文心雕龍》則是明確地從文學的角度，提出了剛柔的美學
見解，如〈鎔裁〉：「剛柔以立本，變通以趨時」，如〈體
性〉：「才有庸俊，氣有剛柔」，如〈定勢〉：「剛柔雖

殊，必隨時而適用」、「文之有勢，勢有剛柔」。而司空圖
《詩品》開卷第一品言〈雄渾〉，第二品言〈沖淡〉，也是一
為陽剛、一為陰柔。至於雄渾、悲慨、豪放、勁健等各品，
也都可歸為陽剛之美；典雅、飄逸、綺麗、纖穠等各品，則
可視為陰柔之美。

美感，是一種「賞心悅目的快感」。壯美偏於對立，優
美偏於和諧。壯美偏重於剛，強調剛健、運動、氣勢與骨
力；優美側重於柔，強調柔媚、寧靜、含蓄與神韻。[51]

1、陽剛美

美學家把最常見、最凸出的美的具體表現形態，分為陽
剛之美、陰柔之美等不同的範疇。陽剛之美，是美的最基本
的表現形態之一，也稱為剛性美、壯美、崇高、白馬秋風塞
上式的美。[52]

關於「陽剛」，可上溯到《周易》：「立天之道，曰陰
與陽；立地之道，曰柔與剛」、「剛柔有體」、「剛柔相推而
生變化」等之說。至於明確地從作品的整體風格角度提出剛
柔美學的見解，首推劉勰《文心雕龍・鎔裁》：

> 情理設位，文采行乎其中；剛柔以立本，變通以
> 趨時。[53]

關於陽剛之美，析論精當，而且最常被人提出來討論的，一
般都指向清、桐城派文論家姚鼐。其實出生年代早於姚鼐的
魏禧，在《魏叔子文集・文瀄敘》中早就提出有關陽剛之美

的理論：

> 　　生於天而流於地者，陽下而陰受之也；發於地而
> 行於天者，陰上升而陽之也。陰陽互乘有交錯之義，
> 故其遭也而文生焉。

風水相遭、陰陽互乘，「其勢有強弱，故其遭有輕重，而文
有大小」，有重、輕、弱、強之別，也因而產生了兩種不同
風格類型的「文」。其一就是「遭之重者」的陽剛風格，它
會引起「且怖且快，攬其奇險雄莽之狀，以自壯其志氣」的
美感心理。
　　陽剛是偉大之外，又加上一種美或奇特。陽剛之美的對
象與審美主體之間存在著一種對抗的關係，使審美主體產生
驚怖的情緒，同時又在審美主體內心激起一種擺脫瑣細平庸
的境界而上升到更廣闊、更有作為的境界的豪壯之氣。[54]故
容易因為「攬其奇險雄莽之狀」，而感到「驚而快之」、「且
怖且快」的興奮，而「自壯其志氣」，發「豪士之氣」。[55]因
此，陽剛之美所引起的不只含有積極的快樂，更多的是感嘆
與崇敬。[56]
　　魏禧之後百餘年的姚鼐，在〈復魯絜非書〉一文中，始
正式分文章的美為陽剛美與陰柔美，以為得於陽與剛之美
者，乃是天地遒勁雄偉的義氣，如楊子雲、司馬相如的文章
一般，雄奇萬變：

> 　　其得於陽與剛之美者，則其文如霆，如電，如長
> 風之出谷，如崇山峻崖，如決大川，如奔騏驥；其光

也，如杲日，如火，如金鏐鐵；其於人也，如憑高視
遠，如君而朝萬眾，如鼓萬勇士而戰之。（《惜抱軒
文集·復魯絜非書》）

「用剛筆，則見魄力」（施補華《峴傭說詩》），「得乎氣
之剛者」，則「其文儁快而雄直」，而「雄直之文，其聲多宏
大」[57]，如長風出谷、如崇山峻嶺，如雷亦如電。陽剛之
美，體現在傳統繪畫上，是「挾風雨雷霆之勢，挾鬼斧神工
之奇；語其堅則千夫不易，論其銳則七札可穿」，「無跋扈
飛揚之躁率，有沉著痛快之精能」（清·沈宗騫《芥舟學畫
編》），中含堅質，外耀光華。體現在書法上，是觀「懸針之
異」所悟的雷奔石墜、泉注雲崩的筆法之美：

　　　奔雷墜石之奇，鴻飛獸駭之資，鸞舞蛇驚之態，
　　絕岸頹峰之勢，臨危居高之形，或重若崩雲，或輕如
　　蟬翼，導之則泉注，頓之則山安……同自然之妙
　　有，非力運之能成。[58]

是「顏真卿書如項羽按劍，樊噲排突，硬弩欲張，鐵柱將
立，昂然有不可侵犯之色」（宋·米芾《續書評》）的勁健、
雄渾之美。

陽剛之美，體現在書字主筆上，是「顏筋」的美、「柳
骨」的美，是遒勁挺拔、舒長勁健、起止堅實、頓挫分明，
予人「鐵骨錚錚帶銅聲」的美感效果。是大字摩崖的雄渾氣
勢，是石門銘的飛逸莊穆，是泰山經石峪金剛經的雄渾茂
樸，是龍門二十品的方峻險勁，是張猛龍碑的遒勁茂密，是

筆致的雄強、莊重、古樸、與剛健。59

陽剛之美，體現在北京太和殿的建築上，則是為了凸出「王權至尊無上」的主題思想，運用光影、色彩的裝飾效果，將中心明間的四根受力盤龍大柱（即金柱），瀝粉雕畫，與殿內其他森然林立的列柱形成強烈對比，使這一特殊的空間與頂部華麗的龍盤藻井渾然一體，形成完整的、中心凸出的空間藝術畫面，完美地體現了最高統治者「非壯麗無以重威」的權力思想。60

王國維也採取了姚鼐的觀點，如《人間詞話》云：「境界有大小，不以是而分優劣」；如《靜庵文集》云：「美之為物有二種：一曰優美，一曰壯美」。對於「壯美」，王國維以為「壯美」的產生，是「出於一種對比」。因「此物大不利於吾人」，因「意志為之破裂、遁去」，因「深觀其物」，因「力得獨立之作用」，因「主觀的心境、意志的感受，把自己的色彩反映在直觀看到的環境上」，故產生壯美之情。審美對象與審美主體的意志之間存有有一種敵對的關係，當它阻礙、威脅、壓縮著審美主體的意志時，審美主體因強力掙脫了意志、超越了欲求、並超然於物外，而產生了壯美感。61

故所謂「大的境界」，所謂「落日照大旗，馬鳴風蕭蕭」、「霧失樓臺，月迷津渡」，所謂「由動之靜時得之」、「有我之境」的宏壯之美，就是陽剛之美。大的境界的陽剛之美，予人以偉大、壯闊、雄渾之感，王國維稱之為「壯美」，在西方美學上則稱之為「崇高」。

如姚一葦《藝術的奧秘》62就明白指出，西方美學家稱「陽剛」為「崇高」或「雄偉」，最早提出「崇高」這一美學

概念的當是公元前三世紀雅典的朗吉弩斯，他以為風格的莊嚴恢宏與遒勁，大多依靠恰當地運用形象，而詩的形象以使人「驚心動魄」為目的。[63]崇高，是人類的一種「超越性心態」，黑格爾從宏偉的歷史觀出發，把「崇高」作為象徵型藝術的特徵，是人類最早的藝術類型。[64]崇高的情趣，大抵以「自我的提舉擴大感」為中心要素；凡具有崇高情趣的，其對象必有形狀上的、物質上的、或生命力的強大，在空間裡為眼力所不及或眼力所難及，使受壓迫的審美主體由緊張、恐怖，進而產生尊敬、讚嘆，以喚起崇高之感。[65]

數大便是美，數大有一種自然律，一種特殊的排列，一種特殊的節奏，一種特殊的式樣，激發著我們的審美本能，激發著我們的審美情緒。故康德以為不管是「力學的崇高」或「數學的崇高」，在美的判斷中，此種威力顯現於審美主體的直觀觀照中，此種威力使審美主體的精神隨之高揚，生發一種與自然威力抵抗的勇氣，生發一種內在精神或理性的生命力、意志力，從而超越、產生崇高的經驗，產生「大」或「偉大」這種來自內在精神性質的理想分子。[66]

十八世紀的英、柏克以為崇高的對象在體積方面是巨大的，是凹凸不平、奔放不羈的，是堅實的。崇高的愉悅不只是包含著積極的快樂，更多的是感嘆或崇敬，這種愉快是「對自己的倫理道德的力量，尊嚴的、勝利的喜悅和愉快」。[67]崇高的特點，是美處於主、客體的矛盾激化中，它具有一種壓倒一切的強大力量，一種不可阻遏的強勁氣勢，在形式上的往往表現是粗獷、激盪、剛健、雄偉，給人以驚心動魄的審美感受。[68]因為在美的整體中做為主腦的部分，必須具有可引人注意的特殊性質，並在全體中占有特殊的地位；而且

能給人愈強的印象力，統攝全體的力量就愈強。[69]

　　崇高的美感，在總體上是一種審美愉悅之情，又常常伴隨驚懼、狂喜、崇敬、贊美、甚至自我謙卑等複雜的、混合的、矛盾的審美情感。體驗崇高美最為激動人心，主體心靈始終處於一種強烈的搖撼和震蕩之中，[70]因為最高潮的階段、最動人的階段、最關鍵的時刻，同時也是美感情緒波動最迅速、頻率最高，美感享受最深刻、印象最清晰的時刻。這是一個「痛感」轉化為「快感」的過程，一個在瞬息之間難以覺察的微妙的轉化昇華過程。[71]

　　崇高，體現在藝術風格上，是雄渾、奇峭、豪放、粗獷、磅礡、蒼茫、勁健，[72]與中國人推崇的「陽剛之美」，有相似處，也有相異點。例如兩者都與雄偉、壯大、力量、氣勢有關，但陽剛之美並不包含有悲劇色彩，而是在肯定外在力量與氣勢所表現出來的無限之美的同時，又借用這種力量、氣勢來顯示人文之美、人格之美，從而達到心靈追求的遠大境界。[73]但若就「偏於對立」，偏重於剛，強調剛健、氣勢、骨力，追求高大、方正、無限，又感染著一種昂揚奮發的情感等[74]這些美感特質而言，崇高與陽剛之美，綻放的是一致的美感氛圍。

2、陰柔美

　　陰柔美，是與陽剛美相對應的一個美學範疇，也是美的一種最普遍的形態，可稱之為秀美、優美、柔性美、杏花春雨江南式的美，[75]表現出神韻深致、細膩低迴、清新風雅、婉約含蓄的美，生出一種清純感、親切感，啟人沉思。

　　《周易》中陽剛與陰柔的概念，與《孟子》「充實之為美」
的觀點，都是有關於陰柔的探索。直到劉勰《文心雕龍》從
作品風格美的角度，明確提出「剛柔以立本，變通以趨時」
的美學見解，陰柔之美遂成為審美的兩大基本範疇之一。

　　如在姚鼐之前的魏禧，對於陰柔之美即曾提出了相關的
見解：

> 　　風水相遭而成文，然其勢有強弱。……淪漣漪
> 瀠，皺蹙而密理者，遭之輕者也。……輕者，人樂
> 而玩之，有遺世自得之慕。（《魏叔子文集・文瀠敘》）

風水相遭，其勢有重、輕、弱、強之別，因而產生兩種不同
類型的「文」，其一是遭之重者的陽剛之美，其二是遭之輕
者的淪漣漪瀠、皺蹙而密理的陰柔之美。陰柔之美可引發樂
而玩之、遺世自得之慕的美感心理：

> 　　嘗泛大江……當其解維鼓枻，輕風揚波，細瀾
> 微瀠，如抽如織，樂而玩之，幾忘有其身。（《魏叔
> 子文集・文瀠敘》）

　　陰柔之美的本質特徵是和諧、統一，是審美對象的內容
與形式之間、審美客體與主體之間，始終處於相對和諧統一
的狀態時，所呈現的一種美。這種和諧、優美的審美對象，
在形式上的特徵多為「小巧、柔和、淡雅、細膩、光滑、圓
潤、精緻、輕盈、舒緩、嬌弱、絢麗、微妙、漸次」的流動
變化；在內容上，則是矛盾雙方激烈的衝突後的「暫時相對

靜止狀態」。[76]輕風、細瀾，樂而玩之，幾忘其身，故陰柔
之美多予人以輕鬆、愉快和心曠神怡的審美感受。

陰柔之美，是茹、遠、潔、適，強調均衡與和諧，表現
出柔媚、和諧、靜雅、秀麗的特徵。[77]魏禧之後百餘年的姚
鼐，始分文章之美為陽剛美與陰柔美，他在〈復魯絜非書〉
一文中，以為得於陰與柔之美者，乃是天地溫厚的仁氣，一
如劉向、匡衡之淵懿：

　　　　其得於陰與柔之美者，則其文如升初日，如清
　　風，如雲，如霞，如煙，如幽林曲澗，如淪，如漾，
　　如珠玉之輝，如鴻鵠之鳴而入寥廓；其於人也，漻乎
　　其如嘆，邈乎其如有思，暖乎其如喜，愀乎其如悲。

氣有剛有柔，「用柔筆，則出神韻」（施補華《峴傭說
詩》），柔則含蓄而有神韻，柔則搖曳而有風致。得氣之柔
者，則「其文溫潤而縝密」，而「溫潤之文，其聲多和平」，[78]
吞吐而出之，如雲如煙、又如霞，如嘆如思、復如悲，意韻
十分深美。

陰柔之美，體現在傳統繪畫上，是「柔如繞指，輕若兜
羅，欲斷還連，似輕而重」，「含烟罪霧結之神」，「具翔鳳
盤龍之勢」（清、沈宗騫《芥舟學畫編》），如燕掠平池、蛇
入春草的翩翩百態，天外之游絲與窗間之飛絮，都不能比其
輕逸。陰柔之美，體現在詩文上，是陸機〈文賦〉中所說的
「詩緣情而綺靡」、「誄纏綿而淒愴，銘博約而溫潤」、「頌
悠遊以彬蔚」、「奏平徹以閒雅」，綺靡、淒愴、溫潤、彬
蔚、閒雅等如慕如訴的摹繪。也是劉勰《文心雕龍・體性》

所說的「遠奧者，馥采典文，經理玄宗者也；精約者，核字省句，剖析毫釐者也」、「新奇者，擯古競今，危側趣詭者也；輕靡者，浮文弱植，縹緲附俗者也」，奧、精、奇、靡等如逸如絮的傾訴。

　　陰柔之美，體現在詩詞上，是東坡〈浣溪沙〉：「采索身輕常趁燕，紅窗睡重不聞鶯」的風調，蘊涵著「令十八女郎歌之，豈在曉風殘月之下」的情趣（明、徐軌《詞苑叢談》）；是東坡〈蝶戀花〉：「枝上柳綿吹又少，天涯何處無芳草」的「枝上柳綿」，滿懷「恐屯田（柳永）緣情綺靡，未必能過」的韻致（清、王士禎《花草蒙拾》）。是辛棄疾「寶釵分，桃葉渡」一曲，「其穠麗綿密處，亦不在小晏秦郎之下」、「昵狎溫柔，魂銷意盡，才人伎倆，真不可測」的精麗（宋、劉克莊《後村詩話》）；是柳永「十七、八女子，執紅牙皮，歌楊柳岸曉風殘月」的綺妮（俞文豹《吹劍錄續》），那麼地自然流美，那麼地深富婉約。

　　王國維《靜庵文集》以為美之為物有二：「一曰優美，一曰壯美」，他採用了姚鼐的觀點，以不同的文辭細述陽剛與陰柔之美，以「境之大者」為壯美，「境之小者」為優美，然而「不以是而分優劣」。因為「與吾人無利害之關係」，因為「無生活之欲存」，因為吾心處於「寧靜之狀態」，所以當審美主體的全部意識，「為寧靜地觀審恰在眼前的自然對象所充滿」，「個體的人自己失於這種直觀之中了，他已是認識的主體，純粹的、無意志的、無痛苦的、無時間的主體」。[79]然後在純粹的無意志的直觀中，寧靜優美之情，自然無阻礙地湧現。

　　所謂「小的境界」，所謂「細雨魚兒出，微風燕子斜」、

「寶簾閒掛小銀鈎」，所謂「以物觀物，故不知何者為我，何者為物」，所謂「人惟於靜中得之」，所謂「無我之境」的優美，即是陰柔之美。小的境界的陰柔之美，予人以細緻、幽美、柔和的感覺，[80]王國維稱之為「優美」，西方則稱之為「秀美」。

此外，姚一葦《藝術的奧秘》也談到十八世紀的英、柏克，以為秀美在體積方面，比較小；以為美必須是輕巧而嬌柔，必須是平滑光亮，必須避開直線，然而又需緩慢地偏離直線。秀美作為與崇高對立的一個範疇，當崇高是為「美的無限性」時，秀美就是「美的有限性」，細緻而精巧。秀美，是對審美對象的融合與和諧，是一種完遂的感覺。秀美不是懸岩絕壁、不是突然的斷折的線段，給人一種壓迫或壓縮之感；它是充滿柔和與魅力的曲線，不會使人感受到任何限制與阻礙。因此，崇高是「美之大」，秀美是「美之小」，使人感到親切、喜愛與愉悅，而不是恐懼、與自卑。[81]

秀美作為美的一個形相，在形式與內容上平衡，在人心中所喚起的感覺與美感特性，與崇高在外形上的「量大」，內涵上的「力強」，恰為對比。[82]它強調均衡與和諧，側重於柔，是美處於矛盾的相對統一的平衡狀態，以嬌小、圓潤、柔媚、和諧、寧靜、含蓄、神韻與秀雅為感性特徵，給人以輕鬆、愉快和心曠神怡的審美感受，一種單純靜觀的愉悅和溫潤深致的享受。[83]

3、和諧美

和諧，是最高的審美準則，是部分與部分的統一，是部

分與全體的統一，是全體都為主腦所統攝，是精神的凝聚、繁多的統一後的整體和諧。因為偉大的藝術，總是把眾多的、不同的外在藝術形式，匯歸為高度的一致性。而藝術作品的完成，就是各種力量的均衡、秩序與統一。[84]而統一的概念，引導審美主體達到最單純、最和諧完整的境界，表達出最豐富的義涵。

美的內在，容含多樣性、單一性與總體性，豐富充足，有機和諧。[85]和諧，是最佳的審美心理狀態，最高的審美境界。大哲亞里斯多德就是以和諧、秩序、比例、均衡等為美的最高理想，任何理想的藝術創作，也都是在模仿自然中，同時表達出均衡、比例、和諧的形式美。

完滿（圓滿）不外乎「多樣性的統一」，也就是說，美的本質是在多樣性的統一裡反映著客觀宇宙的完滿性。[86]和諧的本身，就是完滿，就是善。善，正是人人心理欲求的對象。因此，就篇章結構的整體風格而言，不論是因對比而形成雄渾勁健的陽剛美，或是因調和而形成溫潤深致的陰柔美，在全文中心主旨的統契下，最終都呈現出整體的統一美、和諧美。

和諧，作為傳統美學的藝術風格，歷來受到讚賞，如《尚書・舜典》：「八音克諧，無相奪倫，神人以和」，如《中庸》：「和也者，天下之達道也」，如《左傳・昭公二十年》：「清濁、小大、短長、疾徐、哀樂、剛柔、遲速、高下、出入、周疏，以相濟也」。他們都是以悅美為和，以剛柔相濟為和，以致美為和。

「剛柔相成，萬物乃形」，和為六德（知、仁、經、義、忠、和）之一，故「人得中和之氣，則剛柔均」。當審美對

象協調、融合而完美的呈現，主體心靈在審美情境中達到一種怡悅舒適的狀態，便可稱之為和美、中和之美、和諧美。[87]這種怡悅舒適之美，是「惟貴中和」的「弦上取音」，是「中和之妙用，全於溫潤呈之」，如玉一般的溫潤，是「泠泠然滿弦皆生氣氤氳，無毗陽毗陰偏至之失」（明、徐上瀛《溪山琴祝》）的樂音和諧之美。顯現在書法藝術上，則是「方圓互成、正奇相濟」的書道和諧之美：

> 圓而且方，方而復圓；正能含奇，奇不失正；會于中和，斯為美善。中也者，無過不及是也。和也者，無乖無戾是也。[88]

和諧，它符合審美心理對形式完美的要求，體現出藝術各要素之間的協調統一與剛柔相濟，並且集中體現出中國人對自然和諧美的崇尚，對心和的注重、與對人生和善的嚮往。[89]和諧，可以見出差異本質的整體，也可以消除這些差異面的純然對立，令全體相互依存、相互聯繫、相互統一。[90]它是審美主體對自然觀察、對生活體認的所得，從而養成對真實世界的模擬能力；並與一己的意志、情感、思想與愛憎，在藝術品中融為一體，令主觀與客觀形成自我充足、自我傳達的和諧式樣。[91]

西方美學的「和諧」，比較偏重於形式美，這和帶有倫理美傾向、追求心靈之和、追求藝術生命的完美體現的中國傳統美學的「和美」，[92]兩者之間具有極精、極微的差異。如《易‧繫辭》「夫乾，其靜也專，其動也直」，「夫坤，其靜也翕，其動也闢」，強調在乾坤、靜動、專翕、直闢對立

的兩極中，相遭而相成，相交而匯融，形成一種特定而別緻的美學形態，生成另一種既精深又幽微的美感況味。[93]這也就是以「和為美」的中國美學傳統，較西方以「多樣統一為美」，高明而深刻之處。

例如劉勰《文心雕龍・聲律》中對詩歌音律「異音相從」之和的追求與講究，他將「異音相從」與「同聲相應」這兩種截然相反的音律效果對舉，既有異音相從的「和」，又有同聲相應的「韻」，發音吐韻，既和且朗，展示了絕佳的美學效果。

然而不管追求統一或和美，東方或西方，兩者皆具有一致的指向。那就是做為最古老、最傳統、最理想的美學範疇的和諧，是藝術外在因素的大小比例及其組合的平衡和諧（形式美），是主觀與客觀、心與物、情感與理智的和諧（內容美），是形式和內容的和諧，是主體與客體、人與自然、個性與社會的和諧，[94]它奠基於生理上的諧調，合於科學上的適度，包含倫理上的中庸，哲理上的中和，與心理上的和悅。[95]因不息而產生規律而形成和諧，令生命趨於完美的結構。

和諧，是雜多的統一，不協調因素的協調，是剛與柔、虛與實、直與曲、正與反的對立又統一，相反相成，豐富而多樣。一如蘇軾〈和子由論書〉中所說的「端莊雜流麗，剛健含婀娜」，又如劉熙載《藝概》所言的「力屈萬夫，韻高千古」，又如白居易〈琵琶行〉所描述的「間關鶯語花底滑，幽咽泉流水下灘」與「銀瓶乍破水漿迸，鐵騎突出刀槍鳴」，兩者之間形成的對立統一之美、剛柔並濟之美。因為唯有「斂剛於柔，使雄健之章，亦饒頓銼」（施補華《峴傭

說詩》），才能不落入粗豪之鄙。

　　詞曲講求「淡語要有味，壯語要有韻，秀語要有骨」（《藝概》）。⁹⁶如李白〈憶秦娥〉：「西風殘照，漢家陵闕」，以雄渾之筆抒寫懷古傷離，不禁令王國維讚美他「遂關千古登臨之口」。又如李清照〈武陵春〉以健勁之筆寫哀情離思，「墮情者醉其芳馨，飛想者賞其神驗」，又淒婉，又勁直，「倜儻有丈夫氣，乃閨閣之蘇辛」，兼婉約與豪放之長，別具一番風味。

　　文章之道，剛柔相濟，「陰陽剛柔併行而不容偏廢，有其一端而絕亡其一，剛者至於僨強而拂戾，柔者至於頹廢而暗幽，則必無與於文者矣」（曾國藩《海愚詩抄序》）。如清、毛宗崗評《三國演義》說：「正敘黃巾擾亂，忽有何后、董后兩宮爭論一段文字，正敘董卓縱橫，忽有貂蟬鳳儀亭一段文字。」又說：「前段方敘龍爭虎鬥，此段忽寫燕語鶯聲，溫柔旖旎。」又說：「真如鐃鈸之後，忽聽玉蕭；疾雷之餘，忽觀好月」。⁹⁷因此，不管是人物形象的塑造、或是情節的遞進演變，唯有在各層面的對立中見出統一，在差異中見出和諧，人物性格才能彰顯出更豐富的全面性。⁹⁸

　　和諧之美，體現在書法上，是「高韻深情，堅質浩氣」的境界，是強調陽剛與陰柔的統一、雄渾與雋永的統一、剛健與婀娜的統一，兼備沉著屈鬱與奇拔豪達的陰陽二氣。是「用筆破而愈完，紛而愈治，飄逸愈沉著，婀娜愈剛健」，是「為一字，數體俱入」，充滿著不可思議的迷離變化的書道和諧之美。唯有筆致與結構的統一，才能達到和諧凝聚、意態飽和的極致。唯有「凝神靜慮，當審字勢，四面停勻，八邊俱備，短長合度，粗細折中，心眼準程，疏密攲正」，⁹⁹以

停勻合度統攝微妙的參差與變化，才能形成法度森嚴和生命萌動的矛盾統一。唯有字與字、行與行、以至全篇，疏密有致，才能生意瀰漫、和諧統一。若「平直相似，狀如算子，上下方整，前後齊平，此不是書，但得其點畫耳」（王羲之《筆勢論》）。因此，唯有一方面平整，一方面險絕，才能兼具平正與險絕相統一的和諧美。

中國的繪畫藝術既與書法同源，又與詩、樂相通，因此也以和諧美為宗旨。唐代白居易〈記畫〉推重「心和」，提出「學在骨髓者自心得，工造化者由天和來」的觀點，稱賞畫藝之妙，妙在「形真而圓，神和而全」。形真而神和的繪畫美，也正是石濤《畫譜》中所言：

> 山川萬物之具體，有反有正，有偏有側，有聚有散，有近有遠，有內有外，有虛有實，有斷有連，有層次，有剝落，有豐致，有飄渺，此生活之大端也。以墨運觀之，則受蒙養之任；以筆操觀之，則受生活之任。[100]

所謂「生活」，就是指「山川萬物的活生生且各不相同的特殊形態」，[101]「以筆操觀之」，是「受生活之任」而有反正、偏側、聚散、近遠、內外、虛實、斷連等種種風致情態。「生活」強調的是「自一以至萬」的「萬」，以追求繪畫形象的生動性、多樣性。「蒙養」，出於《易·蒙卦·彖辭》：「蒙以養正」，是指太古時代宇宙渾然一體的混沌狀態。故「以墨運觀之」，是「受蒙養之任」，而「蒙養之大道」強調的是「自萬以治一」的「一」，以追求繪畫形象的整體

性、統一性。由「一」至「萬」，成千姿百態；由「萬」至
「一」，則是追求宇宙混沌的整體性、統一性。「蒙養」與
「生活」的統一，就是「筆」與「墨」的統一，就是「一」
與「多」的統一，就是繪畫形象的整體性與多樣性的統
一。102

和諧之美，體現在建築上，是中國傳統民居建築生動活
潑的馬頭牆。在由低而高、由高而低的起伏變化中，在起承
轉合、抑揚頓挫、變化規律、運動趨勢中，在反覆、交錯、
連續、間歇、起伏、平衡、減弱、增強中，形成一致，從而
造成齊一反復的規律。馬頭牆的博大與小巧、壯麗與樸雅、
規整與飛動、曲線與直線、繁複與簡單、虛空與飽實，相輔
相成、相互補充滲透，營釀一種整體和諧美。103

翻開任何一部世界建築史，凡是優秀的個體建築或組
群，一條街道或一個廣場，往往都以建築物形象的重複與變
化的統一而取勝，是「千篇一律」，卻又「千變萬化」。當觀
賞者由一個主題空間逐步轉入另一主題空間時，因同時具有
時間的持續性，而成為時、空的綜合，既繁複又統一。104

音樂的主題和變奏也是在時間持續的過程中，通過重複
和變化而取得統一。如舒伯特〈鱒魚〉五重奏，就是由貫串
全曲的、極其素樸明朗的「鱒魚」主題，和與這一個主題相
應相生的變奏所組成。但所有變奏又萬變不離其宗，不離主
題，是千變萬化，也是千篇一律。105也由於形式與思想內
容的統一，情景交融，可予人完整的集中印象，也便有了耐
人尋味的深度。106

「和也者，天下之達道也」(《中庸》)。和諧，做為審美
的最高準則、藝術的最高境界，是人心靈中一種嚴肅的活

動，它的目的雖是快感，但此種快感的表現是「理性的歡樂」的狀態，是完全的寧靜與完全的活動並生。[107] 它正如朱光潛《談文學》中所談論的，從理智方面說，對於「人生世相必有深廣的觀照與徹底的了解」，從情感方面說，對於人世悲歡好醜必有平等的真摯的同情；它是衝突化除後的諧和，不沾小我利害的超脫；是高等的幽默與高度的嚴肅，成為相反者之同一。[108]

註　釋

1　參見金健人：《小說結構美學》（臺北：木鐸出版社，1988年9月初版），頁265。

2　關於這一部分，可參見張紅雨：《寫作美學》（高雄：復文圖書出版社，1996年10月初版1刷），頁116、28-29。

3　參見葉嘉瑩：《我的詩詞道路》（臺北：桂冠圖書公司，2000年2月初版1刷），頁47；胡經之：《文藝美學》（北京：北京大學出版社，1999年1月），頁368。

4　參見陳望道：《美學概論》（臺北：文鏡文化事業公司，1984年12月重排出版），頁70-72；及古田敬一著、李淼譯：《中國文學的對句藝術》（臺北：祺齡出版社，1994年9月初版1刷），頁41。

5　同上註，頁40。

6　參見陳望道：《美學概論》，頁61-63。

7　參見張紅雨：《寫作美學》，頁128、238。

8　同上註，頁158-164。

9　參見劉勵操：《寫作方法一百例》（臺北：萬卷樓圖書公司，1993年4月初版4刷），頁140。

10　見許恂儒：《作文百法》（臺北：廣文書局，1985年5月再版），卷一，頁14。

11　參見林奉仙：《十五國風章節之藝術表現》（臺灣師大國研所碩士論文，1989年5月），頁100。

12 參見王國瓔：《中國山水詩研究》（臺北：聯經出版社，1986
年出版），頁358。

13 蔡宗陽〈海峽兩岸對偶的名稱與分類之比較〉一文，曾針對海
峽兩岸的對偶的名稱與分類，進行資料的蒐集整理、分析比較
與歸納闡析，有其獨到的創見，可以一同參看。收錄於《修辭
學探微》（臺北：文史哲出版社，2001年4月初版），頁267-
292。

14 參見古田敬一著、李淼譯：《中國文學的對句藝術》，頁43。

15 參見劉勵操：《寫作方法一百例》，頁133。

16 參見吳功正：《小說美學》（南京：江蘇人民出版社，1985年6
月第1版第1刷），頁369；與陳望道：《美學概論》，頁70-
72。

17 參見黃永武：《中國詩學・設計篇》（臺北：巨流圖書公司，
1978年6月1版4刷），頁38。

18 參見余樹勛：《園林美與園林藝術》（臺北：地景企業出版
部，1989年9月），頁46。

19 參見顏元叔：《文學經驗》（臺北：臺灣志文出版社，1972
年），頁261。

20 參見黃永姬：《白石道人詞之藝術探微》（臺灣師大國研所博
士論文，1994年11月），頁85。

21 參見李元洛：《詩美學》（臺北：東大圖書公司，1900年2月
初版），頁414；歸有光：《文章指南》（臺北：廣文書局，
1985年10月再版），頁10。

22 參見劉思量：《藝術心理學・藝術與創造》（臺北：藝術家出
版社，1989年5月），頁182-183。

23 參見楊鴻勛：《江南園林論》（臺北：南天書局，1994年2月
初版1刷），頁247。

24 參見魏飴：《散文鑑賞入門》（臺北：萬卷樓圖書公司，1999
年6月再版），頁62。

25 參見王其鈞：《中國傳統民居建築》（香港：三聯書店，1993
年3月初版1刷），頁200。

26 參見高尚仁：《書法藝術心理學》（臺北：遠流出版事業公
司，1993年1月1日初版1刷），頁96。

27 見《歷代書法論文選》（臺北：華正書局，1984年9月初版），
頁523。

28 參見孫旗：《藝術美學的探索》（臺北：結構群文化事業公司，1992年3月初版），頁124；高尚仁：《書法藝術心理學》，頁112。

29 參見熊秉明：《中國書法理論體系》（臺北：雄獅圖書公司，2000年1月3版1刷），頁53。

30 通感，是一種感覺挪移現象，是在生活中開放視覺、聽覺、觸覺、嗅覺、味覺等方面的感覺器官，觀察、想像周圍的人、事、物，領略、體悟自然的聲、色、香、味。通感，是一種以「審美對象為基礎的主觀情感自由抒發的想像活動」，是「主客觀交融而偏於主觀想像的產物」，能給人以豐富的聯想。此部分參見李元洛：《詩美學》，頁530。

31 參見張紅雨：《寫作美學》，頁261；陳望道：《美學概論》，頁67。

32 參見余樹勛：《園林美與園林藝術》，頁44。

33 參見古田敬一著、李淼譯：《中國文學的對句藝術》，頁45。

34 參見陳望道：《美學概論》，頁68。

35 參見吳功正：《小說美學》，頁369。

36 參見古田敬一著、李淼譯：《中國文學的對句藝術》，頁43。

37 參見熊秉明：《中國書法理論體系》，頁34-39。

38 參見潘維鑑：《中國書學輯要》（臺北：幼獅文化事業，1980年4月初版），頁178。

39 參見梁思成：《凝動的音樂》（臺北：新新聞文化事業公司，2000年7月初版1刷），頁41。

40 參見姚一葦：《藝術的奧秘》（臺北：臺灣開明書店，1993年2月12版發行），頁254。

41 參見陳望道：《美學概論》，頁61-63。

42 參見金健人：《小說結構美學》，頁278。

43 參見謝文利：《詩歌美學》（北京：中國青年出版社，1989年10月北京第1刷），頁386。

44 參見陳望道：《美學概論》，頁280。

45 參見梁思成：《凝動的音樂》，頁42。

46 參見古田敬一著、李淼譯：《中國文學的對句藝術》，頁33-35。

47 參見黃慶萱：《修辭學》（臺北：三民書局，2002年10月增訂3版1刷），頁569。

48 參見古田敬一著、李淼譯：《中國文學的對句藝術》，頁1-5。

49 關於對比與調和，可參見陳滿銘：《章法學論粹》（臺北：萬卷樓圖書公司，2002年7月初版），〈論辭章章法的四大律〉一文；與仇小屏：《古典詩詞時空設計之研究》（臺灣師大國研所博士論文，2001年2月），〈時空現象的對比與調和〉一文。兩者對此皆有極為精微創新的見解與論述，相當值得參考。

50 參見張法：《中西美學與文化精神》，頁224。

51 參見周來祥：《再論美是和諧》（廣西：廣西師範大學出版社，1996年11月第1版第1刷），頁297。

52 參見李元洛：《詩美學》，頁435。

53 見劉勰：《文心雕龍》（臺北：臺灣開明書店，1993年5月臺17版發行），卷七，頁5。

54 見葉朗：《中國美學的巨擘》（臺北：金楓出版公司，1987年7月初版），頁75。

55 《魏叔子文集·文潄敘》：「吾嘗泛大江，往返十餘適。……及夫天風怒號，帆不得輒下，楫不得暫立，水矢舟立，舟中皆無人色，而吾方倚而望，且怖且快，攬其奇險雄莽之狀，以自壯其志氣。」

56 見〔英〕William Hogarth著、楊成寅譯：《美的分析》（臺北：丹青圖書公司，1987年11月30日3版），頁33。

57 見宋文蔚：《評註文法津梁》（高雄：復文圖書出版社，1993年2月修訂2版），頁202-203。

58 唐、孫過庭《書譜序》收錄於（《歷代書法論文選》（上）（臺北：華正書局，1984年9月初版），頁113。

59 參見漢寶德等：《中國美學論集》（臺北：南天書局，1989年5月2版），頁85-87。

60 參見劉天華：《中西建築藝術比較》（臺北：洪葉文化事業公司，1999年4月初版2刷），頁92。

61 參見葉朗：《中國美學的巨擘》，頁311。

62 參見姚一葦：《藝術的奧秘》，頁319。

63 參見方珊：《美學的開端》（上海：人民出版社，2001年7月第1刷），頁342-358。

64 參見張法：《中西美學與文化精神》，頁120。

65 參見陳望道：《美學概論》，頁116-121。

66 參見姚一葦：《藝術的奧秘》，頁 336-340。

67 參見張法：《中西美學與文化精神》，頁 128。

68 參見楊辛、甘霖、劉榮凱：《美學原理綱要》（北京：北京大學出版社，1989年11月第1版第8刷），頁 198。

69 參見陳望道：《美學概論》，頁 82-83。

70 參見李丕顯：《審美教育概論》（青島：海洋大學出版社，1991年1月第1版第1刷），頁 91。

71 參見張紅雨：《寫作美學》，頁 248。

72 參見李丕顯：《審美教育概論》，頁 91。

73 參見金丹元：《撿拾藝術的記憶‧中國古典美學漫談》（臺北：業強出版社，1992年6月初版），頁 100；葉朗：《中國美學史大綱》（臺北：滄浪出版社，1986年9月初版），頁 53-54。

74 參見周來祥：《再論美是和諧》，頁 297。

75 參見李元洛：《詩美學》（臺北：東大圖書公司，1990年2月初版），頁 435。

76 參見李丕顯：《審美教育概論》，頁 104。

77 參見楊辛、甘霖、劉榮凱：《美學原理綱要》，頁 198。

78 見宋文蔚：《評註文法津梁》，頁 202-203。

79 參見葉朗：《中國美學的巨擘》，頁 311。

80 參見姚一葦：《藝術的奧秘》，頁 319。

81 同上註，頁 336-340。

82 參見陳望道：《美學概論》，頁 116-121。

83 參見楊辛、甘霖、劉榮凱：《美學原理綱要》，頁 198；周來祥：《再論美是和諧》，頁 297。

84 參見陳望道：《美學概論》，頁 78-81；《談中國畫》（臺灣：谷風出版社，1988年7月），頁 61。

85 參見姚一葦：《藝術的奧秘》，頁 264。

86 關於此部分，參見宗白華：《美從何處來》（臺北：蒲公英出版社，1986年），頁 117-119、299-300。

87 參見張皓：《中國美學範疇與傳統文化》（武漢：湖北教育出版社，1996年11月第1刷），頁 341。

88 見明、項穆：《書法雅言》，收錄於《歷代書法論文選》（下）（臺北：華正書局，1984年9月初版），頁 489。

89 參見張皓：《中國美學範疇與傳統文化》，頁 345。

90 參見黑格爾著、朱孟實譯：《美學》（臺北：里仁書局，1981
　　年5月初版），第一卷，頁327-328

91 參見姚一葦：《藝術的奧秘》，頁271-272。

92 參見張皓：《中國美學範疇與傳統文化》，頁342。

93 參見葉太平：《中國文學之美學精神》（臺北：水牛圖書出版
　　公司，1998年7月初版），頁385-387。

94 參見周來祥：《再論美是和諧》，頁190。

95 參見張皓：《中國美學範疇與傳統文化》，頁331。

96 以上所引《藝概》之文，見於劉熙載：《藝概》（臺北：金楓
　　出版社，1998年7月革新1版），頁105、74、162。

97 參見《中國美學史資料選編》（下）（臺北：明文書局，1983年
　　8月初版），頁223。

98 參見魏飴：《散文鑑賞入門》（臺北：萬卷樓圖書公司，1999
　　年6月再版），頁61；金健人：《小說結構美學》（臺北：木鐸
　　出版社，1988年9月初版），頁103。

99 參見熊秉明：《中國書法理論體系》，頁39。

100 見石濤：《畫譜》（臺北：臺灣學生書局，1971年8月景印初
　　版），頁6、24。

101 見葉朗：《中國美學的巨擘》，頁171。

102 同上註：《中國美學的巨擘》，頁171-173。

103 參見王其鈞：《中國傳統民居建築》，頁200。

104 參見梁思成：《凝動的音樂》，頁60-64。

105 同上註，頁60-64。

106 參見楊鴻勛：《江南園林論》（臺北：南天書局，1994年2月
　　初版1刷），頁259。

107 參見姚一葦：《藝術的奧秘》，頁240。

108 參見朱光潛：《談文學》（臺北：專業文化出版社，1989年5
　　月初版），頁8。

重要參考文獻

（一）詩文評註及理論類

（依作者姓名筆劃排序）

王文濡：《清詩評註》，臺北：廣文書局，1994年10月再版

王守勛主編：《寫作大觀》，瀋陽：對外貿易育出版社，
　　1987年5月

王更生：《柳宗元散文研讀》，臺北：文史哲出版社，1999
　　年2月初版2刷

王更生：《歐陽脩散文研讀》，臺北：文史哲出版社，2001
　　年2月初版

王更生：《蘇軾散文研讀》，臺北：文史哲出版社，2001年
　　2月初版

王國維著、馬自毅注譯：《新譯人間詞話》，臺北：三民書
　　局，1994年3月初版

王國瓔：《中國山水詩研究》，臺北：聯經出版社，1986年

王葆心：《古文辭通義》，臺北：臺灣中華書局，1984年4月臺2版

卡西勒著、于曉等譯：《語言與神話》，臺北：桂冠圖書公司，2000年8月初版

古田敬一著、李淼譯：《中國文學的對句藝術》，臺北：祺齡出版社，1994年9月初版1刷

古遠清、孫光萱：《詩歌修辭學》，臺北：五南圖書公司，1997年6月初版1刷

司馬遷著、瀧川龜太郎注：《史記會注考證》，臺北：洪氏出版社，1985年9月

朱任生：《古文法纂要》，臺北：臺灣商務印書館，1984年9月初版

朱光潛：《談文學》，臺北：專業文化出版社，1989年5月初版

吳楚材選注、王文濡評校：《古文觀止》，臺北：華正書局，1998年8月

吳闓生：《桐城吳氏古文法》，臺北：文津出版社，1979年4月

宋文蔚：《評註文法津梁》，高雄：復文圖書出版社，1993年2月修訂2版

李元洛：《歌鼓湘靈》，臺北：東大圖書公司，2000年8月

周明：《中國古代散文藝術》，南京：江蘇教育出版社，1994年12月第1刷

周金聲：.《中國古典詩藝品鑑》，武漢：湖北教育出版社，1994年9月

周振甫：《詩詞例話》，臺北：學海出版社，1984年1月初版

林景亮：《評註古文讀本》，臺北：臺灣中華書局，1969年
11月臺1版

林雲銘：《古文析義合編》，臺北：廣文書局，1997年9月8版

姜林洙：《辛棄疾傳》，臺北：臺灣商務印書館，1964年10
月初版

唐彪：《讀書作文譜》，臺北：偉文圖書出版社，1976年11月

高步瀛：《唐宋詩舉要》，臺北：明倫出版社，1971年10月

張仁青：《駢文學》，臺北：文史哲出版社，1984年3月初版

張少康：《中國古代文學創作論》，北京：北京大學出版
社，1983年12月

張潮：《幽夢影》，臺南：漢風出版社，1994年6月3版

許恂儒：《作文百法》，臺北：廣文書局，1985年5月再版

陳弘治：《唐宋詞名作析評》，臺北：文津出版社，1988年
10月5版

陳滿銘：《蘇辛詞論稿》，臺北：文津出版社，2003年8月1
刷初版

傅庚生：《中國文學欣賞舉隅》，臺北：萬卷樓圖書公司，
2002年4月初版

喻守貞：《唐詩三百首詳析》，臺北：臺灣中華書局，1995
年1月臺23版4刷

曾忠華：《作文津梁》，臺北：學人文教出版社，1991年10
月新版

曾春海：《易經的哲學原理》，臺北：文津出版社，2003年
3月1刷

黃永武：《中國詩學・設計篇》，臺北：巨流圖書公司，

1978年6月1版4刷

黃永武：《中國詩學‧鑑賞篇》，臺北：巨流圖書公司，1976年10月初版

楊倫：《杜詩鏡銓》，臺北：藝文印書館，1998年12月初版3刷

葉嘉瑩：《王國維及其文學批評》，臺北：源流文化事業公司，1982年6月再版

葉嘉瑩：《我的詩詞道路》，臺北：桂冠圖書公司，2000年2月初版1刷

葉嘉瑩：《唐宋名家詞賞析3.柳永》，臺北：大安出版社，1988年12月初版

過商侯選、蔡鑄評註：《古文評註全集》，臺北：宏業書局，1979年10月再版

鄒同慶、王宗堂：《蘇軾詞編年校註》，北京：中華書局，2002年9月北京第1刷

劉坡公：《學詩百法》，臺北：天山出版社，1988年10月

劉衍文、劉永翔：《文學鑑賞論》，臺北：洪葉文化事業公司，1995年9月初版1刷

劉翔編著、李學勤審訂：《商周古文字讀本》，北京：語文出版社，1991年

劉勰著、王更生注譯：《文心雕龍讀本》，臺北：文史哲出版社，1985年3月初版

劉錫慶、齊大衛：《寫作》，北京：北京師範大學出版社，1994年3月第4刷

劉勵操：《寫作方法一百例》，臺北：萬卷樓圖書公司，1993年4月初版4刷

鄧廣銘：《稼軒詞編年箋注》，臺北：華正書局，1980年8
　　月初版

蕭蕭：《青少年詩話》，臺北：爾雅出版社，1991年12月10
　　日2版

歸有光：《文章指南》，臺北：廣文書局，1985年10月再版

顏元叔：《文學經驗》，臺北：臺灣志文出版社，1972年初版

魏飴：《散文鑑賞入門》，臺北：萬卷樓圖書公司，1999年
　　6月再版

羅青：《從徐志摩到余光中》，臺北：爾雅出版社，1988年
　　7月11刷

顧亭鑑、葉葆銓輯注：《學詩指南》，臺北：廣文書局，
　　1979年5月初版

（二）章法、修辭類

（依作者姓名筆劃排序）

仇小屏：《文章章法論》，臺北：萬卷樓圖書公司，1998年
　　11月初版

仇小屏：《篇章結構類型論》，臺北：萬卷樓圖書公司，
　　2000年2月初版

仇小屏、黃淑貞：《國中國文章法教學》，臺北：萬卷樓圖
　　書公司，2004年10月初版

王凱符、張會恩主編：《中國古代寫作學》，北京：中國人
　　民大學出版社，1992年9月初版

史塵封：《漢語古今修辭格通編》，天津：天津古籍出版

社，1995年12月初版4刷

成偉鈞、唐仲揚、向宏業主編：《修辭通鑑》，臺北：建宏
　　出版社，1996年1月初版1刷

張春榮：《一把文學的梯子》，臺北：爾雅出版社，1993年
　　7月初版

張春榮：《修辭新思維》，臺北：萬卷樓圖書公司，2001年
　　9月初版

張春榮：《作文新饗宴》，臺北：萬卷樓圖書公司，2002年
　　8月初版

張會恩、曾祥芹主編：《文章學教程》，上海：上海教育出
　　版社，1995年第1版第1刷

曹冕：《修辭學》，上海：商務印書館，1934年4月

陳佳君：《國中國文義旨教學》，臺北：萬卷樓圖書公司，
　　2004年2月初版

陳滿銘：《文章結構分析》，臺北：萬卷樓圖書公司，1999
　　年5月初版

陳滿銘：《作文教學指導》，臺北：萬卷樓圖書公司，1997
　　年10月初版2刷

陳滿銘：《國文教學論叢》，臺北：萬卷樓圖書公司，1994
　　年9月初版3刷

陳滿銘：《章法學新裁》，臺北：萬卷樓圖書公司，2001年
　　1月初版

陳滿銘：《章法學綜論》，臺北：萬卷樓圖書公司，2003年
　　6月初版

陳滿銘：《詞林散步》，臺北：萬卷樓圖書公司，2000年元
　　月初版

陳滿銘：《詩詞新論》，臺北：萬卷樓圖書公司，1999年8
　　月再版

陳滿銘：《蘇辛詞論稿》，臺北：文津出版社，2003年8月
　　1刷

曾祥芹主編：《文章學與語文教育》，上海：上海教育出版
　　社，1995年4月第1刷

黃慶萱：《修辭學》，臺北：三民書局，2002年10月增訂3
　　版1刷

蔡宗陽：《修辭學探微》，臺北：文史哲出版社，2001年4
　　月初版

鄭文貞：《篇章修辭學》，廈門：廈門大學出版社，1991年
　　6月第1刷

（三）美學類

（依作者姓名筆劃排序）

William Hogarth著、楊成寅譯：《美的分析》，臺北：丹青圖
　　書公司，1987年11月30日3版

Wtadystaw Tatarkiewicz著、劉文潭譯：《西洋六大美學理念
　　史》，臺北：丹青圖書公司，1987年7月30日初版

王其鈞：《中國傳統民居建築》，香港：三聯書店，1993年
　　3月初版1刷

王振源：《結構主義與集體形式》，臺北：明文書局，1987
　　年2月初版

史紫忱：《書道新論》，臺北：華岡出版部，1969年5月初版

石濤：《畫譜》，臺北：臺灣學生書局，1971年8月景印初版

余樹勛：《園林美與園林藝術》，臺北：地景企業出版部，
　　1989年9月初版

吳功正：《小說美學》，南京：江蘇人民出版社，1985年6
　　月第1版第1刷

金健人：《小說結構美學》，臺北：木鐸出版社，1988年9
　　月初版

吳功正：《中國文學美學》，南京：江蘇教育出版社，2001
　　年9月第1刷

李元洛：《詩美學》，臺北：東大圖書公司，1990年2月初版

李丕顯：《審美教育概論》，青島：海洋大學出版社，1991
　　年1月第1版第1刷

李澤厚：《李澤厚哲學美學論文選》，臺灣：谷風出版社，
　　1987年5月

李澤厚：《美學四講》，臺北：人間出版社，1988年11月第
　　1版第1刷

李澤厚：《美學論集》，臺北：三民書局，2001年8月初版2刷

李澤厚：《華夏美學》，臺北：時報文化出版公司，1989年
　　4月10日初版

周來祥：《再論美是和諧》，桂林：廣西師範大學出版社，
　　1996年11月第1版第1刷

宗白華：《美從何處來》，臺灣：蒲公英出版社，1986年

金丹元：《撿拾藝術的記憶·中國古典美學漫談》，臺北：
　　業強出版社，1992年6月初版

金健人：《小說結構美學》，臺北：木鐸出版社，1988年9
　　月初版

俞崑編：《中國畫論類編》，臺北：華正書局，1984年10月
　　初版

姚一葦：《藝術的奧秘》，臺北：臺灣開明書店，1993年2
　　月12版

胡經之：《文藝美學》，北京：北京大學出版社，1999年1月

孫旗：《藝術美學的探索》，臺北：結構群文化事業公司，
　　1992年3月初版

徐復觀：《中國藝術精神》，臺北：臺灣學生書局，1974年
　　5月4版

張法：《中西美學與文化精神》，臺北：淑馨出版社，1998
　　年10月1刷

張紅雨：《寫作美學》，高雄：復文圖書出版社，1996年10
　　月初版1刷

張皓：《中國美學範疇與傳統文化》，武滿：湖北教育出版
　　社，1996年11月第1刷

梁思成：《凝動的音樂》，臺北：新新聞文化事業公司，
　　2000年7月初版1刷

許天治：《藝術感通之研究》，臺北：臺灣省立博物館，
　　1987年6月初版

陳望道：《美學概論》，臺北：文鏡文化事業公司，1984年
　　12月重排初版

黑格爾著、朱孟實譯：《美學》，臺北：里仁書局，1981年
　　5月

傅抱石：《增訂本中國繪畫理論》，臺北：華正書局，1984
　　年3月初版

楊辛、甘霖、劉榮凱：《美學原理綱要》，北京：北京大學

出版社，1989年11月第1版第8刷

楊辛、甘霖：《美學原理》，臺北：曉園出版社，1991年5月第1版第1刷

楊鴻勛：《江南園林論》，臺北：南天書局，1994年2月初版1刷

葉太平：《中國文學之美學精神》，臺北：水牛圖書出版公司，1998年7月初版

葉朗：《中國美學史大綱》，臺北：滄浪出版社，1986年9月初版

葉朗：《中國美學的巨擘》，臺北：金楓出版公司，1987年7月初版

葉朗編：《現代美學體系》，臺北：書林出版公司，1993年10月1版

漢寶德等：《中國美學論集》，臺北：南天書局，1989年5月2版

熊秉明：《中國書法理論體系》，臺北：雄獅圖書公司，2000年1月3版1刷

劉天華：《中西建築藝術比較》，臺北：洪葉文化事業公司，1999年4月初版2刷

劉熙載：《藝概》，臺北：金楓出版社，1998年7月革新1版

潘維鑑：《中國書學輯要》，臺北：幼獅文化事業，1980年4月

駱小所：《語言美學論稿》，昆明：雲南人民出版社，1996年12月初版1刷

謝文利：《詩歌美學》，北京：中國青年出版社，1989年10月北京第1刷

（四）心理學類
（依作者姓名筆劃排序）

RUDOLF ARNHEIM著、李長俊譯：《藝術與視覺心理學》，
　　臺北：雄獅圖書公司，1982年9月再版修訂

朱光潛：《文藝心理學》，臺北：臺灣開明書店，1999年1
　　月新排1版

邱明正：《審美心理學》，上海：復旦大學出版社，1993年
　　4月第1版

高尚仁：《書法藝術心理學》，臺北：遠流出版事業，1993
　　年1月初版1刷

彭聃齡：《普通心理學》，北京：北京師範大學出版社，
　　1990年10月初版3刷

童慶炳：《中國古代心理詩學與美學》，臺北：萬卷樓圖書
　　公司，1994年8月初版

楊恩寰：《審美心理學》，臺北：五南圖書出版公司，1993
　　年11月初版1刷

劉雨：《寫作心理學》，高雄：麗文文化事業公司，1995年
　　3月初版

劉思量：《藝術心理學·藝術與創造》，臺北：藝術家出版
　　社，1989年5月

錢谷融、魯樞元主編：《文學心理學》，臺北：新學識文教
　　出版社，1990年9月臺初版

（五）論文類

（依作者姓名筆劃排序）

1、學位論文

仇小屏：《古典詩詞時空設計之研究》，臺灣師大國研所博
　　　　士論文，2001年2月

林奉仙：《十五國風章節之藝術表現》，臺灣師大國研所碩
　　　　士論文，1989年5月

夏薇薇：《文章賓主法析論》，臺灣師大國研所碩士論文，
　　　　2000年5月

陳佳君：《虛實章法析論》，臺灣師大國研所碩士論文，
　　　　2001年5月

陳清俊：《盛唐詩時空意識研究》，臺灣師大國研所博士論
　　　　文，1996年6月

黃永姬：《白石道人詞之藝術探微》，臺灣師大國研所博士
　　　　論文，1994年11月

黃淑貞：《主旨（綱領）安置於篇腹的結構類型析論》，臺
　　　　灣師大國研所教學碩士論文，2002年12月

2、期刊論文

仇小屏：〈論圖底章法的空間結構〉，《國文天地》，17卷5
　　　　期，2001年10月

王希杰：〈章法學門外閑談〉，《國文天地》，18卷5期，

2002年10月

史瓊：〈鼻裡聞聲，耳中見色 —— 淺談通感的心理機制〉，
《修辭學習》，1999年第5期

陳滿銘：〈論辭章章法的四大律〉，《國文天地》，17卷4
期，2001年9月

黃淑貞：〈從大小法探析歐陽修二記的美感效果〉，《國文
天地》，17卷4期，2001年9月

黃淑貞：〈試探合院建築中的德觀思想〉，《孔孟月刊》，
42卷8期，2004年4月

3、論文集論文

仇小屏：〈論辭章章法的對比與調和之美〉，《辭章學論文
集》，福州：海潮攝影藝術出版社，2002年12月第1刷

吳繼光：〈論修辭格的心理基礎〉，《修辭文薈》，南京：江
蘇教育出版社，1988年10月初版1刷

李玉：〈試談比喻的形似和神似〉，《修辭學論文集》（第二
集），福州：福建人民出版社，1984年7月初版1刷

張乃立：〈比喻修辭格的心理透視〉，《修辭學研究》，北
京：語文出版社，1987年10月初版1刷

張春榮〈虛實觀念在修辭中的運用〉，八十學年度師範學院
教育學術論文發表會，1992年5月30日

鄭頤壽：〈中華文化沃土，辭章學圃奇葩 —— 讀陳滿銘
《章法學新裁》及其相關著作〉，蘇州：《海峽兩岸中華
傳統文化與現代化研討會文集》，2002年5月

國家圖書館出版品預行編目資料

篇章對比與調和結構論／黃淑貞著. -- 初版.

-- 臺北市：萬卷樓， 2005[民 94]

面； 公分

參考書目：面

ISBN 957－739－529－5 (平裝)

1. 中國語言－作文 2. 中等教育－教學法

524.313 94008671

篇章對比與調和結構論

著 者：黃淑貞

發 行 人：許素真

出 版 者：萬卷樓圖書股份有限公司

臺北市羅斯福路二段 41 號 6 樓之 3

電話(02)23216565．23952992

傳真(02)23944113

劃撥帳號 15624015

出版登記證：新聞局局版臺業字第 5655 號

網 址：http://www.wanjuan.com.tw

E －mail ：wanjuan@tpts5.seed.net.tw

承 印 廠 商：晟齊實業有限公司

定 價：300 元

出 版 日 期：2005 年 6 月初版

ISBN 957－739－529－5